AF756777

Tu mente es mágica

DR. JAMES R. DOTY

Tu mente es mágica

CÓMO DESARROLLAR UN CEREBRO MANIFESTADOR

Traducción de María Celina Rojas

Urano
Argentina - Chile - Colombia - España
Estados Unidos - México - Perú - Uruguay

Título original: *Mind Magic*
Editor original: Avery, un sello de Penguin Random House LLC
Traducción: María Celina Rojas

1.ª edición: febrero 2025

Todo el contenido del presente libro, incluidas las imágenes e ilustraciones de cubierta, es original y se encuentra sujeto y protegido por las actuales normativas de Propiedad Intelectual españolas y europeas. Su uso y/o reproducción, ya sea total o parcial, para el entrenamiento de tecnologías o sistemas de inteligencia artificial, así como cualquier tipo de minería de datos, queda terminantemente prohibido. El editor en tanto que titular de los derechos de la obra ejecutará las acciones que considere necesarias ante cualquier uso no autorizado.

Reservados todos los derechos. Queda rigurosamente prohibida, sin la autorización escrita de los titulares del *copyright*, bajo las sanciones establecidas en las leyes, la reproducción parcial o total de esta obra por cualquier medio o procedimiento, incluidos la reprografía y el tratamiento informático, así como la distribución de ejemplares mediante alquiler o préstamo público.

Copyright © 2024 *by* James R. Doty
© De la traducción 2025 *by* María Celina Rojas
All Rights Reserved
© 2025 *by* Urano World Spain, S.A.U.
Plaza de los Reyes Magos, 8, piso 1.º C y D – 28007 Madrid
www.edicionesurano.com

ISBN: 978-84-18714-75-7
E-ISBN: 978-84-10495-21-0
Depósito legal: M-26.347-2024

Fotocomposición: Urano World Spain, S.A.U.

Impreso por: Rotativas de Estella – Polígono Industrial San Miguel Parcelas E7-E8
31132 Villatuerta (Navarra)

Impreso en España – *Printed in Spain*

A todas las personas que se han cruzado en mi vida,
me han ayudado en mi camino y, muy a menudo,
me han mostrado en qué dirección ir.

A mi esposa, Masha, y a mis hijos, Jennifer, Sebastian
y Alexander, que son una fuente constante de inspiración.

Índice

Introducción:
El verdadero secreto

Al universo le importas una mierda.

Y, aunque no lo parezca, es una buena noticia. Al universo le importas una mierda, no porque no seas valioso o estés fuera de sintonía con el cosmos o hayas sido víctima de una maldición de diez generaciones. No, al universo le importas una mierda porque al universo no le importa nada.

A muchos se nos enseña a pasar la vida deseando que algo ajeno a nosotros solucione nuestros problemas y nos complete: un boleto ganador de lotería, un sabio que conozca todas las respuestas, un gurú, un ángel de la guarda o alguna fuerza, energía o genio mágico que esté en el universo y haga que todo funcione. Durante años, yo también deseé creer eso. Pensaba que había un padre cósmico estricto que anotaba todas nuestras acciones y decidía si éramos merecedores de recibir la casa de nuestros sueños, conocer a nuestra alma gemela o curarnos del cáncer. Como neurocientífico y médico, ahora sé que no existen pruebas de que tal fuerza o ser exista, pero contamos con una gran cantidad de evidencia científica sobre el poder de nuestras propias mentes para producir cambios en nuestras vidas que, en un principio, parecían imposibles. En eso consiste la práctica de la manifestación.

En la cultura popular hay una gran confusión al respecto de la manifestación, así que antes de seguir, esto es a lo que me refiero con el término: *manifestar* es definir una intención de manera que se instale en nuestro subconsciente, que funciona por debajo del nivel de la consciencia.[1] Al hacerlo, activamos redes cerebrales asociadas con la orientación a objetivos que convierten en importante, relevante o digna esa intención. En la práctica, esto significa que, más allá de si la intención está presente a nivel consciente, los mecanismos cerebrales orientados a objetivos están activos constantemente. Ahora, nuestra intención interna guía nuestra vida. Al emplear nuestro poder interior para aprovechar los vastos recursos de nuestro cerebro, reducimos gradualmente el impacto de nuestro entorno exterior y empezamos a vivir de acuerdo a nuestras intenciones más profundas.

De hecho, el primer paso para manifestar con éxito es alejarse de la creencia de que existe una fuente externa que resolverá tus problemas, y que esa fuente externa es lo que se está manifestando en tu vida. Si deseas llevar una vida plena, significativa y próspera, no necesitas complacer a ningún poder más allá de ti. Simplemente debes creer que la fuente de tu bienestar y éxito no es otra cosa que el poder de tu propia mente. La realidad es que la misma mente que genera los obstáculos que se interponen en el camino de la vida que anhelas también es la fuente de la intención que hará realidad la vida que deseas. Ese es el verdadero secreto.

Es a ti a quien tiene que importarte tu vida. Esa es la verdadera magia.

Te lo digo como neurocirujano que ha estudiado y operado el cerebro, y como neurocientífico que ha pasado décadas investigando la mente y el cerebro, como practicante de técnicas espirituales que ha colaborado con el Dalái Lama y otros líderes espirituales para enseñar compasión a miles de personas, y como ser humano que ha aprendido todo esto de la forma más difícil.

La manifestación consiste en cultivar una creencia férrea en la posibilidad. De niño era muy consciente del poder de las circunstancias negativas para limitar la vida humana. Crecí en la pobreza, con un padre alcohólico y una madre que tenía depresión crónica e ideas suicidas. Pensaba que la vida era un castigo o una maldición o, posiblemente lo peor de todo, un caos aleatorio y desorganizado que no tenía sentido ni razón de ser. Quizás tú también te esfuerces en dar sentido a los sucesos de lo que te parece una existencia aleatoria, o te preguntes por qué tú y tus seres queridos tenéis que sufrir cuando no hay un motivo que lo explique y te sientas incapaz de ayudar. Esas dificultades comienzan a limitar tu visión de lo que es posible y la estrechan.

Durante años permití que mi entorno dictara los términos de mi vida, y no creía que yo pudiera ejercer ningún cambio significativo. Esto sucede a menudo cuando experimentamos traumas: el dolor y la conmoción de la experiencia traumática adquieren una autoridad exagerada en nuestras mentes, difícil de cuestionar y que da miedo confrontar. El dolor tiene suficiente poder, no solo para alterar nuestros genes, sino también, como indican los investigadores en el campo de la epigenética, los de las generaciones siguientes.[2] Nuestras mentes y cuerpos se organizan para evitar que un trauma similar ocurra en el futuro y, en el proceso, nuestra consciencia queda atrapada para limitarse a reaccionar frente a un mundo externo que da miedo, que no es de fiar, en vez de divisar los cambios que podríamos llevar a cabo. En el proceso, desperdiciamos la energía, atención y concentración que poseemos para cambiar de verdad nuestras vidas; nos distraemos de nuestro propio poder. Sin saberlo, intercambiamos nuestra agencia innata por el pensamiento mágico. Es un trato que no nos conviene en absoluto.

Es cierto que el mundo puede ser muy injusto, y esa injusticia puede hacer añicos los sueños de cualquiera. Y, aunque alguna vez yo mismo percibí el mundo como injusto, ahora sé que innumerables seres humanos de este mundo sufren de una mayor injusticia, tanto a nivel individual como sistémico. Las sociedades en las que viven han creado obstáculos estructurales que limitan su capacidad de manifestar, ya sea a causa de su grupo étnico, clase social, religión, orientación sexual, expresión de género o cualquier otro criterio arbitrario. Otras personas padecen enfermedades del cuerpo y de la mente, y encuentran poco alivio para su sufrimiento, lo que también afecta a su creencia en la capacidad de manifestar. La manifestación no es una cura o una solución para cualquier sufrimiento. Como toda actividad humana, puede verse limitada por innumerables factores que no controlamos, y la realidad tiene la última palabra, independientemente de nuestra intención. Dicho esto, si existe una posibilidad de cambio, emplear técnicas de manifestación podría facilitarlo.

Me conmovió una historia que oí una vez sobre un prisionero de la guerra de Vietnam, que practicaba una actitud de «optimismo no específico a largo plazo». No sabía cuándo sería liberado, o si lo sería, y reconocía que esa situación estaba fuera de su control: si escapaba de sus captores posiblemente lo terminarían asesinando o podría perder la voluntad de vivir debido a la angustia. En cambio, su práctica consciente de optimismo le permitió mantener la esperanza en que sus circunstancias cambiarían. Utilizó el poder de su mente para alimentar la creencia en la posibilidad de obtener su libertad. Eso le otorgó resiliencia. Y, cuando lo liberaron, su actitud de optimismo lo ayudó no solo a no centrarse en el pasado, sino a mirar hacia adelante, a las futuras posibilidades.

Por lo tanto, considero que la manifestación, en esencia, es una práctica de bienestar, de conexión con el mundo, de vivir una buena vida. Al practicarla, cultivamos el *optimismo disposicional*, que se define como la tendencia a esperar buenos resultados en ámbitos importantes de la vida.[3] Las investigaciones han demostrado un número impactante de beneficios para la salud asociados con el optimismo disposicional, desde mejoras en la salud cardiovascular a una mayor velocidad de cicatrización de las heridas o una progresión más lenta de las enfermedades. Si bien algunos creen que la única medida de una manifestación exitosa es el resultado material que genera, yo considero que esa postura es errónea. El verdadero regalo de visualizar nuestras intenciones una y otra vez es caminar por la vida con un sentido optimista de que las cosas nos van a salir bien, lo que nos permite ser tanto receptivos como resilientes, sin importar cuáles sean nuestras circunstancias externas.

La práctica de la manifestación se remonta a miles de años atrás. Mucho de lo que hoy asociamos con la manifestación deriva de las escrituras védicas de la tradición hindú. La *Mundaka Upanishad*, por ejemplo, señala: «Cualquier mundo que imagina un hombre cuya naturaleza ha sido purificada, y cualquier deseo que desea, ese mundo él alcanza y esos deseos él obtiene» (3.2.10).[4] De manera similar, Buda habló sobre la poderosa habilidad de los pensamientos para moldear nuestra experiencia del mundo cuando dijo: «Lo que sea que un monje persiga con su pensamiento y reflexión se convierte en la inclinación de su consciencia».[5]

En el siglo XIX, el movimiento espiritual conocido como Nuevo Pensamiento se valió de una variedad de fuentes religiosas y filosóficas —incluidas la alquimia, el trascendentalismo de Nueva Inglaterra, los evangelios cristianos y el hinduismo—, para formular la idea de la «ley de atracción». En esencia, la ley de atracción es la creencia de que nuestros pensamientos determinan la naturaleza de las experiencias que llegan a nuestras vidas: los pensamientos positivos generan experiencias positivas y los pensamientos negativos, negativas. La corriente del Nuevo Pensamiento sentó las bases para una gran parte de la literatura popular sobre la manifestación en la cultura occidental, desde *Piensa y hazte rico* (1937), de Napoleon Hill; *El poder del pensamiento positivo* (1952), de Norman Vincent Peale; hasta quizás el libro más conocido y notable, *El secreto* (2006), de Rhonda Byrne.

La idea de la ley de la atracción ha conducido a demasiados malentendidos desafortunados sobre la naturaleza de la manifestación. En primer lugar, suele asociarse con un evangelio de prosperidad egoísta promovido por nuestra cultura materialista que te hace creer que, al hacerte rico, vivir en una mansión y conducir un coche caro, alcanzarás la felicidad y encontrarás los cambios conductuales necesarios para hacer realidad tus deseos. Y, lo que resulta incluso más dañino, ha hecho circular la idea de que las circunstancias dolorosas e injustas que experimentamos son únicamente resultado de nuestro propio pensamiento. Espero que lo que yo comparta contigo en este libro redefina tu idea de la manifestación como un camino hacia una vida con sentido y propósito y, en última instancia, te ayude a descubrir qué es lo que de verdad importa.

Desde hace mucho, la manifestación ha quedado relegada al territorio del Nuevo Pensamiento, igual que la astrología, las cartas del tarot y la creencia en el poder de los cristales, un terreno repleto de seudociencia y clichés. Hasta hace poco, no era posible estudiar científicamente los procesos concretos mediante los cuales el cerebro convierte la intención en realidad. Sin embargo, los significativos avances en el campo del diagnóstico por la imagen han revolucionado nuestra capacidad para observar cómo se transforma el cerebro a nivel celular, genético e incluso molecular. En la actualidad, podemos hablar de manifestación en términos de neurociencia cognitiva y funcionamiento de redes cerebrales a gran escala.[6] Esto nos ha permitido demostrar que la manifestación no es una fórmula para hacerse rico de un día para otro ni un sistema engañoso para hacer realidad tus deseos, sino que forma parte de la capacidad extraordinaria del cerebro para cambiar, sanar y rediseñarse conocida como *neuroplasticidad*.

La neuroplasticidad es un término muy amplio que se refiere a la capacidad del cerebro de modificar, cambiar y adaptar tanto su estructura como su función a lo largo de la vida, como respuesta a la experiencia, pero también mediante la repetición y la intención, lo que le permite establecer circuitos nuevos y eliminar los antiguos que ya no sirven. Al redirigir nuestra atención, podemos cambiar literalmente nuestros cerebros, crear más materia gris en las áreas que nos ayudan a aprender y funcionar, y que nos permiten manifestar. A medida que el cerebro se adapta, se altera de formas que pueden tener efectos drásticos y positivos en enfermedades como el Parkinson, el dolor crónico o el trastorno de déficit de atención e hiperactividad (TDAH). Y esa misma neuroplasticidad es la que nos permite cambiar nuestros cerebros utilizando la intención y la práctica para manifestar la realidad que visualizamos.

En esencia, manifestar es el proceso de incorporar a propósito en nuestro subconsciente los pensamientos e imágenes de la vida que deseamos. Todos manifestamos nuestras intenciones de forma no entrenada y desinformada, y los resultados a menudo son casuales, vagos y borrosos. Para manifestar de forma consciente, debemos aprender a recuperar y controlar el poder de nuestra atención y entender los mecanismos fisiológicos que nos permiten dirigir esa atención, así como los obstáculos y falsas creencias que limitan nuestro poder para hacerlo. Cuando dirigimos nuestra atención de forma consciente a nuestras metas deseadas, estas se convierten en importantes para nuestro cerebro. La forma de grabarlas es mediante un proceso denominado *etiquetado de valor*, que es la forma en que el cerebro decide qué cosas son lo suficientemente importantes para arraigar en los niveles más profundos del subconsciente.[7] Cuando practicamos la visualización, evocamos potentes emociones positivas, que activan el *sistema de atención selectiva* para etiquetar las metas que deseamos como muy valiosas y asociarlas con nuestro sistema de recompensa. La visualización funciona porque, increíblemente, el cerebro no distingue entre una experiencia física real y una imaginada con intensidad.

Una vez la meta se graba en nuestro subconsciente, nuestro cerebro funciona como un sabueso y busca oportunidades para llevarla a cabo en la realidad, por lo que nuestra mente consciente y subconsciente emplean toda su potencia en pos de la búsqueda. A medida que surgen las oportunidades, las detectamos y respondemos a ellas, y llevamos a cabo las acciones necesarias para avanzar hacia nuestra meta. Repetimos este proceso de grabar nuestras intenciones muchas, muchas veces. Una vez que hemos hecho todo lo posible para manifestar nuestra meta, debemos aceptar que eso es lo máximo que podemos hacer y que ya no podemos influir en el resultado. La manifestación tiene sus propios tiempos, que pueden o no corresponderse con los nuestros. Asimismo, la realidad es que no todas nuestras metas se manifestarán, y a menudo existen varias razones para ello, que no resultan evidentes en el momento.

En mi primer libro, *La tienda de magia*, conté la historia de cómo un encuentro casual que tuve de niño cambiaría mi vida para siempre. Como había crecido en la pobreza y me encontraba atrapado en una dolorosa situación familiar en el desierto de California, creía que estaba bajo algún tipo de maldición que haría que mi vida fuera siempre insignificante y estuviera a merced de mis circunstancias. Entonces, un día de verano, mientras mis padres discutían, me subí a la bicicleta y pedaleé tan rápido y tan lejos de mi hogar como pude y, con polvo en la boca, entré en una tienda de magia. Conocí a una amable mujer llamada Ruth, vestida con un muumuu azul, que alzó la mirada del libro que estaba leyendo. Tenía las gafas apoyadas sobre la punta de la nariz y sujetas con una cadenita que le colgaba del cuello. Ruth me regaló una sonrisa increíblemente radiante. La naturaleza misma de su sonrisa me hizo sentir bien: me hizo sentir seguro. Me contó que la tienda era de su hijo, y que ella no sabía nada sobre magia. Tras hablar durante veinte minutos, Ruth me contó que estaría seis semanas en la ciudad ese verano y se ofreció a enseñarme sobre otro tipo de magia si yo visitaba la tienda todos los días. Durante esas seis semanas, Ruth me alimentó con un suministro ilimitado de galletas Chip Ahoy! y me enseñó lo que ella denominaba «magia real»: técnicas que podía usar para relajar el cuerpo, dominar la mente, abrir el corazón y aclarar y visualizar mis intenciones. Aquellas horas felices que pasé en esa trastienda sentado frente a Ruth en una silla de metal sobre una gruesa alfombra color café se convirtieron en mis primeras experiencias con la neuroplasticidad. Su amabilidad y atención reconfiguraron mi cerebro.

A pesar de mis dudas, confusión y temores iniciales, Ruth me enseñó a desprenderme lo suficiente de mis pensamientos como para ver lo que eran en realidad: solo pensamientos, uno tras otro, que atravesaban mi mente y luego desaparecían. En un principio reaccionaba con temor o violencia frente a la voz aterradora y las imágenes de desastres que circulaban por mi mente, pero aprendí que podía reemplazar los pensamientos negativos por pensamientos positivos de autoafirmación; podía dejar atrás la voz que me decía: «Las personas como tú nunca llegan a nada» y sustituirla por la voz de la persona que deseaba ser viviendo la vida que yo quería vivir. Descubrí que tenía un cerebro que podía ser rediseñado para formar nuevos circuitos mediante la repetición y la intención de mi propia sanación. Con la ayuda de Ruth, descubrí mi poder interior.

Lo que no comprendí en ese momento fue que lo que Ruth me estaba enseñando era en efecto lo que hoy en día denominaríamos manifestación. Aunque las cosas que me decía tenían realmente algo mágico, sus consejos eran muy prácticos. De alguna manera me estaba ayudando a estudiar el poder de la mente y del corazón humanos mucho antes de que yo me convirtiera en médico y neurocirujano. Alentado por la amabilidad y el cuidado de Ruth, me sumergí en la visión del futuro que yo deseaba, y ese fue el primer paso para manifestar de verdad la vida que anhelaba. Pasé de evaluar todas las señales del mundo exterior a tomar decisiones basadas en un dialogo interno íntimo que practicaba a diario.

Fue un trabajo arduo, y a menudo quise rendirme. Cuando me invadía la impaciencia, recuerdo que Ruth me decía: «Jim, sé paciente. Solo debes ser paciente. Cambiar tu cerebro lleva tiempo».

Era difícil serlo. En especial, porque no sabía exactamente qué estaba sucediendo o qué sucedería. Sin embargo, aprendí a ser paciente y a estar presente y escuchar. O, en ese momento, creía que había escuchado.

La presencia, amabilidad y paciencia de Ruth cambiaron la trayectoria de mi vida, y sus enseñanzas se convirtieron en los cimientos de prácticamente todo lo que logré en mi vida. Finalmente, usé las enseñanzas de Ruth para salir de mi ciudad natal en el desierto, ir a la universidad, luego a la Facultad de Medicina, más adelante especializarme en Neurocirugía y luego comenzar mi camino como exitoso emprendedor médico. No obstante, en algún momento del camino perdí esa conexión con mi corazón, y eso me costó caro, no solo en términos económicos, sino en mis relaciones humanas más íntimas.

El abordaje de Ruth se basaba de manera indefectible en la importancia de abrir el corazón. Fuera cual fuera la meta que me propusiera, el objeto extraordinario que deseara conseguir, ella siempre conducía mi mente de regreso a una conexión sentida conmigo mismo y con los demás. Por esa razón, a menudo me causaba desazón ver que esta magia, que está dentro de cada ser humano, fuera tan a menudo malinterpretada, tratada como una mercancía o presentada como algo a lo que solo determinadas personas podían acceder. Si bien la manifestación suele entenderse en nuestra cultura como una herramienta para adquirir grandes riquezas y posesiones, accesible para solo unas pocas personas con suerte, yo la considero una práctica diaria de bienestar que promueve la prosperidad, la integridad y una conexión sincera con nuestro mundo. Y donde la llamada doctrina de la prosperidad nos hubiera hecho creer que nuestro deseo es el motor principal de la manifestación, yo vengo a afirmar que en realidad este es nuestra capacidad de dirigir nuestra atención.

Cuando escribí *La tienda de magia*, no tenía ni idea del impacto que causaría. No esperaba que la banda más popular de K-pop, BTS, utilizaría mi libro como inspiración para su tercer álbum, *Love Yourself: Tear*, ni que grabaría la canción «Magic Shop» (Tienda de magia) inspirada en mi libro, ni que me encontraría en conversaciones sobre una adaptación cinematográfica de mi historia interpretada por el actor Jon Hamm, ni que una niña de dieciséis años encontraría inspiración en él para desarrollar una aplicación móvil basada en la idea del alfabeto del corazón.[8] Sinceramente creía que, más allá de si mi libro vendía ejemplares o no, bastaría con que lograra transformar la vida de una sola persona. Desde la publicación del libro he recibido miles de mensajes de lectores. Incluso hoy en día, cada mes recibo doscientos o trescientos mensajes nuevos por correo electrónico. Otros llegan escritos a mano en papeles arrancados de blocs amarillos o escritos con letra caligráfica en hermosos papeles artesanos. Me escriben desde Japón y Rumanía, desde el África subsahariana y desde casas cercanas a la mía en el norte de California. Estas respuestas sentidas a mi historia me han enseñado a creer sin sombra de duda que no estamos solos, ni siquiera en nuestros momentos de más profunda desesperanza, angustia y temor. Todos tenemos heridas, y, cuando las compartimos con sinceridad, se convierten en puentes para establecer conexiones profundas entre nosotros.

Mientras leo las respuestas de los lectores a mi trabajo, detecto que un porcentaje significativo de los mensajes que recibo son de personas que están sufriendo y buscan el poder de sanar sus propias heridas y mejorar su situación. Sus circunstancias son marcadamente diferentes, pero sus deseos son increíblemente similares. En concreto, desean saber cómo funciona la visualización para manifestar sus sueños. *La tienda de magia* relata la historia de mi propio camino personal para manifestar mi salida de la pobreza hacia la riqueza, mi nuevo encuentro con la pobreza y, finalmente, mi regreso al corazón de la compasión, que es el elemento central de lo que Ruth me enseñó. Era la historia de una persona con todas sus particularidades: sus altibajos, oportunidades y obstáculos.

Pero *Tu mente es mágica* es *tu* camino. En él, te enseñaré cómo aprovechar el poder de tu cerebro para convertir tu intención en realidad y te explicaré con precisión cómo funciona esto desde la perspectiva de la neurociencia. Te guiaré a través de los seis pasos que yo y tantos otros seguimos para manifestar nuestras intenciones. Estos pasos se basan tanto en mi recorrido de toda una vida de estudiar la mente mediante la neurociencia como en mi experiencia como practicante de meditación. Estos seis pasos cubren todos los aspectos del proceso de manifestación: reclamar nuestro poder para dirigir nuestra atención; identificar qué es lo que deseamos de verdad; eliminar los obstáculos de nuestra mente; insertar la intención en nuestro subconsciente; perseguir nuestra meta con pasión y desapegarnos del resultado. Además, también incluyo diferentes historias de manifestación con la esperanza de inspirarte a comenzar a vivir y a escribir la tuya.

Hasta hace pocos años, no era posible siquiera presentar un marco teórico completo sobre cómo funciona la manifestación basándose en los últimos avances de la neurociencia. Ahora es posible dejar de lado la seudociencia y el misticismo y revelar los mecanismos cerebrales concretos que se encuentran detrás de la relajación, el desapego, la compasión y la visualización que Ruth me enseñó. Mi esperanza es que una presentación clara de la ciencia que sustenta la manifestación empodere a los lectores no solo a confiar en las prácticas, sino a emplearlas para sanarse, cambiar sus vidas y entender su poder para cambiar el mundo.

Al contrario de lo que pueda parecer en *El secreto*, la manifestación no es solo para unos pocos ni la controla una sociedad secreta compuesta por un porcentaje ínfimo de la población. La manifestación es una práctica radicalmente equitativa que se encuentra a disposición de todo el mundo y tiene el potencial para ir más allá de las circunstancias físicas, mentales y emocionales inmediatas de las personas. Por lo tanto, este libro también incluirá historias de una gran variedad de individuos y de cómo se valen estos de los principios basados en lo que ahora sabemos sobre neurociencia para manifestar sus intenciones, desde estudiantes de medicina, adolescentes neurodivergentes o maestros polinesios de la navegación a megaestrellas de Hollywood.

Por último, espero que, al ser sincero con mis errores, ayude a mis lectores a evitar cometerlos, en especial en lo relativo a decidir qué vale la pena desear y qué nos otorgará una felicidad verdadera.

Un último comentario antes de empezar. A lo largo de este libro he incluido prácticas para ayudarte a detectar dónde estás y a avanzar hacia dónde deseas ir. Las he puesto allí donde tenían sentido en el curso de mis explicaciones. Sin embargo, en el último capítulo las he combinado y volcado en un programa de seis semanas para lectores que deseen asumir un compromiso más formal.

1. Huir del naufragio:
¿Qué es lo que ya estoy manifestando?

> «Es del conocimiento de las condiciones genuinas de nuestra vida de donde debemos tomar nuestra fortaleza para vivir y nuestra razón para actuar».[1]
>
> SIMONE DE BEAUVOIR

Quizás no seas consciente de ello o no lo creas, pero ya estás manifestando en tu vida. La pregunta es: ¿es esa la vida que deseas?

Corría el año 2000, y acababa de estallar la burbuja puntocom. Una mañana, desperté con una fortuna de 78 millones de dólares, una villa en Florencia, una mansión estilo Cape Cod de setecientos metros cuadrados situada en un acantilado con vistas a la bahía de Newport y un Ferrari, un Porsche, un Mercedes, un BMW y un Range Rover en mi garaje de varias plazas. Acababa de pagar un anticipo para la compra de una isla de 2.600 hectáreas en Nueva Zelanda. Sí, mi propia isla, con cuatro casas, playas rodeadas de agua turquesa y total privacidad. Creía que había dejado muy lejos la pobreza de mi infancia.

Parecía que todo lo que había deseado y todo por lo que había trabajado se había materializado, pero al igual que tantos otros que habían creído en las posibilidades ilimitadas que ofrecía Silicon Valley, me enfrenté a la dura realidad de que mi valor neto se esfumara en seis semanas. Era como una pesadilla, pero yo estaba muy despierto, y cada día me traía más malas noticias.

Había pedido un préstamo de quince millones de dólares a un banco de Silicon Valley para el que había utilizado mis acciones en una empresa de tecnología médica como garantía. No había hablado con mi asesor bancario personal durante varios meses, pero cuando una mañana sonó mi móvil por millonésima vez, supe que no había forma de evitar lo inevitable.

—¿Hola?

—Jim —dijo con una voz que fingía alegría bancaria—. ¿Cómo estás?

Ya sabía la respuesta. Él había estado atento a la crisis puntocom y era muy consciente de que el valor de mi garantía se había esfumado casi por completo. Me informó de lo que yo ya sabía.

—Jim, a menos que tengas otros activos que yo desconozca, estás en quiebra y endeudado. —Tras una pausa, añadió—: ¿Qué hacemos?

—Venderlo todo —respondí bruscamente.

—Parece que no tienes otra opción —agregó—. Hablemos dentro de unas semanas para tener una mejor idea de hacia dónde van las cosas.

Poco después, me vi forzado a vender la villa en Florencia, cancelar la compra de «mi» isla en Nueva Zelanda, vender todos mis coches excepto uno y poner a la venta mi mansión con vistas a la bahía de Newport, donde en aquel momento no vivía nadie. Yo estaba separado de mi esposa, mi hija vivía en la universidad y yo residía en Silicon Valley como director ejecutivo de una empresa de tecnología médica que había fundado un amigo. Sin muchas ganas, fui a la casa para prepararla para la venta y me topé con la dura realidad de que casi todos mis sueños habían fracasado. Cuando me acerqué a la vivienda, vi el jardín que mi esposa había cuidado con tanto entusiasmo y mimo. Lo que en su momento había brotado ahora estaba marchito y muerto. Las azaleas de hojas amarillentas y las camelias caídas revelaban la falta de atención por parte del jardinero que había prometido cuidar las plantas. La casa parecía abandonada.

Lo que más me dolía eran las ausencias. En todas las habitaciones había clavos o ganchos para cuadros en las paredes, pero ninguno sostenía fotografías. Cuando mi esposa se fue, se llevó todas las fotos familiares y, con ellas, cualquier recuerdo de que allí había vivido una familia. En la sala de estar central, sobre la repisa de la chimenea, había una sombra rectangular proyectada por el sol y un gancho del que había colgado un cuadro enmarcado: nuestra preciada lámina botánica de bulbos de iris del maestro bávaro Basilius Besler que habíamos descubierto en una tienda de antigüedades escondida en Florencia en una de nuestras aventuras en busca de ilustraciones.

Aquellos habían sido tiempos más felices. En esa misma tienda, encontramos una variedad de mapas antiguos de los siglos XVI y XVII que nos encantaban y que terminé comprando. Recuerdo que en aquel momento fui feliz, y que la estaba haciendo feliz a ella. Recuerdo que habíamos volado en primera clase y que nos habíamos hospedado en un hotel de cinco estrellas. Que mi esposa me miró y me dijo: «Gracias».

Qué diferentes eran aquellos recuerdos lejanos del silencio que se había establecido entre nosotros, cargado de resentimiento, a medida que nos distanciábamos. El recuerdo de la dolorosa falta de intimidad entre nosotros al final de la relación me entristeció; yo programaba cirugías extras y utilizaba su larga duración como excusa para no intentar reparar la conexión perdida entre nosotros, y ella me había dicho: «Ya no te conozco».

Pasé junto a la habitación de mi hija, aún amueblada. Entré y me senté en la cama y pensé en ella y en cuántos recuerdos teníamos en aquella casa. Pero también recordé que me dijo «no echaré de menos este lugar» cuando se fue. En un principio no lo entendí, pero más tarde me di cuenta de que sus sentimientos eran consecuencia de la realidad de mi relación con su madre. De alguna manera, yo había comenzado a vivir alejado de mi propia vida. Incluso cuando estaba con mi familia, mi mente estaba en otro sitio: atrapada en recuerdos dolorosos o idealizados del pasado o proyectándose al futuro hacia mi próxima cirugía, mi próximo gran logro financiero, el esplendoroso momento futuro cuando finalmente consiguiera lo suficiente para estar bien. En el proceso, había olvidado disfrutar de lo que tenía y conectar con las personas con las que deseaba construir esa vida.

Mientras recorría la sala de estar formal y luego la informal, atravesó mi mente una sucesión de imágenes de la vida que ahora había terminado. Pasé junto a mi estudio con su sillón azul marino con tachuelas de latón, donde bebía oporto y fumaba puros de mi humidificador en compañía de mis amigos, humidificador que había comprado en una subasta de Big Brothers Big Sisters of America, en un evento que presidí. Mi nombre estaba grabado en una placa en la tapa. Cuando me sentaba en ese sillón y miraba la placa mientras fumaba un puro, me sentía importante. Me volví a sentar en ese sillón y pasé los dedos por la placa. No me sentí importante ni poderoso. Me sentí pequeño.

Ahora que estaba solo allí, la casa parecía ridícula y ostentosa. Daba la sensación de que las habitaciones eran exageradamente grandes y estaban infladas, repletas de aire, repletas de nada. Yo era como una persona en miniatura que deambulaba por una gigantesca casa de muñecas poblada de accesorios innecesarios. El mobiliario en sí parecía extrañamente insustancial. Desde lo más profundo de mi interior, sentí emerger un recuerdo sensorial de mi infancia. La pobreza es una paradoja: por un lado, el aire está plagado de una pesadez tan grande que puede parecer un peso ineludible, pero, por otro, todo está impregnado de una extraña ligereza, como si estuviera a punto de estallar.

Había trabajado mucho para construir una base sólida para mi esposa y mi hija porque mi familia había estado desarraigada demasiado a menudo. Nada era más degradante o humillante para mí que ser desahuciado de mi casa. El subcomisario llamando a la puerta con la notificación del desahucio. Nuestras pertenencias en la acera. Los vecinos mirando con curiosidad o lástima y yo pensando: «Espero que mi madre pueda encontrar un lugar donde quedarnos». Recuerdo estar sentado en el sillón junto a la acera con todas nuestras pertenencias y mi madre al lado. En ese momento, mi hermana se había mudado a otro piso y mi hermano no estaba. Siempre se alejaba en esos momentos, quizás para protegerse o para no sentir vergüenza o humillación al estar sentado frente a los espectadores del vecindario.

Mi madre me pasó el brazo por los hombros y dijo: «Está bien, hijo. Todo estará bien. Encontraremos un sitio donde quedarnos».

De niño, solía colarme en la habitación de mi hermano cuando él no estaba y hojeaba ejemplares antiguos de la revista *Architectural Digest* que encontraba en la pila de libros y revistas que él guardaba en busca de inspiración. Mi hermano era un artista increíble, y siempre encontraba tesoros para encender su creatividad. Cuando yo veía una casa cuyos detalles me sorprendían por ser particularmente acogedores o espectaculares —como un mirador con vistas al mar o una chimenea para dar calor en las reuniones familiares—, arrancaba la página y la sumaba a mi colección, que guardaba en una carpeta de cartón verde en el cajón de los calcetines. Por supuesto, esas revistas eran de las décadas de 1960 y 1970, cuando la imagen de la familia estadounidense perfecta regía despiadadamente mi imaginación. Aun así, con los años recopilé un archivo importante de detalles arquitectónicos, así que, cuando Ruth me pidió que visualizara la casa que deseaba, tenía un vasto catálogo de imágenes en las que inspirarme.

La imagen que se formó en mi mente era la de estar de pie en la terraza de una mansión al estilo Cape Cod con vistas a las olas azul oscuro de un cuerpo de agua. Noche tras noche me había imaginado allí, sintiendo el roce de la brisa marina en las mejillas, el crujir de la sal en la lengua, contemplando las profundidades de las mareas cambiantes. De hecho, había experimentado la escena de forma tan vívida, con todos mis sentidos completamente involucrados, que, cuando me encontré de pie en el mirador de mi mansión de estilo Cape Cod en un acantilado con vistas a la bahía de Newport, la verdad es que casi ni me sorprendí. O, más bien, mi cerebro se relajó y recibió la experiencia con una sensación reconfortante de familiaridad y cercanía.

Gracias a todas esas primeras horas de la mañana y noches sin dormir en las que había cumplido con mi práctica de meditación y visualización, había reconfigurado mi cerebro para que se sintiera cómodo con mi sueño. Esa es una de las paradojas de la manifestación: mucho antes de comprarla, la imagen de mi mansión, del mirador y de la brisa del mar habían pasado de ser una fantasía impensable a una realidad tangible. Cuando salí a la terraza en la vida real, mi cerebro *esperaba* que yo estuviera allí. Esa expectativa y que, en consecuencia, mi subconsciente se centrara veinticuatro horas al día en aquella imagen, había convertido mi mansión en una profecía autocumplida.

Apesadumbrado por mi recorrido, me senté en lo alto de las escaleras, en el corazón de la casa, con la cabeza apoyada en las manos, y me pregunté qué hacer a continuación. Mis hombros se elevaron con resentimiento hacia mi esposa por el vacío que había dejado y todas las tareas dolorosas y difíciles que me había encargado. Se me hizo un nudo en la garganta por la añoranza que sentía por mi hija, que se había marchado a la universidad. Y sentí la mandíbula tensa de rabia conmigo porque, de alguna manera, yo había sido el artífice de ese completo desastre.

Mi mente se aceleró, saltaba de las tareas por realizar a un sentimiento de amargura y preocupación por el futuro. Pero, en última instancia, había una pregunta que no dejaba de sonar en el interior de mi mente: *¿Qué había pasado por alto?* Era como si un paciente hubiera muerto a mi cuidado a pesar de haber gestionado perfectamente su tratamiento. Lo había hecho todo bien y había obtenido todo lo que deseaba, pero, en lugar de tener éxito, de alguna manera había fracasado. El éxito que había logrado debería haber sido el momento cumbre de mi vida, pero simplemente parecía que hubiera tocado fondo.

La respuesta llegó cuando estaba intentando completar mi lista de tareas pendientes. Tras avanzar trabajosamente con mis numerosas tareas, me encontré en un armario con algunas cajas de antiguas pertenencias. Moví una caja de libros y mi mirada se posó sobre algo de mucho más valor. Era la caja de puros que había usado para guardar mis objetos preciados cuando era un niño de doce años. No la había abierto desde la universidad. Me senté en el suelo del armario, apoyé la caja en mi regazo y quité la tapa. Emergió un ligero aroma a pasado. Dentro de la caja encontré mi anillo de graduación, que lucía un rubí tallado, de mi escuela Lancaster High School; el arrugado pulgar de plástico que utilizaba para hacer trucos de magia y que un pañuelo o cigarrillo desaparecieran; y, lo más preciado de todo, el desgastado cuaderno blanco y negro que contenía todas mis anotaciones del tiempo que había compartido con Ruth.

Hojeé las páginas del cuaderno y encontré mi lista de deseos.

Ir a la universidad.
Ser médico.
Un millón de dólares.
Rolex.
Porsche.
Mansión.
Isla.
Éxito.

Encontré otras frases escritas con la caligrafía de mi infancia, que reconocí como retazos de la sabiduría de Ruth.

Brújula del corazón. Lo que deseas no siempre es lo que necesitas.
Quienes hacen sufrir a las personas a menudo son quienes más sufren.

Bajé la vista hacia la caja de puros que contenía mis objetos preciados. Mi corazón se contrajo cuando me di cuenta de que, a pesar de todas las cosas que había logrado acumular, en cierto sentido, esa delgada caja de treinta centímetros contenía todo lo que alguna vez había poseído. Una persona no puede poseer más de lo que puede amar, y yo no había abierto mi corazón un centímetro más de lo que lo había hecho al escribir mi lista. Mi mansión, mi isla, mis coches e incluso mi familia no cabían en el estrecho espacio de mi interior, y ahora estaban siguiendo su propio camino, posiblemente para que los encontraran personas que pudieran protegerlos de verdad.

En un primer momento, mi mente se apresuró a buscar alguien o algo a quien culpar. Mientras empezaba a hurgar en mis recuerdos, me esforzaba por encontrar cualquier culpable al que pudiera aferrarme con fuerza. Durante mucho tiempo, esperé que una figura paterna me indicara qué hacer en cualquier situación, me cuidara, amara y enseñara a convertirme en la persona que deseaba ser. Mi propio padre no había sido capaz de desempeñar ese papel: al ser un alcohólico que apenas podía tenerse en pie, él (y por tanto mi familia) vivía con lo justo cuando conseguía algún trabajo. Mantenía un puesto durante unos meses, y nosotros comenzábamos a sentirnos a salvo, pero luego regresaba a la bebida, gastaba cada centavo y regresaba a casa ebrio o simplemente desaparecía durante días. Invariablemente, su alcoholismo casi siempre estaba relacionado con el hecho de perder el trabajo por motivos desconocidos para cualquiera de nosotros, y con el temor y la vergüenza de regresar a casa y contárnoslo, por lo que recurría a la bebida. Nos mudábamos con frecuencia, de un apartamento insulso ubicado en una zona donde yo no quería vivir a otro parecido, siempre con la esperanza de que mi padre encontrara un trabajo estable. Pero eso nunca pasó.

Para empeorar las cosas, mi madre había sufrido un debilitante accidente cerebrovascular, por lo que pasaba la mayor parte del tiempo escondiéndose del mundo en la cama, y, cuando su depresión la hacía tocar fondo, cosa que ocurría con frecuencia, intentaba suicidarse, por lo general con sobredosis de pastillas para dormir. A menudo me sentía como una hoja arrastrada por un viento desfavorable, o un niño actor de una comedia de situación de la década de 1950 en la que todo salía desastrosamente mal. Me sentía a contramano del universo, como si hubiera hecho algo para ofenderlo; sentía que, de alguna manera, toda la situación era culpa mía, y, sin embargo, no podía identificar mi delito ni cómo enmendar la situación. Sin una persona adulta que me cuidara, desarrollé un sentido exagerado de la responsabilidad y me convertí en una persona resentida. Sin notarlo, mi mentalidad negativa zumbaba en mi mente como el DJ cruel de una emisora de radio clandestina. Esos pensamientos afectaban a la mayoría de mis interacciones y provocaron experiencias que dieron paso a una serie incesante de sucesos dolorosos e infelices. Y esos pensamientos negativos que circulaban por mi cerebro y cuerpo sostenían mi visión negativa del mundo de una manera sólida y real.

Había alcanzado todos los lujos asociados con el éxito; quería creer que la magia de Ruth me había curado. Quería creer que había renunciado a la esperanza de mi niñez cuando ansiaba haber tenido un pasado mejor o diferente, que había recuperado todo mi poder y seguido adelante. Si eso no había funcionado, el problema debía de ser otro. Así que decidí culpar a mi cerebro. Pero no era culpa suya: después de todo, mi cerebro y mi subconsciente habían cumplido con obediencia las órdenes que les había dado y habían generado resultados materiales que superaban mis sueños más inverosímiles. El Rolex de oro me envolvía con pesadez la muñeca; el Ferrari, el BMW y el Porsche estaban aparcados en mi garaje. La mansión en sí podría haber salido directamente de las páginas de *Architectural Digest* que con tanto amor había estudiado en el diminuto apartamento del desierto, cuyas únicas vistas eran, o bien la pared color café oscuro del otro complejo de apartamentos donde se apilaban cubos de basura, o bien el desierto interminable repleto de matojos rodantes. Fiel servidor, mi cerebro solo había cumplido con lo que yo le había pedido, sin cuestionar mi intención ni mi motivación.

Él solo estaba haciendo su trabajo. Hay que tener una disciplina inquebrantable y practicar una repetición diligente para crear nuevas vías neuronales en el cerebro y, si no se cuidan, se vuelven intransitables, como cualquier sendero del bosque. Aunque las técnicas de Ruth eran las que me habían proporcionado toda esa prosperidad y éxito, cuando me arruiné hacía muchos años que ya no las practicaba. A medida que conseguía punto por punto todos los elementos de mi lista, sentía más y más confianza en mi habilidad para manifestar mis deseos, y menos urgencia por mantenerme conectado con el mensaje de Ruth: como resultado, practicaba sus técnicas cada vez menos. Quizás a ti también te hayan presentado una práctica años atrás o hayas tenido una experiencia espiritual que cambió quien pensabas ser, pero ahora te encuentres alejándote de lo que aprendiste o luchando por incorporarlo en tu vida. Es como una adicción: cuanto más tiempo pasas sobrio, más confías en que no necesitas seguir asistiendo a Alcohólicos Anónimos. En retrospectiva, yo había olvidado lo importantes que eran las lecciones de Ruth.

Sin la claridad y el consuelo de las prácticas para mantenerme conectado con mi experiencia transformadora con Ruth, afronté en soledad la disolución de mi familia, la pérdida de mi fortuna y la liquidación de mis activos. Lo que es más importante, debí afrontar que me había desconectado del hábito poderoso de abrir mi corazón, que me había permitido acallar temporalmente el monólogo cruel y negativo sobre mí mismo que circulaba por mi mente. Sin esa dosis constante de la medicina de la autocompasión, mi hábito arraigado de criticarme y mi inseguridad habían regresado para vengarse: «No eres suficiente. Las personas como tú nunca llegan a nada. Nunca lo lograrás». Durante un tiempo, el eco de mi éxito material ahogó el murmullo de mi crítico interno. Pero luego comencé a oírlo, como un inquisidor amenazante que murmuraba en el fondo de mi mente, mientras asistía a una gala elegante o conducía uno de mis coches deportivos siguiendo la costa. Y, al final, se abrió paso hasta la primera línea y me regañó, tal como lo había hecho cuando yo era niño.

Esa voz, que emergía de lo que Ruth llamaba «las heridas del corazón», me asustó y me condujo a querer probar que estaba equivocada. Si era capaz de hacer creer al mundo que yo era suficiente, que lo había logrado, entonces podría silenciar esa voz de una vez por todas, o eso creía. Más que nada, mi deseo de éxito material se reducía a mi deseo desesperado de escapar de mi propio maltratador interno, la voz de mi propia vergüenza. Irónicamente, cada vez que me abalanzaba sobre una nueva adquisición, olvidaba estar presente para mi propio dolor, que despertaba mi deseo de nuevos objetos brillantes. Recuerdo la única vez que le mentí a Ruth, cuando le prometí que había abierto mi corazón antes de fijar mi intención. De lo que no me percaté fue de que había estado viviendo en esa mentira desde ese entonces.

Hoy, como médico, puedo echar la vista atrás y verme como un paciente que estaba transitando el camino de una enfermedad grave. La enfermedad era la vergüenza y el síntoma principal era la falta de autoestima. A los doce años, no estaba cualificado para hacer un diagnóstico certero, así que asumí que mi enfermedad era la pobreza. Teniendo eso en cuenta, asumí que el curso adecuado para el tratamiento era la acumulación de todos los pilares del éxito según los estándares de la sociedad. Me receté a mí mismo centrarme persistentemente en el camino del éxito material, impulsado por los embates de mi crítico interno. Sin embargo, como solo había diagnosticado el problema superficial y no la raíz, este persistió y, tras años de no recibir tratamiento, empeoró hasta llegar a un punto crítico mientras yo deambulaba por los escombros de mi vida.

Si tienes un estrechamiento significativo de una arteria en el corazón, el tratamiento más común es una angioplastia. Esto implica insertar un pequeño globo en la arteria para expandirla y colocar un *stent* de malla metálica. La angioplastia y la colocación del *stent* solo calmarán el dolor de pecho y darán un alivio temporal, y, a menos que se aborden los comportamientos habituales y la angustia emocional que causaron la placa en un inicio, es probable que haya que reemplazar el *stent* al cabo de un año. Al final, debes tomar una decisión: afrontar el problema subyacente o morir.

El éxito material que decidí perseguir era, en esencia, un *stent* que ofrecía alivio temporal a mi sentimiento de vergüenza. Todo ese tiempo, la enfermedad de la vergüenza siguió bloqueando mi sentido innato de la autoestima. De algún modo, había ignorado mi verdadera aflicción. La realidad es que no era el único. Millones de nosotros vivimos en una neblina de negación y falsas esperanzas, sin saber qué es lo que nos afecta (o no queriendo saberlo); avanzamos a trompicones a través de nuestros días y deseamos lo mejor, pero luego nos desmoronamos y nos sorprendemos cuando nos encontramos reviviendo la misma historia una y otra vez. Muchos de nosotros estamos manifestando nuestra propia infelicidad.

Sentado en el suelo del armario, finalmente vi de verdad mi vida y en lo que se había convertido. Vi mi graduación de la universidad y luego mi especialización como médico, mi boda, mis esperanzas para el futuro, el nacimiento de mi hija, mi carrera como neurocirujano, mi éxito como emprendedor, mi divorcio, el alejamiento de mi hija, y ahora mi soledad y mi fracaso. Había dedicado tanto tiempo a imaginar vívidamente mis éxitos futuros que nunca había experimentado vivamente mi presente. En ese momento, sentado en lo alto de la escalera, el Jim de doce años y el Jim de cuarenta y cuatro compartían confusión: *¿Qué había pasado por alto?*

Cuando empecé a llorar, vi qué era. Había deseado una casa muy grande para resolver todo el sufrimiento de mi familia y, en ese sentido, había obtenido lo que había deseado. En mi mente, había creado una mansión, no un hogar. Pero en lo más profundo de mi interior, lo que más anhelaba era esa experiencia de tener un hogar: seguridad, pertenencia, conexión y cariño. Estar presente para mis seres queridos, de cuidarlos, ser cuidado y de compartir las dificultades. Había manifestado los lujos externos de mi sueño, pero me había olvidado de llenarlo con las personas y las relaciones amorosas que le daban sentido. Me había olvidado de satisfacer el anhelo de mi corazón.

Subí al mirador para contemplar la bahía por última vez. Cuando en un principio había imaginado la casa donde finalmente viviría, la imagen que me venía a la mente era la de estar de pie en una terraza mirando a la bahía de Newport. Y había logrado manifestar esa visión en la realidad. Ahí estaban la isla Lido y la península Balboa, rodeada de veleros majestuosos que insinuaban la vida de lujo y ocio de sus propietarios.

Había una silla solitaria en la terraza, y me senté unos instantes en ella. Cerré los ojos para pensar, y de pronto oí un ruido detrás de mí.

Miré hacia atrás y descubrí un nido de zarigüeyas escondido en una hendidura bajo un saliente detrás de un extintor de incendios.

Seguramente, la casa vacía había sido un refugio tentador para la zarigüeya cuando estaba preñada. El chillido de una cría de zarigüeya suena como un estornudo humano y, sentado allí, en esa silla, sentí como si aquello fuera el rumor de la fiesta de cumpleaños de un niño donde todos los invitados estuvieran resfriados. Mientras afrontaba la tarea de desmantelar mi hogar, me maravilló la diligencia de la zarigüeya para construir el de su familia. Cómo había cargado meticulosamente hojas, césped, pequeñas ramas, musgo y corteza con su cola; cómo, sin ningún título de arquitectura ni de diseño de interiores, había creado una estructura perfectamente adecuada para refugiar a sus crías hasta que estas estuvieran listas para aventurarse afuera por su cuenta.

Sabía que estaba en caída libre, y mi mente se aferró a la primera cosa delicada que encontró: ¿qué haría con el nido de zarigüeyas? El control de animales tardaría una eternidad en venir a evaluar la situación y, aunque lo hiciera, ¿acaso sus métodos serían compasivos? No podía echar sin más a esas crías indefensas para que murieran de hambre, se congelaran o fueran devoradas. La casa era lo último que me ataba a mi antigua vida y evitaba que siguiera adelante con la nueva, fuera como fuera. Mientras el nido estuviera allí, yo no abandonaría la casa. Y no tenía fuerzas para quitarlo.

—¡Malditas cabronas! —grité a las zarigüeyas, sin importarme que los vecinos me oyeran o pensaran que estaba loco.

«Dejad que me vaya, por favor», pensé para mis adentros. Pero sabía que no podía irme sin más.

Era hora de afrontar mi realidad y asumir la responsabilidad de mi vida tal como era. Había obtenido las cosas que creía que necesitaba, y estas habían traído consigo todo tipo de problemas inesperados. Yo las había manifestado y ahora era cosa mía lidiar con ellas. De hecho, no podía empezar mi nueva vida, adoptara la forma que adoptara, si no me encargaba de los problemas de la antigua. Puede que mi vida se hubiera desmoronado por fuera, pero por dentro, a pesar de toda la evidencia emocional que indicaba lo contrario, yo estaba bien. Era capaz de separar mi consciencia de las reacciones emocionales negativas que la situación estaba causando en mi mente y cuerpo. La única manera de que mi sistema nervioso creyera eso era que me calmara. Necesitaba relajarme, respirar hondo y exhalar, soltar la tensión para poder pensar con claridad.

Tras investigar un poco, diseñé una trampa para la zarigüeya madre: un lecho de periódicos rasgados con algunos trozos de manzana en su interior. Las zarigüeyas son nocturnas, por lo que tuve que quedarme despierto y asegurarme de que entrara en la trampa. Luego, con los guantes de jardinería puestos, me aseguré de que ninguna de sus crías hubiera quedado en el nido ni en la terraza detrás del extintor de incendios. Cuando tuve la certeza de que todas estaban a salvo, cargué la trampa en mi coche y la llevé a una zona arbolada en la costa. Apoyé la jaula en el suelo y abrí la trampa. La madre salió con cautela, olfateando el suelo, su cola pelada enrollada hacia arriba, sus crías guardadas en el marsupio. En pocas semanas, esas crías, que habían llegado al mundo con el tamaño de una abeja y sin ser capaces de ver ni de oír, se independizarían y seguirían su propio camino. Sus instintos eran poderosos y fiables, y ellas no los cuestionaban. En cambio, nosotros, los humanos, con nuestros anormales cerebros grandes y tras años de responder y adaptarnos al entorno, tenemos que luchar por nuestra sabiduría natural, por nuestra capacidad de oír y escuchar a nuestra brújula interna.

Les deseé a las zarigüeyas lo mejor en su nueva vida y regresé a mi casa vacía para comenzar la mía.

Los humanos somos criaturas imperfectas y, a menudo, nuestros deseos también lo son. Cuando nos imaginamos siendo dueños de un Ferrari, nos vemos conduciendo por la carretera a máxima velocidad, deleitándonos con la libertad despreocupada que creemos que nos otorga la riqueza. No nos imaginamos el dolor de no tener a nadie con quien compartir nuestras aventuras. Y, cuando nos imaginamos una mansión en la que vivir, vemos una escena familiar cálida y vibrante. No nos imaginamos una familia resquebrajada por la falta de intimidad, ni tampoco nos vemos afrontando la venta de nuestro hogar. Nos imaginamos las cosas que deseamos, pero no las complejidades que traen con ellas. Nos imaginamos el mirador, pero no las zarigüeyas.

Antes de poder pensar en qué quería manifestar para la próxima etapa de mi vida, debía comprender qué era lo que ya había estado manifestando, y evaluar su valor con la mente clara y el corazón abierto. ¿Qué había funcionado y qué no? ¿Qué papel había tenido en la manifestación de la mansión vacía, la familia rota, el callejón sin salida? ¿Cómo habían contribuido mis pensamientos, mis creencias no cuestionadas y mis asuntos pendientes con mi corazón a crear este embrollo?

PRÁCTICA:
¿Qué es lo que ya estoy manifestando?

En esta práctica, te invito a evaluar tu situación actual con claridad y compasión. La intención aquí es aplicar tanta objetividad como sea posible a la evaluación de tus circunstancias, pero sin emitir juicios. A medida que descubras los aspectos de tu vida que ya estás manifestando, encontrarás los lugares donde podrías estar limitando tu poder interior. No te preocupes por hacer cambios ahora mismo. Lo único que necesitas es ofrecer una consciencia amable y clara.

1. Prepárate

A. Encuentra un momento y un lugar para hacer esta práctica sin que nadie te interrumpa.
B. No comiences esta práctica si sientes estrés, tienes otros asuntos que te están distrayendo, has bebido alcohol o consumido drogas recreativas en las últimas veinticuatro horas, o si sientes cansancio.
C. Ten un bloc de papel y un bolígrafo cerca.

2. Comienza a relajarte

A. Siéntate en una posición relajada con los ojos cerrados durante unos minutos y permite que tus pensamientos se calmen.
B. Ahora, siéntate con la espalda erguida y los ojos aún cerrados y haz tres respiraciones lentas inhalando por la nariz y exhalando

por la boca. Repite el proceso hasta que esta respiración te resulte cómoda y no te distraiga.

C. Empezando por los dedos de los pies, empieza a relajar todos los músculos del cuerpo en dirección ascendente hasta la cabeza, sintiendo más y más comodidad a medida que te concentras en relajar el cuerpo. Descubrirás que, mientras lo haces, te envuelve una sensación de calma y seguridad. Ya no te preocupa que los demás te juzguen o critiquen tus sueños y aspiraciones mientras sigues inhalando y exhalando lentamente.

D. Sentirás comodidad y relajación mientras sigues inhalando y exhalando lentamente.

3. Visualiza tu vida

A. Visualiza con amabilidad tu vida, a grandes rasgos. ¿Cuáles son tus relaciones principales? ¿De qué trabajas? ¿Dónde se desarrolla tu vida? Presta atención a las emociones que surjan mientras respondes estas preguntas. No te fijes en una imagen o pensamiento concretos, deja que tu mente deambule con libertad durante unos minutos entre los elementos principales que conforman tu vida actual.

B. Permite que cualquier emoción que aparezca siga su curso de manera natural. Quizás detectes una variedad de sentimientos: alegría, satisfacción, tristeza, frustración, aburrimiento, enfado. Permanece con ellos y con los detalles de tu vida un poco más.

4. Visualiza de una manera más completa

A. Sigue analizando las imágenes de tu vida. Puedes reflexionar sobre estas preguntas: ¿qué personas son importantes para ti? ¿Sientes una conexión real con ellas? ¿Cómo es tu trabajo? ¿Te proporciona lo necesario para vivir? Si tienes otras personas a tu cargo, ¿puedes mantenerlas con tu trabajo? ¿Sientes que tus días, y la forma en la que inviertes tu tiempo, son importantes y satisfactorios? ¿Y qué hay de los lugares donde se desarrolla tu vida? ¿Qué sensaciones te transmiten?

B. Visualízate dentro de tu vida e identifica lo que evocan esas imágenes. Observa tu vida con la mente. Intenta imaginar cada detalle mientras inhalas y exhalas lentamente. Inhala y exhala lentamente.
C. Ahora que puedes ver cada detalle, abre los ojos poco a poco y continúa inhalando y exhalando. La sensación es de relax y calma.

5. Registra tus observaciones

A. Toma papel y boli y expresa con tus propias palabras lo que has visto y sentido al visualizar tu vida. Escribe tantos detalles como puedas. Pueden ser unas pocas frases o un párrafo, solo importa que estés escribiendo como es para ti tu vida y cómo la sientes.
B. Ahora quédate con los ojos cerrados, y poco a poco haz entre tres y cinco inhalaciones por la nariz, exhalando por la boca. Luego, abre los ojos.

6. Repasa tus anotaciones

A. Primero, lee en silencio lo que has escrito.
B. A continuación, léelo en voz alta para poder oírlo.
C. Quédate con esas imágenes de tu vida durante unos instantes con los ojos cerrados.

7. Reflexiona sobre tu vida

A. Tómate unos momentos para reflexionar sobre cómo han creado tus decisiones la vida que estás viviendo. ¿Has tomado decisiones conscientes? ¿Cuándo? ¿Cuándo has permitido que otros escogieran por ti o, simplemente, has tomado el camino más fácil?
B. Si tu vida no se parece a lo que esperabas e imaginabas que fuera, ¿qué papel has tenido en que sea como es ahora? No hay por qué sentir miedo ni castigarte por nada de tu vida actual. Esto es solo una práctica de descubrimiento. Quizás no te lo

parezca, pero estás dando el primer paso para reclamar tu poder interior y moldear tu vida.

8. Aprecia tu práctica

A. Siente el empoderamiento y la agencia que emergen al examinar tu vida con sinceridad. Tu existencia ya está empezando a transformarse.

¿Qué has notado? ¿Existen áreas de tu vida que generaron una emoción fuerte al reflexionar sobre ellas? Si un área es difícil de contemplar, quizás desees situarla en el centro de tu manifestación. Si notaste calidez y alegría al reflexionar sobre un área, te invito a evocar de forma consciente esas imágenes de vez en cuando y sentir gratitud, porque esos sentimientos pueden convertirse en un sostén poderoso para ti.

Ten a mano las anotaciones que has escrito en esta práctica mientras avanzas con este programa. Para bien o para mal, la vida que tienes hoy se convertirá en la base fundamental de la vida nueva que aspiras manifestar. Quizás quieras leérselas a un amigo o amiga de confianza, o a un mentor, y compartir cómo te hicieron sentir tus descubrimientos. Esto te otorgará un sentido de la responsabilidad y te brindará el apoyo externo que quizás necesites cuando te enfrentes a resistencias, temores o incertidumbre. Al final del programa, es posible que te sorprendas con las muchas cosas que ya han cambiado, y tu trabajo con esta práctica será un buen punto de referencia para tu progreso.

Es posible que también descubras cuántas cosas estás ya manifestando y aproveches la oportunidad para expresar aprecio por tu esfuerzo hasta el momento y gratitud a la vida por lo que ya te ha brindado.

Ahora que conocemos nuestro punto de partida y hemos visto con claridad la vida que ya estamos manifestando, podemos comenzar el proceso de crear la vida para la que deseamos trabajar. Pero, antes de embarcarnos en nuestro camino de manifestación, debemos comprender el *hardware* con el que estamos trabajando, cómo está diseñado y cómo funciona en conjunto.

2. Redes y vibraciones:
La fisiología de la manifestación

«Todo ser humano, si se lo propone, puede ser el escultor de su propio cerebro».[1]

SANTIAGO RAMÓN Y CAJAL

Cuando estaba en el instituto, conocí a un chico llamado George Calloway. Quizás en el tuyo también había alguien como él. George era un erudito: estudiante sobresaliente, presidente del consejo escolar y deportista destacado en tres deportes. Podía encestar un triple al borde del final del tiempo desde la otra punta del campo, batear un *home run* y lograr que todos en las gradas se levantaran a vitorear y luego argumentar de forma irrefutable por qué había que modificar una normativa electoral concreta de Estados Unidos. George prosperaba sin esfuerzo en todos los ámbitos y en diferentes actividades. Por supuesto, yo lo envidiaba y, en ocasiones, ansiaba verlo tropezar y caer de bruces como cualquier ser humano común y falible, aunque solo fuera una vez, pero sobre todo admiraba sus contribuciones a los objetivos de sus equipos deportivos, el consejo escolar o la recaudación de fondos de turno.

El cerebro está repleto de George Calloways. Nuestras neuronas son atletas de múltiples deportes que forman equipos y cambian de posición constantemente dependiendo de qué actividad cognitiva se esté llevando a cabo: interpretación de datos de nuestros cinco sentidos, razonamiento moral, reconocimiento de patrones, memoria, intuición... Los grupos de neuronas se combinan en regiones identificables, que componen lo que se conoce como redes neuronales a gran escala. Estas redes funcionan como coaliciones autoorganizadas de Calloways: trabajan en equipo, colaboran para ejecutar tareas de alto nivel y crean elementos extremadamente complejos de nuestra consciencia.

Desde la perspectiva de la neurociencia, las redes a gran escala o redes intrínsecas son conjuntos de regiones cerebrales extensas que se han descubierto mediante técnicas de escaneo, como las imágenes por resonancia magnética funcional (RMf), el electroencefalograma (EEG), la tomografía por emisión de positrones (TEP) y la magnetoencefalografía (MEG). Cada red se identifica mediante el papel que desempeña en la producción general de la cognición. Las regiones dentro de una red a gran escala evidencian una conectividad funcional, lo que significa que su activación en conjunto se ha correlacionado estadísticamente con ciertas actividades cerebrales cognitivas de alto nivel, como procesar una imagen o evocar un recuerdo. Las neuronas pueden recombinarse en pos de numerosas funciones mentales dependiendo de la situación, como cuando los mejores jugadores de la NBA forman un equipo para disputar un partido de las estrellas o unos Juegos Olímpicos. Las redes cerebrales a gran escala son las piedras angulares de un cerebro funcional, y la alteración de sus actividades da lugar a una variedad de trastornos neuropsiquiátricos como la depresión, la enfermedad de Alzheimer, el trastorno del espectro autista, la esquizofrenia, el TDAH y el trastorno bipolar.

La manifestación utiliza principalmente cuatro de estos grandes circuitos: la red neuronal por defecto (DMN), la red central ejecutiva (CEN), la red de relevancia (SN) y la red atencional (AN). Es la interacción de estas cuatro áreas principales, junto con las dos ramas del nervio vago, la que nos permite centrar nuestra atención en nuestras intenciones y hacer que estas sean lo suficientemente importantes para el cerebro como para integrarlas en nuestro subconsciente y emplear su poder para manifestarlas.

Existe mucha información al respecto de cómo interactúan estas redes a gran escala, pero también queda mucho por descubrir. Brindaré una explicación general sobre las diferentes redes cerebrales y por qué lograr que trabajen juntas es una parte integral de nuestro poder interior para maximizar nuestro potencial de manifestar nuestras intenciones. Para comprender cómo colaboran las redes y el sistema nervioso, vamos a observar su papel en un ejemplo de manifestación de la vida real.

La historia de Anula

Anula creció en Sri Lanka durante un periodo de agitación política y económica, resultado de una guerra civil en curso. Cada año que pasaba, los bombardeos se intensificaban. A su padre le empezó a preocupar el rumbo que estaba tomando el país y esto le hizo pensar cada vez más en emigrar a Estados Unidos. Los padres de Anula también creían que tanto ella como su hermano tendrían mejores oportunidades educativas fuera de Sri Lanka. El tsunami devastador de 2004 aceleró sus planes, y, por fin, su familia y ella emigraron a Estados Unidos cuando Anula tenía quince años.

Aunque la decisión de sus padres de reubicar a la familia tenía la intención de brindarles a sus hijos un entorno más seguro y de mayor acceso a los recursos necesarios para prosperar, a corto plazo la calidad de vida de la familia se vio afectada de forma drástica. Su padre, que había sido microbiólogo y trabajado con enfermedades infecciosas en Sri Lanka, se presentó a innumerables vacantes laborales de su profesión en Estados Unidos, pero solo consiguió un empleo en una estación de servicio y conducir un Uber. Su madre, que nunca antes había trabajado fuera de su hogar, también se vio obligada a encontrar un empleo como niñera para ayudar a su familia. El resultado era que su situación financiera no era estable. Por si eso fuera poco, le diagnosticaron a su madre un cáncer de mama. Como no contaban con acceso a una atención médica de calidad, la familia no pudo acudir a buenos médicos y cada factura médica era un nuevo motivo de preocupación.

«Recuerdo que, en un momento dado, mi madre me llevó aparte y me dijo: "Anula, debes hacer algo con tu vida, porque este cambio supone un sacrificio enorme para toda la familia"».

La inseguridad financiera y la presión por alcanzar el éxito fueron una carga pesada para ella. No era capaz de relajarse. Su amígdala, la masa con forma de almendra que se encuentra dentro de cada uno de los hemisferios cerebrales y actúa como nuestro sistema de detección de amenazas, estaba crónicamente sobreactivada, e invadía su mente con ansiedad y su cuerpo con hormonas del estrés, como el cortisol. A pesar de haber crecido en un país donde el budismo se practica ampliamente y conocer la meditación —que incluso se enseña en las escuelas—, cuando llegó a Estados Unidos su práctica espiritual se perdió entre las preocupaciones y problemas de la vida cotidiana. El paso del instituto a la universidad fue especialmente difícil para Anula: no solo iba a estar lejos de su familia por primera vez, sino que también le habían diagnosticado múltiples enfermedades crónicas y había empezado a padecer ansiedad y depresión debilitantes.

«Me sentía como en un huracán, simplemente siendo arrastrada hacia su centro», afirma Anula.

Desde que entró en la universidad supo que quería estudiar medicina. Sin embargo, debido a sus problemas de salud física y mental, y al estrés de la inestabilidad de su familia, no logró obtener buenos resultados académicos. Cuando estaba a punto de hacer un examen, su ansiedad se disparaba y llenaba su mente con pensamientos intrusivos de fracaso e imágenes vívidas de vergüenza. Como su amígdala se sentía constantemente amenazada, ella no podía concentrarse en su intención. Año tras año, sus orientadores educativos le decían: «Tu nota media no es lo suficientemente buena para acceder a la Facultad de Medicina». Ella vivía con el dolor de saber con seguridad cuál era su sueño, pero no ser capaz de perseguirlo.

Cuando acabó la universidad, empezó a trabajar como gestora de datos en una empresa farmacéutica, con la intención de seguir persiguiendo su meta de convertirse en médica. Intentó hacer el examen de admisión para la Facultad de Medicina, pero el miedo la superó. Su ansiedad extrema le generaba síntomas físicos: «Tenía muchas náuseas, deambulaba sin rumbo, no era capaz de concentrarme. Y, cuando la presión se acumulaba, no podía funcionar. Esto dañó mi autoestima y también mi seguridad. Me destruyó».

Una vez, logró matricularse para el examen, pero luego lo canceló a última hora por los nervios. «En un momento dado —recuerda—, me dije: "Oh, no, no podré entrar en la Facultad de Medicina, y todo se desmoronará. Decepcionaré a mis padres. Decepcionaré a mi comunidad. Todo el sufrimiento de mi familia habrá sido en vano». Las manifestaciones físicas del dilema de Anula tenían presa a su mente en una historia que ella sentía que no tenía el poder de cambiar.

Buscando algo a lo que aferrarse para salir de esa situación, empezó a explorar la espiritualidad, desde la astrología hasta la vida después de la muerte y el espiritismo, y eso la condujo a la manifestación. En un descanso de su trabajo, casi sin pensar, buscó en Google: «Usar magia para entrar en la Facultad de Medicina». Eso la condujo a mi primer libro, *La tienda de magia*, donde cuento cómo mis orientadores también me habían dicho en muchas ocasiones que no era lo suficientemente bueno para que me aceptaran en la universidad. De hecho, Anula me envió un correo electrónico en el que me describió su deseo de ir a la Facultad de Medicina y me contó sus problemas con la ansiedad. Su historia me conmovió, y le respondí, lo que luego nos llevó a mantener varias conversaciones telefónicas sobre la manifestación.

Hasta ese momento, ella había pensado que la manifestación solo era aplicable a metas espirituales elevadas y lejanas o la ostentación de riqueza. La idea de usar la manifestación para cubrir necesidades inmediatas y alcanzar metas personales —como pagar el alquiler o entrar en la Facultad de Medicina— caló hondo en ella. Cuando descubrió que podía emplear esa técnica para empezar a dar pequeños pasos y lograr mejoras prácticas en su vida, empezó a confiar más en sí misma.

«Para mí fue como pasar de la noche al día», me dijo.

Como ella tenía un historial espiritual relacionado con el budismo, las prácticas de meditación de mi libro le resultaron particularmente adecuadas. Enseguida empezó a practicar técnicas de meditación y relajación para calmar su abrumadora sensación de ansiedad y su depresión. Relajar el cuerpo, parte por parte, le permitió tranquilizarse y calmar su mente, y su atención se centró en la respiración. Fue la primera vez que fue capaz de pensar con claridad en mucho tiempo.

Sistema simpático versus parasimpático

Los seres humanos no fueron diseñados para estar constantemente estresados. El estado de estrés crónico que muchos sufrimos a diario es una consecuencia desafortunada de la interacción entre el funcionamiento más básico de nuestro sistema nervioso y la vida moderna.

Los seres humanos poseen un conjunto de nervios que nacen en el tronco encefálico, el nervio vago, que forma parte de lo que se denomina el *sistema nervioso autónomo* (SNA), que significa que en general funciona de forma automática, por debajo del nivel de consciencia. Esta parte del sistema nervioso se desarrolló en una etapa temprana de nuestra evolución como especie y tiene dos divisiones. La primera en evolucionar fue el sistema nervioso simpático (SNS), cuya labor es asegurar nuestra supervivencia física y la de nuestros genes, y cuya actividad principal es dirigir la respuesta de lucha, huida o parálisis. Este es el territorio de la amígdala. La respuesta de lucha, huida o parálisis del SNS hace millones de años que existe en innumerables especies. Como se desarrolló para actuar en situaciones de vida o muerte, se activa mediante neuronas muy cortas y, por lo tanto, tiene el poder de controlar totalmente nuestros recursos físicos y emocionales en milésimas de segundo, lo que inunda nuestro cuerpo con hormonas del estrés, como el cortisol, y tensa nuestros músculos para entrar en acción.

Más adelante, el sistema nervioso humano se desarrolló aún más con la incorporación del sistema nervioso parasimpático (SNPS), también conocido como respuesta de reposo y digestión, cuyo trabajo es hacer que el cuerpo regrese a un estado de descanso pacífico, un proceso conocido como homeostasis. El paso a la respuesta de reposo y digestión va acompañado de una amplia variedad de cambios fisiológicos para promover el equilibrio y la armonía: nuestros músculos se relajan, nuestra frecuencia cardiaca y presión sanguínea disminuyen, y producimos más saliva para la digestión. Cuando estamos en reposo y digestión, sentimos calma y tenemos la mente clara, estamos en disposición de conectar con otros y con nuestro entorno, y con capacidad para acceder a funciones de alto nivel del neocórtex, incluidas la planificación abstracta, la creatividad y el razonamiento lógico.

La distinción entre las dos respuestas es crucial para nuestro proceso de manifestación: nuestro cerebro solo nos permite reclamar nuestra atención, acceder al poder de nuestra imaginación y desbloquear nuestro subconsciente cuando entramos en la respuesta de descanso y digestión del sistema nervioso. Hay una frase que se atribuye a Viktor Frankl (aunque solo se documenta en las obras de los escritores de autoayuda Stephen R. Covey y Wayne Dyer) que dice: «Entre el estímulo y la respuesta hay un espacio. En ese espacio está el poder de escoger nuestra respuesta. En nuestra respuesta reside nuestro crecimiento y libertad». Es nuestra capacidad de elegir la que nos permite centrar nuestra atención y ejercer influencia en nuestro subconsciente desbloqueado para manifestar nuestra intención.

Como demuestra el historial de ansiedad crónica de Anula, la respuesta de lucha, huida o parálisis no está pensada para activarse de manera crónica, sino para provocar una respuesta fisiológica a corto plazo frente a una situación estresante, como, por ejemplo, encontrarse de frente a una tribu rival o huir de un tigre, antes de regresar a su estado basal de homeostasis. En la sabana africana, donde evolucionaron nuestros ancestros, una parte de la energía se empleaba en recolectar alimento, pero la mayor parte de la vida sucedía en inactividad. Las amenazas, cuando se presentaban, a menudo eran muy rápidas; no eran crónicas e incesantes como en nuestro mundo moderno. Por lo tanto, el organismo estaba diseñado para regresar con rapidez a ese estado de descanso donde podía recuperarse del estrés y liberar neurotransmisores positivos como la oxitocina y la serotonina, que promueven la amabilidad y una agradable sensación de conexión. El estado basal de nuestra especie es la calma, la satisfacción y la compasión.

El problema es que, mientras que a la evolución le lleva millones de años adaptarse al cambio ambiental, los seres humanos han cambiado profundamente su entorno en solo unos pocos miles de años. De hecho, hemos vivido como cazadores-recolectores en grupos de cincuenta a cien personas hasta hace solo entre seis mil y ocho mil años. Desafortunadamente, el mundo actual, de ritmo vertiginoso y generador de ansiedad, está plagado del tipo de amenazas y frustraciones que desencadenan la respuesta de lucha, huida y parálisis, y la mantienen activada de manera crónica mediante amenazas imaginadas, insignificantes o, sencillamente, que no existen. En esencia, respondemos a los comentarios pasivo-agresivos de un compañero de trabajo en un correo electrónico con el mismo sistema diseñado para procesar el ataque de un tigre de dientes de sable. Como veremos, la activación crónica de la respuesta de lucha, huida o parálisis, y su liberación de proteínas inflamatorias, provoca efectos dañinos para el cuerpo, incluido un incremento de las enfermedades cardiacas y la debilitación del sistema inmunológico. Pagamos un precio descomunal por el estrés crónico en términos de salud y longevidad.

Llegados a este punto, podríamos afirmar que la respuesta de lucha, huida o parálisis, aunque asociada con nuestra supervivencia como especie, es en realidad un vestigio de la carga evolutiva que ya no es adecuado para responder frente a nuestro mundo actual. Aunque la respuesta de descanso y digestión es mucho más apropiada para prosperar en la actualidad, esta debe librar una lucha constante para ejercer el control de cuerpo y mente.

LUCHA, HUIDA O PARÁLISIS VERSUS DESCANSO Y DIGESTIÓN: FISIOLOGÍA

División del sistema nervioso autónomo (SNA)	Sistema nervioso simpático (SNS)	Sistema nervioso parasimpático (SNPS)
Actividad principal	Activar la respuesta corporal de lucha, huida o parálisis	Regular la homeostasis corporal y la respuesta de descanso y digestión
Función	Controlar la respuesta corporal frente a una amenaza percibida	Controlar la respuesta corporal en el descanso
Vías neuronales	Vías neuronales más cortas = respuesta más rápida	Vías neuronales más largas = respuesta más lenta
Respuesta corporal	El cuerpo se acelera y tensa, se pone más alerta; se apagan las funciones no esenciales para la supervivencia	Equilibrio: el cuerpo regresa a un estado de calma
Sistema cardiovascular (frecuencia cardiaca)	Aumenta la contracción y eleva la frecuencia cardiaca	Disminuye la frecuencia cardiaca
Sistema respiratorio (pulmones)	Los bronquios se dilatan	Los bronquios se contraen
Sistema musculoesquelético	Los músculos se contraen	Los músculos se relajan
Pupilas	Las pupilas se dilatan	Las pupilas se contraen

Saliva y digestión	Cesa la secreción de saliva	La secreción de saliva aumenta; la digestión mejora
Glándulas suprarrenales	Liberan adrenalina	No involucradas
Neurotransmisores	Epinefrina y norepinefrina (la frecuencia cardiaca se acelera)	Acetilcolina (disminuye la frecuencia cardiaca)
Proteínas	Proinflamatorias	Antiinflamatorias

Para comprender mejor cómo funcionan nuestros sistemas nerviosos, debemos comprender cómo se propagan los impulsos a través de los nervios: mediante los neurotransmisores. El término neurotransmisor se emplea a menudo como sinónimo de hormonas, pero la diferencia reside en que los neurotransmisores se liberan desde las terminaciones nerviosas en los puntos de unión entre los nervios, llamados hendiduras sinápticas, mientras que las hormonas se liberan directamente a la sangre. Existen más de cien neurotransmisores en el cerebro, que han evolucionado para regular una amplia variedad de funciones; la mayoría de las cuales operan en un nivel inconsciente, incluidas la frecuencia cardiaca y la presión sanguínea, la digestión y la sensación de hambre y sed, y nuestra respuesta al estrés.

Cuatro de esos neurotransmisores son principalmente responsables de nuestras sensaciones de felicidad, bienestar y sensaciones positivas y, de hecho, son fundamentales para nuestra supervivencia. Estos son la dopamina, la serotonina, la oxitocina y las endorfinas, conocidas coloquialmente como «hormonas de la felicidad». A la dopamina se la denomina a menudo el «químico de la recompensa», ya que está asociada al placer, la satisfacción y la motivación, así como al aprendizaje y a la memoria. También se asocia con el estado de flujo, que es la experiencia de estar tan absorto por una tarea atractiva y placentera que tu atención queda atrapada por completo en ella. A la serotonina se la conoce como el «estabilizador del ánimo» y está asociada con los sentimientos de felicidad, la regulación del sueño, el comportamiento sexual y el apetito. También se asocia con la optimización de la capacidad de aprender y mejorar la memoria. Un bajo nivel de serotonina suele relacionarse con la depresión, la ansiedad, la manía y otros trastornos mentales. A la oxitocina se la denomina la «hormona del amor» porque está relacionada con el apego romántico, el establecimiento de vínculos, la sensación de intimidad, el reconocimiento, la conexión, la confianza y la excitación sexual. Las endorfinas son los analgésicos naturales del cuerpo y se liberan como respuesta al dolor o al estrés, lo que crea una sensación general de bienestar. La mayoría de las personas conocen las endorfinas gracias al ejercicio intenso y la llamada euforia del corredor que lo acompaña, pero también se liberan en las relaciones sexuales, la meditación, con el chocolate y la risa. Como veremos en los próximos capítulos, estos químicos tienen un papel esencial a la hora de experimentar las emociones positivas necesarias para enseñar a nuestro cerebro a determinar que nuestras intenciones son importantes y dignas de ser cumplidas.

El nuevo poder de Anula

A medida que Anula empezó a sentir algo de calma y paz en su mente, descubrió que podía reflexionar más a fondo sobre lo que deseaba y cómo conseguirlo. Comenzó a escribirse cartas a sí misma, a felicitarse por las metas que deseaba, lo que le permitió ensayar en su mente un escenario en el que ya las hubiera conseguido. Comenzó con pasos pequeños. En primer lugar, como aún experimentaba inseguridad financiera, probó con su deseo de ascender en el trabajo. «¡Enhorabuena por tu ascenso, Anula!», escribió. Dobló la carta y la guardó en su bolso. Cuando estaba en una cola o iba en el autobús, la tomaba y la leía. Cada vez, respiraba hondo, y visualizaba las sensaciones y emociones positivas de conseguir el ascenso en la realidad.

El hecho de leer una y otra vez la carta aumentó su confianza en el trabajo. Sintió que estaba conectando con el sentimiento de «Sé que esto pasará. De hecho, ya ha pasado porque yo he decidido que pasó». Empezó a observar que su tendencia a la inseguridad y a dudar de sus decisiones en el trabajo iba perdiendo fuerza de forma drástica. Empezó a ser más decidida, lo que a su vez mejoró su confianza y su forma de presentarse en el trabajo. Esta confianza recién descubierta inspiró respeto en sus colegas y supervisores. Cuando participaba en reuniones de equipo, tenía menos miedo, se animaba a hablar más y se aseguraba de que su voz fuera escuchada. Comenzó a encarnar los aspectos de liderazgo que se requieren, en general, para el tipo de ascenso que ella deseaba. En términos generales, le habría llevado uno o dos años conseguirlo, pero en cuestión de pocos meses la ascendieron a gerente de gestión de datos, con un aumento salarial de veinte mil dólares.

A pesar de que estaba progresando, seguía atormentada por miedos que restringían su atención. Daba un paso en dirección a su meta y luego volvían a invadirla la inseguridad y los escenarios catastróficos. «Sabía lo que quería —cuenta—, pero no estaba alineada espiritual, física ni mentalmente. En lugar de vivir con una mentalidad de manifestación, mi vida se regía por el temor».

El cambio sucedió cuando logró alinear su meta personal con su capacidad de contribuir con un propósito mayor en la vida. «Cuando estaba intentando acceder a la Facultad de Medicina, todo estaba muy centrado en mí, y regido por el temor. Tenía que salir de esa mentalidad, abrir mi corazón y pensar en la diferencia que podría llegar a marcar para mis futuros pacientes. Esto me permitió transformar mi miedo en compasión».

Tener la mente clara y el cuerpo relajado le permitió reconectar con la práctica de compasión llamada *metta,* o compasión amorosa, que le habían enseñado en el colegio en Sri Lanka cuando tenía seis años. Empezó a ofrecerse compasión a sí misma y, gradualmente, la expandió hacia sus seres queridos y, por último, a los pacientes a quienes podría ayudar en el futuro si llegaba a ser médica. Mientras que a su yo infantil la práctica le había resultado abstracta y poco inspiradora, ahora cobró vida mientras ella visualizaba a los seres humanos concretos a quienes podía ayudar a sanar de la enfermedad. Visualizó en detalle su compasión generosa por esos pacientes y el cuidado que les ofrecería. Su pecho se llenó de calidez mientras se imaginaba hallando el diagnóstico correcto, haciendo una cirugía exitosa, reconfortando a un familiar asustado. Su sistema nervioso se liberó, lo que le permitió trascender su mirada individualista y alinearse con un propósito superior.

Anula siguió practicando sus técnicas de relajación con diligencia: calmaba su sistema nervioso mediante la meditación respiratoria: inhalando en cuatro tiempos y exhalando en ocho. Aprendió a tensar todo su cuerpo a propósito para luego liberar esa tensión zona a zona. A medida que su cuerpo y mente se apaciguaban, empezó a ser capaz de silenciar las voces de temor y vergüenza, a reducir su volumen. Su habilidad para concentrarse creció, como lo hicieron sus niveles de energía, lo que le permitió prepararse para los exámenes de acceso a la Facultad de Medicina. A medida que sus notas mejoraban, los temores abrumadores que había formulado en su cabeza desaparecieron poco a poco. El examen de acceso ya no era un monstruo; solo un paso que debía dar en el camino para llegar al destino que deseaba.

Mientras se preparaba para volver a presentarse al examen, se escribió cartas de felicitación por su buena nota y, más tarde, por haber sido aceptada en la Facultad de Medicina. En esta ocasión, cada vez que tomaba una de las cartas para leerla, combinaba las técnicas de visualización y relajación con su compasión generosa por las personas vulnerables a quienes podría tratar, y volvió a experimentar los profundos sentimientos de conexión, servicio y alegría.

Mientras se concentraba en su estudio con una nueva confianza, descubrió conexiones que no había percibido antes en el temario. Logró desarrollar una comprensión más holística sobre los sistemas del cuerpo humano y su interrelación. También se mostró más receptiva a las oportunidades de apoyo que le ofrecían en su entorno maestros, compañeros y familiares.

«Ya no me estaba ahogando en el océano —relata—. Había aprendido a surfear las olas que nunca dejaban de llegar. Pero ahora me respaldaba una cascada de energía positiva que tampoco cesaba».

La siguiente vez que hizo el examen de acceso obtuvo una buena nota. Completó su solicitud de acceso a la Facultad de Medicina y, de manera milagrosa, recibió una invitación para una entrevista en la facultad que había escogido como primera opción. Todo salió bien y, tras meses de esperar y de seguir practicando sus técnicas, por fin recibió la carta que había imaginado tantas veces. La sostuvo en la mano con una sensación extraña: en algún momento le había parecido que era algo muy lejano, que sucedía al otro lado de la desesperación, pero ahora su mente respondió como si simplemente fuera algo que había estado esperando desde hace mucho tiempo. La carta le resultó familiar.

Anula se graduó en la Facultad de Medicina y sigue con sus prácticas para calmar la mente y abrir su corazón al servicio de su vocación y el cuidado que ofrecerá a sus pacientes.

La red neuronal por defecto (DMN)

La red neuronal por defecto es la red más exhaustivamente estudiada del cerebro. En términos anatómicos, la DMN también se denomina red frontoparietal medial (M-FPN) y está compuesta por la corteza prefrontal medial, la corteza cingulada anterior adyacente, la corteza cingulada posterior/precúneo y el giro angular.

En esencia, la DMN es responsable de la actividad cerebral cuando una persona está centrada en su interior, incluidos los periodos en los que descansa y sueña despierta, divaga y recuerda. Nos permite llevar a cabo un procesamiento autorreferencial, que es la capacidad de reflexionar sobre nosotros mismos. En cierto sentido, es lo que nos otorga la capacidad de narrar «nuestra historia», recuperar e integrar nuestra autobiografía almacenada en nuestra memoria a largo plazo y adoptar la perspectiva en primera persona al emplear esa información. Está involucrada en los viajes mentales en el tiempo, desde recordar hechos pasados a visualizar posibles sucesos futuros. Y tiene un papel a la hora de pensar sobre los demás: cuando valoramos sus pensamientos, entendemos y empatizamos con sus emociones, juzgamos si un comportamiento es correcto o incorrecto e incluso si percibimos una sensación de aislamiento cuando carecemos de interacción social. En nuestras vidas cotidianas, casi siempre experimentamos el funcionamiento de la DMN como el incesante parloteo de la mente cuando no está ocupada en una tarea concreta.

Los primeros investigadores detectaron que la DMN se desactivaba cuando una persona se centraba en determinadas tareas orientadas a objetivos, lo que le valió el apodo de «red de tareas negativas». Esta etiqueta se ha desestimado como engañosa, porque la red, de hecho, se encuentra activa cuando hacemos tareas orientadas a objetivos internamente, así como tareas cognitivas que implican conceptos mentales.[2]

Un ejemplo de esto sería una sesión de meditación introspectiva donde centramos nuestra atención en el interior, y exploramos nuestros pensamientos, emociones y sensaciones sin distracciones externas. Cuando nos involucramos en una tarea externa, la DMN puede convertirse en el comentarista que proporciona pensamientos detallados sobre nuestro desempeño.

Uno de los fenómenos mentales más traicioneros es la habitual autocrítica negativa que denominamos «crítico interior». Desde una perspectiva neurocientífica, el crítico interno puede considerarse una colaboración desafortunada entre la red neuronal por defecto y el SNS. Cuando la respuesta del SNS atrapa a la DMN, experimentamos la inseguridad incapacitante que mantenía paralizada a Anula. De manera crucial para nuestros propósitos, la DMN está correlacionada negativamente con la red atencional (AN), lo que significa que, cuanto mayor sea su actividad, menor acceso tenemos al poder de nuestra atención. Las prácticas de este libro están diseñadas en parte para reducir la abrumadora sensación de inseguridad que la DMN proporciona a nuestro «crítico interno».

La DMN nos brinda dos potentes lecciones sobre la manifestación: en primer lugar, las experiencias como la divagación mental demuestran que la cognición no siempre se aferra a sucesos del aquí y ahora. A medida que practiquemos, aprenderemos a separar a voluntad nuestra consciencia de lo que sea que esté sucediendo en nuestros cinco sentidos y a redirigirla hacia una experiencia imaginada del futuro que visualizamos. En segundo lugar, cuando nuestra mente divaga, empieza inevitablemente a elaborar representaciones internas, y esa es la base de nuestra percepción interna del yo. Si bien este sentido del yo es muy valioso para toda clase de interacciones y actividades cotidianas de la vida, puede interferir severamente con el estado de flujo requerido para sumergirnos en nuestra visión de forma plena, y por lo tanto debemos aprender a bajarle el volumen.

La red de relevancia (SN)

La red de relevancia es el sistema cognitivo que emplea el cerebro para determinar qué es relevante y qué no. Como exploraremos más adelante con mucho más detalle, el cerebro recibe un bombardeo de entre seis y diez millones de bits de información por segundo, mientras que solo es capaz de procesar unos cincuenta en ese tiempo. Esto significa que aproximadamente el 99,9995 por ciento de los estímulos que llegan a nuestro cerebro se procesan por debajo del nivel de consciencia.[3] En mitad del bombardeo constante de estímulos internos y externos, la SN identifica qué es más relevante, o subjetivamente relevante, y guía el comportamiento en concordancia. La SN está involucrada en la detección, filtración y determinación de la prioridad relativa de todo lo que llega a nosotros desde el exterior y el interior, incluidos el conflicto percibido y las discrepancias en la información. Nuestro subconsciente contiene una clasificación de qué es lo que valoramos y a qué le prestamos atención de manera automática, y eso influye en cómo escanea nuestra SN en busca de lo que es relevante según nuestra experiencia. Existe cierta evidencia de que la disfunción en la SN, como cuando nuestra atención se ve alejada por la fuerza de nuestra dirección consciente por pensamientos compulsivos, puede ser una característica central de la ansiedad, la depresión, el dolor y los trastornos relacionados con sustancias.

Por lo general, que algo sea o no relevante depende del contexto y es consecuencia de la novedad o la imprevisibilidad, pero también podemos dar relevancia a algo trasladando la atención de manera consciente hacia un aspecto que deseemos valorar. Una característica relevante puede imaginarse como una silueta que resalta sobre un fondo de otras características no relevantes. Los seres humanos poseen una capacidad limitada para procesar información; no pueden captar todos los detalles de una situación. Como veremos en profundidad más adelante, que un pensamiento, idea o intención sean o no relevantes determina qué partes de la información tienen más probabilidad de captar la atención de una persona y ejercen una mayor influencia en la forma en que esta percibe el mundo. Cuando Anula leía las cartas que había escrito felicitándose o se visualizaba ayudando a futuros pacientes y practicaba las emociones positivas asociadas, estaba utilizando su SN para enseñarle a su cerebro que esas experiencias eran importantes. Cuando quedó establecida esa importancia, su subconsciente estaba listo para hacer que esas experiencias se concretaran en la realidad y lograr tener otra dosis de esos sentimientos positivos. Mediante la repetición, podemos hacer que la intención en la que nos estamos concentrando sea relevante y excluya otros estímulos. Al hacer esto, creamos lo que se conoce como sesgo de relevancia o facilidad cognitiva, que hace que nuestra intención no pueda ser ignorada por nuestro subconsciente.

Estructuralmente, la SN incluye la ínsula anterior (es decir, frontal) y el giro frontal inferior adyacente (IFG, por sus siglas en inglés), el giro cingulado anterior dorsal, es decir, superior (ACC, por sus siglas en inglés) y la amígdala. La ínsula anterior escanea de abajo arriba en busca de discrepancias en lo que estamos percibiendo, y luego coordina numerosas regiones cerebrales para reunir los recursos necesarios para responder cuando se detecta una discrepancia. El ACC dorsal está involucrado en la evaluación de estados emocionales y conflictos, así como en la utilización del procesamiento de arriba abajo para responder frente a discrepancias emocionales percibidas. Parte de la corteza frontal ventrolateral posterior (CFP), el IFG izquierdo examina la información nueva que entra y ayuda a asimilarla en modelos internos existentes al reevaluar su significado con nuestra red de asociaciones preexistentes. La amígdala es parte del SNS y está asociada con la identificación de amenazas. Cuando se activa la amígdala como respuesta a una amenaza, esto impacta negativamente en la CEN y en la DMN. Cuando todo funciona como corresponde, estas estructuras trabajan en equipo para identificar qué es relevante. Sin embargo, cuando están bajo la influencia de la respuesta al estrés, en el momento presente o al recordar un suceso traumático, la SN podría juzgar erróneamente la importancia de un suceso interno o externo concreto, lo que desencadenaría respuestas autónomas o cognitivo-conductuales inapropiadas.

Dado que nuestro cerebro y sistema nervioso reciben una cantidad tan abrumadora de información tanto desde el interior como desde el exterior del cuerpo, es imposible prestar atención a todos los detalles. En cambio, existe una especie de manual en nuestro subconsciente que gestiona el preciado territorio de la atención consciente y redirige todo lo demás a sistemas de procesamiento automático. Como resultado, nos perdemos una increíble cantidad de información, incluso cuando esta se encuentra a la vista frente a nuestros ojos.

Uno de los experimentos más conocidos en psicología es el del gorila invisible o la prueba de la atención selectiva. En este experimento, los sujetos observan un vídeo en el que dos grupos de estudiantes, la mitad de ellos con camisetas negras y la otra mitad con prendas blancas, se pasan una pelota de baloncesto, y se les puede pedir una de estas dos cosas: contar el número de pases que hacen los estudiantes con camiseta blanca o listar en cuántos de los pases la pelota bota en el suelo y en cuántos no. Una persona vestida de gorila pasa caminando por la escena. Al final, los investigadores preguntan a los sujetos si detectaron algo raro en el vídeo. Increíblemente, el cincuenta por ciento de los sujetos no dijo haber visto al gorila.

Este experimento hace hincapié en la naturaleza de la atención dirigida y el fenómeno conocido como ceguera intencional. Los sujetos que estaban ocupados contando los pases (el elemento destacado sobre el cual centramos nuestra atención) ignoraron otros aspectos que estaban sucediendo en el vídeo, sin importar lo extraños o inusuales que fueran. También demuestra que, cuando estamos sobrepasados por demasiados estímulos sensoriales, ni siquiera detectamos todo lo que estamos pasando por alto.

La red atencional (AN)

Dentro de la red de relevancia hay una parte fundamental cuyo papel es centrar nuestra atención. Se denomina red atencional (AN) e incluye un componente ventral y dorsal. En esencia, el trabajo de estas redes es determinar cómo prestamos atención y si le permitimos o no a nuestra atención distraerse de nuestra tarea.

La red atencional dorsal (DAN) está involucrada en el despliegue voluntario de atención de arriba abajo. Dentro de la DAN, el surco intraparietal y los campos oculares frontales influyen en las áreas visuales del cerebro. Estos factores influyentes permiten la orientación de la atención. La red atencional ventral (VAN) es la red que principalmente incluye a la unión temporoparietal y a la corteza frontal ventral del hemisferio derecho. Estas áreas responden cuando se presentan estímulos relevantes para el comportamiento de manera inesperada. La VAN queda inhibida durante la atención dirigida en la que se utiliza el procesamiento de arriba abajo, como cuando buscamos algo visualmente. Esta respuesta puede evitar que la atención orientada a objetivos se distraiga por estímulos no relevantes. Se vuelve a activar cuando se encuentra el objetivo o la información relevante sobre el objetivo.

Una vez que Anula calmó su SNS mediante la relajación, logró dirigir la atención requerida para grabar su intención deseada en el subconsciente. Y con la intención instalada de forma cada vez más segura, su mente logró concentrarse de forma más eficaz en las tareas requeridas para alcanzarla. A su vez, esto condujo a un entendimiento más profundo del contenido de sus estudios y a una comprensión más sutil de sus conexiones.

La red central ejecutiva (CEN)

La red central ejecutiva (CEN) mantiene y manipula información en la memoria de trabajo y también es la responsable de procesos como la toma de decisiones y la resolución de problemas en pos de un comportamiento orientado a objetivos. Puedes imaginarla como a la directora ejecutiva que da órdenes y toma decisiones sobre qué dirección tomará el resto de la organización. Mientras que la DMN se activa en estados de vigilia en reposo, la CEN se activa durante actividades cognitiva y emocionalmente complicadas. Sus componentes principales incluyen la corteza prefrontal dorsolateral (PFC) y la corteza parietal posterior lateral. La PFC dorsolateral manipula material en la memoria de trabajo y evalúa posibles respuestas conductuales. La corteza parietal posterior lateral integra información de los cinco sentidos, así como también nuestra percepción interna para facilitar la atención continua. La hipoactividad de la CEN está asociada con la depresión y una variedad de trastornos cognitivos.

Necesitamos la CEN para ayudarnos a tomar decisiones prácticas, sabias y apropiadas, pero también para el procesamiento de arriba abajo, que es necesario para regular nuestras emociones. Cuando Anula se vio sobrepasada por el estrés y la incertidumbre, perdió su capacidad de poner en perspectiva sus sentimientos, de resignificarlos, de redirigir su atención hacia sus metas y de relajarse para salir del estado de activación crónica del SNS. Cuando opera de manera correcta, la CEN se asemeja a un adulto centrado y estable que puede calmar su sistema nervioso infantil y desactivar su berrinche. Esta estabilidad psicológica y emocional será esencial cuando busquemos grabar nuestras intenciones en nuestro subconsciente, lo que requiere un estado mental de calma, tranquilidad y equilibrio.

Cómo trabajan juntas

Para manifestar con el máximo poder, las cuatro redes deben colaborar de forma eficaz en una interacción elegante.

Cuando el proceso está funcionando adecuadamente, la SN trabaja en equipo con la AN para determinar que un estímulo —en este caso nuestra intención deseada— precisa un procesamiento cognitivo más elevado. Esta interacción activa luego la CEN y desactiva el incesante monólogo de la red neuronal por defecto, lo que nos permite enfocar y dirigir nuestro pensamiento a voluntad de manera dinámica, sin distracciones ni autoevaluación. El trabajo en equipo de estas redes abre una vía para poder instalar nuestra intención en nuestro subconsciente, lo que a su vez hace que se destinen recursos significativos en el cerebro a la materialización de esa intención.

El problema es el SNS, el controlador de nuestro subconsciente. Hay evidencia de que, cuando estamos bajo estrés, un SNS sobrecargado puede sabotear a la red neuronal por defecto de manera que nuestra facultad de autorreflexión, normalmente activa durante situaciones seguras y mediada por la DMN, se vuelve reactiva. Cuando esto sucede, nuestro sentido de ser un yo separado y vulnerable bajo amenaza produce una rumiación excesiva y bloquea nuestra capacidad de activar la CEN. Esto, a su vez, socava la capacidad de un funcionamiento cognitivo eficaz y de la integración de nuestra intención, a la vez que disminuye nuestra capacidad para regular las emociones. Por lo tanto, la integración de la atención para manifestar debe hacerse en un entorno seguro y no amenazante, lo que da como resultado la maximización del control cognitivo. Cuanto más relajados se encuentren nuestros cuerpos, y más seguros nos sintamos tanto interna como externamente, menos interrupciones recibiremos del SNS, así como también evitaremos una avalancha abrumadora de autorreflexión producida por la DMN.

La zona verde

A diferencia de los peces y reptiles, cuyas crías nacen autosuficientes y pueden protegerse por sí mismas, la mayoría de las crías de mamíferos de sangre caliente necesitan muchos cuidados y vigilancia por parte de sus progenitores: precisan que alguien las proteja, las alimente, las críe y cree un entorno seguro para ellas mientras se desarrollan. Por lo tanto, los mamíferos tuvieron la necesidad de desarrollar características fisiológicas que facilitaran el acercamiento, el contacto y la conexión.[4] Una de las adaptaciones más importantes fue el desarrollo del nervio vago dorsolateral en el sistema nervioso parasimpático mielinizado, que conecta los órganos con los sistemas de control central. La razón por la que esto fue tan significativo fue que sentó las bases de la respuesta filial y de cuidado, que, a su vez, suministró las vías fisiológicas necesarias para dar pie a nuestra capacidad de sentir y expresar compasión. Esta parte del nervio vago mielinizado es la base de la zona verde del bienestar, en la cual nos sentimos tranquilos, concentrados, en equilibrio y capaces de cuidar de otros de manera responsable. La zona verde es también el estado en el que nuestra consciencia puede concentrarse de forma más eficaz para visualizar y perseguir metas.

Cuando se activa el SNPS, aumenta el tono del nervio vago. A continuación, entramos en la zona verde. Este estado de bienestar facilita la salud general; libera hormonas beneficiosas, como la oxitocina, que son fundamentales para los sistemas inmune y de defensa; contribuye al aprendizaje, al pensamiento crítico y a la creatividad al permitir el desarrollo del estado de flujo; y, básicamente, optimiza la experiencia humana. También es el estado que permite la manifestación al sentar a nuestra corteza en el asiento del conductor.

El SNPS conlleva la capacidad de procesar nuestras emociones, recuerdos y planes, lo que nos permite ser mucho más reflexivos y perspicaces en las reacciones a nuestras experiencias. Esta amplia capacidad de procesamiento es clave para recuperar la autonomía y cambiar nuestra respuesta frente al mundo. Cuando podemos decidir cómo reaccionar, esas decisiones afectan a nuestra fisiología, lo que afecta también, a su vez, a la respuesta a nuestro entorno.

Entonces, ¿cómo logramos ese cambio fundamental: pasar de una respuesta de lucha, huida o parálisis a una respuesta de descanso y digestión? Recuerdo la práctica que aprendí hace muchos años en la tienda de magia.

PRÁCTICA:
Relajar el cuerpo

1. Prepárate

A. Encuentra el momento y el lugar para hacer esta práctica sin que nadie te interrumpa.

2. Escoge una postura

A. Esta práctica puede hacerse de pie, en posición sentada o acostada. Antes de comenzar, adopta una postura lo suficientemente cómoda como para poder relajarse en ella, pero también sólida y estable para poder prestar atención a tu experiencia.

B. Alarga la columna y baja los hombros. Buscas una postura de confianza relajada y fortaleza suave.

3. Comienza a relajarte

A. Cierra los ojos o fija tu mirada, sin forzarla, en un punto a unos pocos metros frente a ti. Deja que la atención se dirija al interior.

B. Ahora presta atención a los puntos de contacto entre tu cuerpo y la superficie que te está sosteniendo. Deja que la gravedad te ancle a la tierra, y siente cómo presiona el suelo contra tus pies. Identifica cualquier área de tensión evidente en tu cuerpo y genera consciencia de ella con amabilidad.

C. Empieza haciendo tres respiraciones profundas inhalando lentamente por la nariz y exhalando por la boca. Si lo deseas, puedes emitir sonido al exhalar. Repite esas respiraciones profundas hasta que te acostumbres, para que la respiración no te distraiga.

D. Una vez sientas comodidad respirando así, fíjate en tu postura e imagina que te estás viendo en ella.

4. Comienza el escaneo corporal

A. Comienza centrándote en los dedos de los pies e invítalos a relajarse, a soltar cualquier tensión que estén sintiendo. Ahora concéntrate en los pies y relaja todos sus pequeños músculos. Imagina que los músculos de los pies casi se derriten mientras tú sigues inhalando y exhalando. Concéntrate solo en los dedos y pies.

B. Al principio, tus pensamientos tenderán a deambular y te distraerás. No te preocupes, eso es completamente natural. Cuando identifiques que tu mente se ha desviado, vuelve a empezar, haz que tu atención regrese a los músculos de tus dedos y pies y relájalos.

5. Continúa el escaneo de tu cuerpo

A. Una vez que hayas logrado relajar los dedos y los pies, y los notes suaves, ligeros y cómodos, expande la práctica hacia arriba y concéntrate en las pantorrillas y en los muslos. Siente los músculos grandes de las piernas e invítalos a relajarse hasta que sientas que casi se han derretido mientras inhalas y exhalas.

B. Repite el mismo proceso con los músculos del abdomen y del pecho.

C. A continuación, céntrate en la columna y relaja los músculos de toda la espalda, los hombros y el cuello. Recuerda: el objetivo es un estado de relajación pero también de alerta. Si detectas cualquier lugar de tensión evidente o aumentada, puedes probar a mandar tu respiración directamente a esos puntos e invitar a los músculos a soltarse y aflojarse.

D. Por último, concéntrate en los músculos del rostro y cabeza e invítalos a relajarse y aflojarse, y libera cualquier tensión que hayan estado sintiendo.

6. Lleva consciencia a la relajación

A. A medida que extiendes la relajación a todos los músculos del cuerpo, identifica que hay una calma que lo envuelve por completo. Fíjate en cómo esa calma de tu cuerpo tranquiliza tu mente. Siente el placer y los sentimientos positivos de sentir calma en cuerpo y mente.

B. Llegados a este punto, puede que empieces a sentir modorra o incluso que te duermas. No pasa nada. También puede ser que sigas notando tensión y te cueste conectar con sentimientos de tranquilidad. Tampoco pasa nada. Puedes hacer múltiples intentos de relajar el cuerpo por completo mientras mantengas la vigilia y la alerta. Ten paciencia. Sé amable contigo y recuerda que con cada intento estás reconfigurando tu sistema nervioso, enseñándole a experimentar un estado de paz y regulación.

C. Cuando hayas relajado tu cuerpo entero al máximo de tus capacidades, concéntrate en el corazón. Piensa en él como un músculo que estás relajando a medida que inhalas y exhalas lentamente. Quizás detectes que tu pulso se ralentiza mientras tu cuerpo se relaja y tu respiración es cada vez más lenta.

7. Profundiza en la relajación

A. Imagina tu cuerpo en un estado de completa relajación. Intenta llevar a tu consciencia a un estado de simplemente ser mientras inhalas y exhalas lentamente: nada que hacer, ningún lugar a donde ir, nadie que ser. ¿Sientes calidez? ¿Calma? ¿Satisfacción? Puedes sentir que estás flotando y te puede invadir una sensación de tranquilidad.

B. Utiliza tu intención para internalizar los sentimientos de placer y paz, e instálalos en tu sistema nervioso para poder recordarlos en el futuro. Permite que tu sistema nervioso sepa que este estado de relajación es posible, deseable y accesible cuando lo necesites.

C. En la próxima exhalación, abre poco a poco los ojos. Quédate en posición sentada unos minutos en este estado de relajación con los ojos abiertos, simplemente descansando en tu experiencia de estar completamente en paz.

Para empezar, comienza esta práctica por tu cuenta. Inténtala al menos durante una semana, aunque solo sea cinco minutos cada vez. A medida que sientas más anclaje en la práctica, incrementa el tiempo a diez, y luego a veinte o treinta minutos. Quizás descubras que en realidad deseas una práctica más duradera; escucha ese deseo interno. Si esta práctica te ha resultado particularmente difícil o te ha costado sentir seguridad y relajación, quizás te sea útil buscar un grupo con el que practicar. Puedes unirte a una comunidad de meditación en un estudio de yoga local o reunir a un grupo de amigos para explorar estas prácticas juntos. Como verás a medida que se desarrolle este proceso, contar con el apoyo que necesitas de los demás es una habilidad clave que debes cultivar para ayudarte a alcanzar tus objetivos.

Vibración

El componente final de nuestra fisiología es uno que a menudo surge en conversaciones relacionadas con la manifestación: la energía de las vibraciones. Aunque se ha malinterpretado muchísimo, existe un cuerpo entero de literatura científica que respalda la idea de que existe una vasta circulación de energía que lo conecta todo en el universo, a niveles tanto micro como macrocósmicos. Pero ¿a qué nos referimos con vibraciones?

Todas las cosas del universo están en constante movimiento, incluso las que parecen inanimadas y estáticas. Uno de los descubrimientos más sorprendentes que ha emergido de la física es la coherencia cuántica, que ha dado lugar a la predicción de no localidad, o acciones a distancia, y la comunicación instantánea entre partículas subatómicas separadas por amplias distancias. Estas partículas, que componen los materiales de construcción fundamentales del mundo físico, se encuentran resonando constantemente unas con otras. La resonancia es un tipo de movimiento entre dos estados, a veces se llama vibración u oscilación, y ocurre en una amplia gama de frecuencias. Por lo tanto, cada parte tiene relación y forma parte de un conjunto mayor, que a su vez forma parte de algo mucho más grande. Esto es cierto para seres sintientes, pero también dentro y entre sistemas, que pueden ser átomos, organismos, grupos sociales, planetas y galaxias. En este contexto, nada puede considerarse separado, aislado o carente de relaciones. Cada parte afecta y es afectada de forma indefectible por todas las demás.

Como todos los sistemas vivientes complejos, los seres humanos están compuestos por numerosas redes dinámicas e interconectadas de estructuras biológicas y procesos que funcionan de forma coherente. La mayoría de las personas saben lo que es estar en un estado de armonía, el lugar donde nuestro corazón, mente y cuerpo se encuentran unidos en una sensación de totalidad y completitud. Nos referimos a esto antes como «flujo» o «estado de flujo». El término flujo fue descrito por primera vez por Mihaly Csikszentmihalyi en 1975, y desde entonces se ha empleado en una variedad de campos más allá de la psicología. Para describir este estado también se han usado expresiones como «estar en la zona» o «unicidad». Sin embargo, esta idea existe desde hace milenios con otros nombres. En ese estado, las personas suelen sentirse conectadas no solo con su yo más profundo, sino con los demás, incluso con la Tierra misma. Este estado de conexión interna y externa se considera un estado coherente del ser. La coherencia implica correlaciones, conexiones, concordancia y una utilización eficiente de la energía. La coherencia también se emplea para describir el acoplamiento y el grado de sincronización entre diferentes sistemas oscilantes. Puede parecer que, visto a determinada escala, un sistema opera de forma autónoma, pero en realidad está perfectamente coordinado dentro de un todo.

Podemos atestiguar la presencia de la coherencia en todo lo que nos rodea. Como ha demostrado el matemático Steven Strogatz, los láseres se producen cuando los fotones con una misma potencia y frecuencia se emiten al unísono, y ciertas especies de luciérnagas empiezan a emitir destellos sincronizados cuando se reúnen en grandes cantidades.[5] En todos los sistemas vivos existen sistemas a nivel micro, máquinas moleculares, protones y electrones, órganos y glándulas, cada uno funcionando de forma autónoma, haciendo cosas muy diferentes a ritmos muy diferentes, pero trabajando juntos de forma compleja, armoniosamente coordinada y sincronizada.[6]

A nivel local, podemos observar el funcionamiento mismo del cerebro desde el punto de vista de la vibración. En función de su actividad, se pueden detectar numerosas frecuencias en el cerebro, y las más comunes son gamma, beta, alfa, theta y delta. Las ondas gamma son las ondas cerebrales de frecuencia más rápida, y oscilan entre 25 y 100 Hz. Están asociadas con actividades cerebrales coordinadas a gran escala como la concentración, la atención, el aprendizaje, la resolución de problemas y el procesamiento de información. Las ondas beta, que oscilan entre 12 y 30 Hz, aparecen durante la mayoría de los estados de vigilia consciente, y están asociadas con los estados de atención, alerta y concentración que requieren la máxima excitación cerebral. Las ondas alfa son las que tienen una frecuencia de 8 a 12 Hz y están asociadas con el cerebro en un estado ocioso, cuando no está concentrado en nada en concreto. Las ondas theta, con una frecuencia de entre 4 y 8 Hz, se presentan durante el sueño ligero, la relajación profunda y la meditación, mientras que las ondas delta, con una frecuencia de 0,5 y 4 Hz, ocurren durante estados profundos del sueño.

Los investigadores, como el neurofisiólogo Pascal Fries, han explorado la relación entre los patrones de sincronización entre estas frecuencias en el cerebro y los distintos tipos de consciencia humana.[7] Existen otras hipótesis que proponen una teoría de resonancia de la consciencia, que sitúa el concepto de vibración sincronizada en el corazón de la consciencia e incluso de la realidad física en sí. Aunque la relación exacta entre las ondas cerebrales eléctricas y la consciencia aún es objeto de debate, el fenómeno más importante de vibración para nuestros propósitos es el que se denomina sincronización neuronal. Esto sucede cuando las diferentes frecuencias armonizan entre sí en términos de tasas de oscilación eléctrica compartidas, lo que permite una comunicación fluida entre neuronas, grupos de neuronas y redes cerebrales a gran escala. Sin esa coherencia sincronizada, los estímulos llegan en fases aleatorias del ciclo de excitabilidad neuronal y no son eficaces, o al menos mucho menos efectivos, en la comunicación. Cuando la comunicación está fragmentada o en conflicto, el cerebro no puede producir la coherencia sincronizada que permite la integración de la información prominente en el subconsciente.

Neurocientíficos como Antonio Damasio han postulado que es el estado subyacente de nuestros procesos fisiológicos el que determina la calidad y estabilidad de los sentimientos y emociones que experimentamos. Los sentimientos que denominamos «positivos» reflejan estados corporales en los que «la regulación de los procesos vitales se vuelve eficiente, e incluso óptima, fluida y sencilla».[8] Para que el cerebro y el sistema nervioso funcionen, la actividad neuronal, que codifica información, debe ser estable y coordinada, y los numerosos centros en el interior del cerebro deben ser capaces de sincronizarse de forma dinámica para que la información se procese y se perciba con fluidez. En última instancia, aspiramos a lograr que nuestro cerebro y sistema nervioso vibren en armonía con el mundo que nos rodea. Como declara Anula: «Cuando elevas tu energía al salir del nubarrón oscuro, logras alinearte con tu destino y las cosas comienzan a manifestarse».

De forma sorprendente, la vibración más significativa del cuerpo humano es la que produce el corazón. Muchas personas no se dan cuenta de que el campo electromagnético más grande del cuerpo humano está situado dentro del corazón. El campo eléctrico, tal como lo mide un electrocardiograma (ECG) es unas sesenta veces mayor en amplitud que las ondas cerebrales registradas por un electroencefalograma (EEG). El componente magnético del campo del corazón, que es aproximadamente cinco mil veces más potente que el producido por el cerebro, no está obstaculizado por tejidos, y se puede medir a varios metros de distancia del cuerpo. No solo eso, sino que el campo eléctrico también cambia con nuestras emociones, de forma que, dependiendo de cómo nos sintamos, literalmente emitimos una calidad diferente de vibración desde nuestro pecho.

La mayoría de las personas asumen que la frecuencia cardiaca varía a causa del ejercicio o los cambios emocionales, pero no tienen en cuenta que la variabilidad entre cada latido del corazón puede ser un indicador de bienestar más importante, incluso. Por ejemplo, dos personas podrían tener la misma frecuencia cardiaca de sesenta latidos por minuto, pero una energía vibratoria completamente diferente, lo que ejercería un efecto significativamente distinto en ellas mismas y también en los demás. La razón es que una persona podría tener una frecuencia cardiaca de sesenta en la que cada latido está separado por un segundo mientras que en otra persona podría variar entre 0,8 y 1,2 segundos. Este fenómeno se conoce como variabilidad de frecuencia cardiaca, o VFC, y ha sido ampliamente estudiado por numerosos científicos, incluidos Evgeny Vaschillo, Paul Lehrer y Rollin McCraty.[9] Puede resultar paradójico, pero cuando una persona está estresada y ansiosa, su VFC disminuye, lo que significa que el corazón late de forma más estable y uniforme. Esto sucede porque la respuesta al estrés estimula su sistema nervioso simpático, que a su vez disminuye el tono vagal. La consiguiente rigidez de la frecuencia cardiaca puede causar una serie de efectos negativos, tanto mentales como fisiológicos. De hecho, existe una afección llamada síndrome del corazón roto, documentada por primera vez en Japón, en la que los individuos experimentan una muerte súbita cardiaca como resultado de un trauma emocional severo ocasionado por una ruptura o la muerte de un ser querido.

Por el contrario, cuando una persona está tranquila, reflexiva, relajada y atenta, su VFC aumenta porque está estimulando su SNPS al incrementar el tono vagal. Cuando nuestro SNPS está estimulado es cuando nuestra fisiología funciona mejor. Este fenómeno libera muchas de nuestras hormonas de la felicidad, como la oxitocina y la serotonina. También provoca una disminución de la presión sanguínea, la frecuencia cardiaca, la liberación de hormonas del estrés y la producción de proteínas inflamatorias. Este fenómeno es resultado de que la frecuencia cardiaca sea coherente, y es esa coherencia la que crea un campo energético medible que genera una mejoría, no solo en nuestro bienestar mental y físico, sino también en el de las personas que nos rodean.[10] Cuando se reúnen grupos de personas que están generando esta coherencia, el efecto es más amplio y potente.

También se ha demostrado que el corazón envía más información al cerebro que el cerebro al corazón. Cuando el ritmo cardiaco es coherente, esto puede tener un impacto en las redes cerebrales a gran escala y también tiende a darse un aumento en la sincronización del corazón y el cerebro. Y cuando la variabilidad de la frecuencia cardiaca aumenta, se puede ver un incremento en la actividad y amplitud de las ondas cerebrales. Cuando Anula comenzó a abrir su corazón a sus futuros pacientes, estaba literalmente recalibrando la frecuencia emitida por su corazón, lo que a su vez generó un efecto armonizador tanto en su fisiología como en sus interacciones con los demás. Como veremos más adelante en este libro, para aprovechar el máximo potencial de nuestro poder interior para manifestar nuestra intención, es necesario trabajar no solo con el cerebro, sino también con el corazón.

Ahora que hemos aprendido cuáles son los componentes principales del cuerpo que utilizaremos para llevar a cabo nuestra manifestación, podemos empezar a dar los primeros pasos para activar esos sistemas y redes. Lo primero es comprender cómo se accede a nuestro poder innato para escoger nuestra respuesta en una situación determinada. En concreto, debemos reclamar nuestro poder para depositar y mantener nuestra atención en cualquier objeto que escojamos, en lugar de dejar que quede en poder de nuestra carga evolutiva: distracciones, hábitos, y la tendencia a centrarnos en lo que nos da miedo. Aprender cómo funciona este poder y qué se interpone en el camino es la clave del proceso entero de manifestar la vida que soñamos y es esencial para asegurarnos de que ese sueño no se convierta en una pesadilla. Este es el primer paso que tomé para reconstruir mi vida cuando se desmoronó y para crear finalmente la familia que había anhelado durante tanto tiempo.

3. Paso uno:
Reclama el poder de centrar tu mente

«Toda experiencia está precedida por la mente,
conducida por la mente,
hecha por la mente».

BUDA, Dhammapada 1-2

El *hoverboard* de dos ruedas podía circular fuera del asfalto, alcanzaba hasta doce kilómetros por hora y pesaba once kilos. Ahora, Amari lo sostenía sobre la cabeza, listo para estrellarlo contra el rostro de Shaun.

Era un día caluroso y soleado en San José, California, en la pista local de BMX en el parque Calabazas, un circuito en bucle de miles de metros cuadrados de rampas y curvas —empinadas y peraltadas— diseñadas para maximizar el impulso, donde ciclistas aventureros pueden pedalear concentrados y practicar trucos. A los trece años, Amari era el más pequeño de la disputa y estiraba el cuello para encontrar la mirada de Shaun, de quince años y más de un metro ochenta. Mientras los dos estaban allí de pie, congelados en el conflicto, con los ojos fijos en el otro, las ruedas eléctricas zumbaban y los ciclistas pasaban muy cerca, subiendo y bajando las pequeñas colinas, gritando con exuberancia mientras hacían trucos como *wheelies*, *bunny hops* y se lanzaban por rampas para hacer giros de 360 grados. Amari y Shaun habían ido allí ese día para participar en un programa de verano para estudiantes neurodivergentes llamado F+, que significa Fun Positive (Diversión positiva). Dicho programa combina actividades en exteriores como motocross y balón prisionero con juegos de improvisación y formaciones de meditación.

Liderando este animado encuentro estaban la doctora Lois Prislovsky, psicóloga y experta en TDAH, y Colin Maslan, exmecánico de bicicletas, técnico de emergencias médicas, maestro y trabajador social. La doctora Lois y Colin se habían conocido durante una formación sobre cómo cultivar la compasión en el Center for Compassion and Altruism Research and Education (CCARE), el centro que yo había fundado en Stanford, y compartieron conmigo cómo habían conectado gracias a sus «intereses de *redneck*» por el ciclismo BMX y el *snowboarding*, así como por su deseo apasionado de trabajar con jóvenes desfavorecidos por el sistema educativo convencional. Por lo general, los niños diagnosticados con múltiples problemas de conducta y dificultades de aprendizaje estarían condenados a pasar un verano aburrido con ejercicios analíticos y presentaciones de PowerPoint insulsas, todo ello encerrados como prisioneros en aulas estériles. Muchos de aquellos estudiantes se encontraban en el espectro autista y habían experimentado las numerosas dificultades a las que se enfrentan los jóvenes neurodivergentes. Algunos habían sufrido acoso escolar, otros habían sido los acosadores. Algunos eran no verbales; otros sufrían tricotilomanía, la compulsión de arrancarse el pelo de la cabeza, las cejas o las pestañas. Para la mayoría, la interacción social era dolorosa, y muy pocos tenían alguna amistad en la vida real. Según Lois, el sistema los había patologizado en exceso sin escuchar lo que se podía hacer para ayudarlos de verdad en su crecimiento y bienestar.

«Lo último que necesitan es otra maldita etiqueta», dice Lois con su acento cadencioso de Tennessee.

De manera que Lois y Colin fundaron F+ Productions para enseñar a los estudiantes autorregulación, compasión por sí mismos y por los demás, y una forma concreta de meditación en periodos cortos. Y motocross. Las personas que tienen TDAH —ya sean adolescentes, soldados, atletas, aventureros, o participantes de X Games— tienen una atención dispersa porque sus cerebros no producen dopamina en las mismas cantidades que otras personas. Como resultado, sus cerebros anhelan la novedad. Una meditación prolongada sentados en silencio no funcionaría con ellos.

En cambio, Lois grabó meditaciones personalizadas para cada uno de los estudiantes, de una duración media de dos o tres minutos, que combinaban meditación con hipnosis. Tras descargar su energía en la pista de BMX y reventar globos de agua sobre las cabezas de los demás chicos, los estudiantes practicaban meditaciones en periodos cortos en hamacas, árboles y columpios. Practicaban relajar sus cuerpos, concentrarse y centrar sus mentes, y dirigían su intención hacia la clase de persona que querían ser. El ejercicio en la pista de BMX les permitía liberar estrés y les brindaba el subidón de dopamina necesario para tranquilizarse y practicar su trabajo interno.

Estas prácticas creaban una oportunidad para que ocurriera la transformación. «Eso es lo importante», afirma Lois.

Lois les explicó a los estudiantes que el sistema nervioso humano cuenta con dos modos principales: el simpático y el parasimpático. Les contó que, cuando se activa la amígdala, sus cuerpos entran en modo de lucha, huida o parálisis y se desregulan. Necesitan calmar sus mentes, abrir sus corazones y regresar a sus intenciones. Utilizaron un casco especial de *biofeedback* para monitorizar sus ondas cerebrales, y cuando alcanzaban el estado alfa asociado con la relajación, la creatividad y la visualización, escuchaban un trino de pájaros en sus oídos.

Amari era del tipo guerrero, la clase de chico que crece para convertirse en soldado y esforzarse al máximo para proteger la integridad física del mariscal de campo. Además, era muy sensible con respecto a su nombre. Desde muy pequeño, sus compañeros se habían burlado de él y le habían puesto apodos humillantes que rimaban. Ese día en la pista, Shaun no había captado las señales sociales de la situación y había llamado a Amari por uno de los apodos que él odiaba, una y otra vez. En un principio, Amari no le había prestado atención, ya que estaba entusiasmado por aprender a mantener el equilibrio mientras el *hoverboard* se deslizaba por la pista. Finalmente, Shaun repitió el apodo y Amari, para enseñarle a su compañero que eso no estaba bien, levantó el *hoverboard*, dispuesto a atacar a Shaun. De manera que allí estaban, dos jóvenes enfrentados, inundados de testosterona y anhelando sentir el placer de repartir golpes. Otros chicos se reunieron a su alrededor para observar la pelea.

Lois se acercó y les preguntó con calma:

—¿Cómo va a acabar esto?

Ella aportaba una energía salvaje y liberadora al campamento, que hacía que los estudiantes se sintieran cómodos. Sabían que ella no temía mezclarse con ellos. Uno le había roto la mano por accidente; otro había intentado quitarle el sombrero de la cabeza, pero, en el proceso, sus gafas se habían quedado atascadas en su cola de caballo y le habían dejado una pequeña cicatriz junto al ojo izquierdo. Ella se había enfadado durante unos veinte segundos, pero luego había logrado regular sus emociones. Los estudiantes veían que ella podía perder la calma y luego recuperarla.

—Bueno, le voy a estrellar esto en la cabeza —respondió Amari.

Más temprano ese día, los estudiantes de F+ habían estado practicando hablar desde el corazón. Se invitó a cada uno a ponerse de pie sobre un banco de pícnic y a hablar con sinceridad. Cuando entró en el programa, Amari no era capaz de hablar desde el corazón. Le costaba comunicarse de forma directa con los demás y prefería guardar silencio. A menudo se metía en peleas y con frecuencia tenía problemas por faltas de conducta.

«Cuando comenzó a trabajar con F+ dos años antes —comenta Lois—, no podía practicar ofrecer compasión a otro ser humano. De modo que comenzamos con animales. Cuando lo logramos con ellos, continuamos con seres humanos, y luego vemos a los estudiantes ofrecer compasión a las nuevas amistades que hacen en el campamento».

Con el *hoverboard* en alto sobre sus hombros anchos, las sienes transpiradas, Amari se quedó pensando. Sabía que su sistema nervioso se había descontrolado y lo había hecho entrar en el modo de lucha, huida o parálisis. Había estado allí en numerosas ocasiones; sabía a dónde lo conduciría. Vio a Lois de pie allí, esperando animadamente su próximo movimiento.

Y luego, en lugar de arremeter con el *hoverboard*, lo bajó… y se echó a reír. Luego, Lois también se rio, y Shaun, y todos los demás que estaban allí también. La formación había funcionado.

Finalmente, Amari habló desde el corazón.

—Por favor, no me llames por ese nombre —le dijo a Shaun—. No me gusta.

Al comienzo del verano, Lois y Colin habían medido el estado emocional de Amari, y volvieron a hacerlo al final de la formación. Tras seis semanas, su depresión y ansiedad habían disminuido mientras su compasión consigo mismo y con los demás había aumentado. Sus padres estaban maravillados; sabían que algo mágico estaba sucediendo.

Amari y los demás estudiantes que habían aprendido a regular sus respuestas recuperaron lentamente una capacidad extraordinaria: su capacidad de dirigir la atención hacia donde ellos quisieran, lejos del estrés, el condicionamiento y la reacción, hacia un tipo nuevo de respuesta que representaba la clase de personas que ellos anhelaban ser de todo corazón. Al recuperar su atención, regresó la capacidad de elegir, y esto señalaba la presencia de un poder interior, que es el elemento central para llevar a cabo cualquier intención. En neurociencia, este poder interior se denomina agencia.

Poder interior

Dentro de cada uno de nosotros existe un increíble poder interior que limitamos con nuestras propias creencias. Es el de tolerar la incomodidad, retrasar la gratificación, decidir qué cosas de nuestro entorno permitimos o no que entren en nuestras mentes, controlar nuestra respuesta a cualquier situación determinada, ya sea un hecho real en el momento o un suceso que recordamos del pasado. Ese es nuestro poder de decisión. Es el poder que nos permite enfocar nuestra atención donde sea que escojamos, sin importar lo fuertes, atemorizantes o tentadores que sean los estímulos externos que intentan distraernos. Ese es el poder al que recurrió Amari para salir de la respuesta de lucha, huida o parálisis, bajar el *hoverboard* y hablar desde el corazón. Ese es el poder al que podemos recurrir para dirigir nuestra atención hacia intenciones internas que produzcan poderosas emociones positivas, emociones que tienen la fortaleza suficiente para liberarnos de las adicciones emocionales que nos han mantenido viviendo de una manera muy limitada.

En nuestras vidas, muchos sentimos que somos víctimas de fuerzas que están fuera de nuestro control, o incluso fuerzas de nuestro interior que no podemos controlar, dominar o regular. Nuestras reacciones hacia esas fuerzas parecen automáticas, y las observamos con impotencia mientras parecen robarnos nuestro poder interior. En el momento, esas fuerzas se parecen abrumadoras y viajan en surcos profundos tallados por hábitos muy arraigados. La realidad es que podemos cultivar prácticas para recuperar nuestra influencia sobre innumerables procesos que parecen automáticos e inaccesibles para el control consciente.

Debido a que el poder de la práctica reside en la creencia de nuestra mente en la posibilidad y en su habilidad de cambiar nuestra realidad física, no está limitada por el hecho de que alguien crea que nuestros deseos no son posibles, da igual que sea un individuo escéptico, un pariente o una sociedad sesgada. A diferencia de una inversión financiera, que requiere poseer un capital previo, la manifestación solo requiere invertir tiempo, energía, atención y corazón; es una inversión en ti. Las técnicas, aunque requieren esmero y repetición, no cuestan dinero y no precisan ningún tipo de entrenamiento avanzado.

Ahora bien, es verdad que puede ser difícil vencer las creencias limitantes arraigadas sobre tu potencial, en especial cuando tu familia, país o religión las ratifican, pero, afortunadamente, descubriremos que tus creencias sobre ti son una de las pocas áreas sobre las que tienes un control real. Por lo tanto, si te propones trascenderlas, las opiniones de los demás no tendrán el poder de limitar lo que tú puedes lograr.

Al final, no se trata del universo: se trata de ti. Quizás hayamos aprendido a creer que nuestro poder interior está limitado por nuestras circunstancias externas o los condicionamientos que impone nuestro pasado, pero en realidad todo comienza con nuestra propia mente.

Apostando nuestra atención

La mayoría del tiempo vivimos la vida sintiendo que las cosas nos pasan a nosotros, no que nosotros hacemos que pasen, y, sin duda, que no suceden para nosotros. Esta sensación de ser participantes pasivos en una experiencia es como ser el pasajero de un coche que conduce otro, ya sea sin ningún destino fijado o hacia un lugar que sin duda nos causará dolor. Es descorazonador, desalentador, y reduce nuestra creencia en nuestra capacidad de tomar decisiones que nos beneficien. Otras veces quizás sientas que alguna otra fuerza te ha metido en el maletero y ha salido a dar un paseo con el vehículo de tu vida, y puede pasar mucho tiempo hasta ser capaz de recuperar tu consciencia adormecida y, para entonces, tal vez estés muy lejos de donde querías estar. Esta es la experiencia de muchas personas que cargan con un trauma sin resolver sobre sus hombros, un trauma que continúa dictando sus decisiones de forma inconsciente.

Nuestra atención no solo se ve socavada desde el interior. Muchas de las amenazas más irresistibles para nuestra capacidad de centrar la mente proceden del mundo que nos rodea. Se emplean miles de millones de dólares en anuncios diseñados para convencernos de que a nuestras vidas les falta algo esencial y cautivar nuestras mentes con el único producto especial que puede suplir ese vacío. Las empresas de redes sociales logran capturar tanta atención como les es posible mediante procesos psicológicos que imitan la adicción, y luego venden esa atención e información a los mejores postores. Y los portales de noticias hacen todo lo posible por presentar titulares diseñados para provocar a nuestra amígdala de manera que no podamos apartar la mirada.

Un estadounidense típico pasa unas 1.460 horas al año en su dispositivo móvil, lo que se traduce en noventa y un días. No entregamos nuestra atención a estos dispositivos solo por carecer de autocontrol. Nuestros dispositivos están diseñados para explotar un fenómeno psicológico llamado programa de reforzamiento de razón variable. Imagina que una rata enjaulada aprende que, si presiona una palanca determinada tres veces, obtiene un trozo de alimento como recompensa. Ahora imagina una palanca que entrega alimento de manera aleatoria, a veces después de presionarla una vez, otras, después de presionarla cinco veces, o quince. Esa rata aprende enseguida que, cuanto más rápido presione la palanca, más rápido obtendrá el siguiente trozo de alimento. Este es el mismo principio por el que se rigen las máquinas tragaperras.

El cerebro humano, que opera con un grado mayor de complejidad, intenta descubrir el patrón que gobierna las recompensas variables. El cerebro de un jugador compulsivo libera dopamina, un químico de recompensa, para motivarlo a prestar atención a la supuesta conexión causal entre presionar la palanca y ganar el premio mayor. Cuando pierde por poco, como cuando recibe dos cerezas, pero no tres, la compulsión de seguir jugando se vuelve más fuerte. La supuesta conexión causal se forma entre la motivación de obtener recompensas y el despliegue de nuestra atención. Esto se denomina relevancia incentiva, y crea un patrón de activación en el cerebro parecido al que se produce con la adicción a las drogas, los atracones y otros hábitos compulsivos.

De manera similar, las investigaciones han revelado que, cuando deslizamos la pantalla del móvil, en esencia estamos manifestando el efecto Las Vegas: las notificaciones generan una sensación de anticipación que activa el sistema de recompensas y termina capturando nuestra atención en un bucle infinito.[1] Mientras miramos nuestro teléfono incesantemente o deslizamos la pantalla de manera compulsiva en busca de ese dato informativo que nos hará sentir bien o nos abrumará con horror y fatiga empática ante el sufrimiento del mundo, sentimos con impotencia que nuestra atención se escurre entre nuestros dedos. Cuando perdemos el poder de dirigir nuestra atención, podemos hundirnos en la desesperanza y sentir que no tenemos influencia sobre el curso o calidad de nuestras vidas. En nuestro interior, sabemos que la atención selectiva es la inversión clave en la construcción de las vidas que deseamos. Por eso decimos que «prestamos» atención. Nuestro poder interior reside en nuestra capacidad de tomar decisiones conscientes sobre nuestra inversión. Si no podemos dirigirla como queramos, es como si estuviéramos dilapidando el capital que poseemos para cambiar nuestras circunstancias. Estamos renunciando a nuestra agencia.

Sin embargo, la realidad es que nuestros sentimientos de falta de poder a menudo son una ilusión. Si examinamos cada momento en el que al parecer renunciamos de forma involuntaria a nuestro poder, lo que está sucediendo es que se reactiva un antiguo hábito. Nuestro condicionamiento para reaccionar de una forma negativa determinada frente a un estímulo externo en concreto es solo un patrón de señales físicas, mentales y emocionales que se han establecido mediante un uso frecuente y no cuestionado. Con el tiempo, nuestras mentes se adaptan a esta actividad automática incesante y esta ya no nos ofrece oportunidades para tomar decisiones conscientes. En cierta manera, se trata de una forma subconsciente de estado de flujo negativo. Cuando nuestro cerebro deja de creer que es importante para nosotros ver oportunidades para cambiar nuestro comportamiento o entorno para mejor, nos sentimos estancados, frustrados e impotentes; perdemos de vista nuestro propio poder interior.

Y, sin embargo, la sensación de haber perdido o de que nos han robado nuestro poder no significa que este haya desaparecido. La sensación de agencia forma parte de cómo narra el cerebro sus experiencias, una percepción a menudo derivada de una interpretación más subjetiva que fáctica.[2] Quizás sintamos que no tenemos agencia, quizás haya sido reprimida u ocultada, pero nunca nos ha abandonado. Es una característica fundamental del ser humano; mientras tengamos cerebros funcionales capaces de crecer, tendremos agencia. Por lo tanto, se podría decir que en nuestra sociedad estamos sufriendo no una crisis de agencia, sino una crisis del sentido de agencia. La agencia es el superpoder que hemos olvidado que tenemos.

El sentido de agencia

El sentido de agencia es fundamentalmente la sensación de estar al mando a la hora de planificar, iniciar y llevar a cabo nuestras acciones. Esto nos da la sensación reconfortante de que podemos controlar el resultado de una situación determinada mediante nuestras propias acciones o voluntad.

Los estudios han demostrado que el sentido de agencia es mucho más flexible y adaptable de lo que solemos creer y está compuesto por una variedad de elementos que van desde la cognición de alto nivel (pensar, aprender, recordar, razonar y prestar atención), hasta sistemas sensoriales y motores de bajo nivel.[3] El sentido de agencia es simplemente eso: un sentido que está construido por nuestros cerebros a partir de una combinación de estímulos de nuestra experiencia. El cerebro analiza si nuestras acciones parecen estar causando los resultados que deseamos que sucedan y ejerciendo influencia en nuestro entorno como deseamos, y luego utiliza esa información para evaluar si tenemos agencia en la situación. La verdad es que nuestra mente consciente no tiene acceso a la mayor parte de nuestros procesos subconscientes mediante los cuales llevamos a cabo acciones (como nuestra capacidad para hacer movimientos) y, por lo tanto, solo puede establecer una intención, observar sus efectos y luego interpretarlos en consecuencia. En otras palabras, nuestro sentido de agencia es una historia que nuestro cerebro nos cuenta sobre nuestra experiencia. Cuando la historia que el cerebro nos cuenta es que no tenemos el poder para llevar a cabo las acciones necesarias para mejorar nuestras circunstancias, sentimos desaliento y perdemos nuestra motivación; cuando la historia nos indica que contamos con la capacidad para actuar según nuestros deseos, nos sentimos empoderados, confiados y plenos.

Para ilustrar la naturaleza interpretativa de la agencia, podemos analizar el sorprendente hecho científico de cómo el sentido de agencia podría estar presente incluso cuando la agencia física no está involucrada. Como neurocirujano, he tratado a numerosos pacientes que, ya sea debido a enfermedades o a traumas, han sufrido de una enfermedad llamada anosognosia. La anosognosia proviene de las palabras griegas *nosos* («enfermedad») y *gnosis* («conocimiento»), de manera que los pacientes que tienen anosognosia no saben o no se dan cuenta de que tienen una enfermedad o discapacidad particular. Un ejemplo es la hemiplejia, que describe pacientes que quedan paralizados, en general después de sufrir un accidente cerebrovascular. Si este también afecta las áreas del cerebro asociadas con la integración de la autoconsciencia, esos pacientes podrían no ser conscientes de que sus movimientos se encuentran impedidos.

Los investigadores de la Universidad de Turín que evaluaron a pacientes de este tipo hicieron un descubrimiento sorprendente.[4] Una mujer presentaba una anosognosia severa y persistente con respecto a la parálisis de la mitad izquierda de su cuerpo. Nunca manifestaba de manera espontánea sus problemas motores. Cuando se le preguntaba sobre su brazo izquierdo, siempre afirmaba que podía moverlo sin ningún problema. Cuando se le pedía que hiciera movimientos con él, intentaba hacerlos y unos segundos después parecía estar satisfecha con su desempeño. Esta mujer experimentaba sentido de agencia por movimientos que era incapaz de llevar a cabo. A pesar de toda la evidencia que probaba lo contrario, ella creía de verdad que era capaz de mover su brazo paralizado. Los investigadores concluyeron que la experiencia de agencia en los pacientes como esa mujer se encuentra gobernada sólidamente por indicadores en el cerebro que preceden al movimiento, como las intenciones y predicciones de la acción, y no las acciones reales en sí. La historia que el cerebro de la mujer le estaba contando sobre su poder de acción era radicalmente diferente de su realidad física.

Lo importante aquí es que el sentido de agencia en realidad es una experiencia percibida subjetiva que puede ser influida por nuestros propios procesos de pensamiento. Por lo tanto, la profundidad y eficacia de nuestro sentido de poder interior reside en la historia que nos contamos sobre nuestra capacidad de expresar ese poder. Como exploraremos en los próximos capítulos, la sensación de poder interior es, en última instancia, la sensación de ser capaz de dirigir la capacidad total de nuestro cerebro hacia una intención que escojamos, en concreto aprovechando el poder de nuestro subconsciente. Y lo extraño sobre el subconsciente es que funciona en base a creencias. Lo que creemos de manera subconsciente a menudo es lo que limita las posibilidades de una situación determinada. Es posible que exista una brecha amplia entre la sensación de poder interior de una persona y su capacidad de expresarlo en la práctica. En cierto modo, muchos sufrimos de una afección opuesta a la de los pacientes que padecen anosognosia: vivimos bajo la ilusión de que estamos paralizados ¡cuando en realidad somos perfectamente capaces de actuar de manera eficaz!

En psicología, la autoeficacia es la creencia de un individuo en su capacidad de actuar de las maneras necesarias para lograr sus metas. La autoeficacia podría ejercer influencia sobre cómo y por qué los individuos escogen participar de una actividad o perseverar en ella, y se cree que es un predictor más preciso del comportamiento que la habilidad real de una persona.

Podríamos confundirnos y pensar que la agencia implica libre albedrío. La naturaleza del libre albedrío es un debate mucho más profundo en el que entra en juego lo que sabemos sobre la ciencia del cerebro, la psicología, la filosofía y la religión. Algunas personas aseveran que carecemos de libre albedrío porque gran parte de nuestro comportamiento está gobernado por fuerzas e influencias que no son aparentes para la mente consciente, mientras que otras argumentan que todas las acciones se basan en la interacción de moléculas, átomos y partículas y, por lo tanto, cada suceso está predeterminado, solo que simplemente creemos, en nuestra ignorancia, que somos nosotros quienes llevamos a cabo nuestras propias acciones. No pretendo resolver este antiguo debate. Y, afortunadamente, para el propósito de nuestro análisis sobre la manifestación, no debemos hacerlo. Solo estoy señalando que sí tenemos poder de decisión cuando se trata de manipular procesos en nuestro interior para manifestar nuestras intenciones. Es este control cognitivo, arraigado en el funcionamiento de la

CEN, lo que nos permite ajustar y dirigir nuestros recursos cognitivos para completar la tarea orientada al objetivo de instalar nuestra atención en el subconsciente y, por lo tanto, optimizar nuestra capacidad de manifestar. Es necesario enfocar la atención y destacar aquello que uno desea grabar en el subconsciente, primero incorporándolo en la memoria de trabajo. Es la atención selectiva continua, mediante lo que se denomina control esforzado, lo que tiene como resultado su poder de instalar intenciones en el subconsciente.

Podría parecer que la agencia o el poder interior de las personas es fijo, pero debemos imaginarlo como una forma de energía potencial. La energía potencial es un recurso que se encuentra contenido hasta que es liberado. La triste realidad es que muchas personas no creen poseer esa energía y, por ende, terminan definiendo sus vidas por sus limitaciones y creyendo que el cambio no es posible. Imagina que todos los días conduces por las montañas, y cada día está tan nublado que tu visión del valle es borrosa. Y, de hecho, no lo has visto, sino que has oído que existe. Te han contado que en ese valle hay unas cascadas hermosas, jardines exuberantes, preciosas secuoyas, pero tú nunca has visto nada de eso… lo único que ves es neblina. En algún momento comienzas a preguntarte si lo que te han contado es cierto. Ahora imagina que sales a conducir, llegas a la cima de la montaña y esta vez la visión es clara y nítida y puedes ver muy lejos en la distancia. Logras ver que no solo todo lo que te contaron existe, sino que es incluso más hermoso de lo que habías imaginado. Y te das cuenta de que el valle siempre ha estado allí: tú no podías verlo por la neblina que te hizo dudar, no porque su existencia estuviera en duda en algún momento. La mayoría de las personas viven conduciendo por la neblina. Quizás les hayan hablado sobre las posibilidades o hayan visto un atisbo del valle, pero imagina si tuvieran una visión nítida de él. Es en ese momento cuando comprenden todo su potencial y se dan cuenta de cuánta energía albergan en su interior. Quedan en libertad para utilizar su poder interior y así cambiar sus vidas.

¿Qué tiene esto que ver con la manifestación? Nuestro poder para manifestar las cosas y experiencias que deseamos se reduce a nuestra capacidad de deshacernos de los hábitos mentales estrechos que mantienen a nuestra percepción envuelta en la neblina y nos dicen que somos incapaces de influir en una situación o resistir una reacción habitual para, en cambio, aceptar nuestra sensación de poder interior. Para producir los resultados que deseamos, primero debemos creer en nuestra capacidad innata para alterar el resultado de situaciones mediante nuestras acciones y nuestra voluntad. Este proceso comienza con nuestra atención. Para comprender por qué somos tan susceptibles a que el miedo y la negatividad tomen el control de nuestras mentes y se adueñen de nuestra atención, debemos examinar las bases fisiológicas de nuestros procesos de pensamiento.

Y descubriremos que la paz que anhelamos a menudo se encuentra solo a unas respiraciones de distancia.

Saltar del tren: metacognición

Uno de los obstáculos más significativos de la manifestación reside en otorgar demasiado poder a los estímulos sensoriales desagradables y no comprender que nuestro poder está en cómo respondemos frente a esos estímulos. Como resultado, muchos de nosotros evitamos estímulos sensoriales que nos desagradan, pero la realidad es que, para acceder a nuestro poder interior, debemos aprender a lidiar con lo desagradable y a no alejarnos de manera instintiva. Al hacerlo, comprendemos que la forma de acceder a nuestro poder de manifestar es reclamando el poder de elegir nuestra respuesta a la incomodidad. Veamos el ejemplo de un monje tibetano que practica la meditación Tummo, una combinación de respiraciones controladas y una visualización meditativa de llamas en determinadas partes del cuerpo que, a menudo, se utiliza en entornos fríos. Mediante esta técnica, sus practicantes pueden aumentar su frecuencia cardiaca, mantener una temperatura corporal estable a pesar de estar sumergidos en el hielo y manipular otros procesos fisiológicos que la mayoría de las personas afirmarían que no son accesibles de manera consciente. Tú también puedes acceder a una gran cantidad de procesos que parecen inaccesibles de manera consciente o impenetrablemente automáticos. Lo único que necesitas es el entrenamiento adecuado. Debemos aprender a resistir el instinto tan natural de escapar o negar nuestra incomodidad y en cambio desarrollar la capacidad de convivir lo suficiente con él para transformarlo y disolverlo. Esta es la clave para nuestra liberación y el elemento fundamental para manifestar.

El atleta neerlandés Wim Hof, también conocido como «hombre de hielo» es famoso por su resistencia al frío extremo. Ha batido récords mundiales por nadar bajo hielo y por mantener un contacto prolongado de cuerpo entero con superficies heladas, y también es el propietario del récord de media maratón corriendo descalzo sobre nieve y hielo. Atribuye su éxito a lo que él denomina el Método Wim Hof (WHM, por sus siglas en inglés), que es una combinación de respiración controlada, exposición al frío, y lo que algunos llamarían una forma de meditación. Al hiperventilar deliberadamente, Hof suprime temporalmente su respuesta fisiológica innata y eleva su frecuencia cardiaca y niveles de adrenalina. Es interesante indicar que los científicos que estudiaron a Hof concluyeron que el método WHM involucra áreas de orden superior en la corteza (ínsula anterior izquierda e ínsula media derecha) que están asociadas especialmente con la autorreflexión y facilitan tanto la introspección como la atención continua en presencia de estímulos externos adversos (por ejemplo, el frío).[5] En otras palabras, la actitud mental de Hof de confianza e intrepidez sobre la experiencia le permite activar su capacidad de atención avanzada, que, a su vez, reduce su sentido del tiempo y del espacio y le permite desviar con destreza su atención de sensaciones físicas desagradables y engañar a su cuerpo para evitar adoptar su respuesta normal frente a las amenazas. Como resultado, logra entrar y quedarse en una forma de estado de flujo.

Aunque estamos condicionados para identificarnos con respuestas emocionales negativas al entorno externo, mediante la práctica es posible reconocer nuestro propio condicionamiento y, poco a poco, romper nuestra identificación con él. El poder interior surge cuando una persona aprende a discernir entre su condicionamiento negativo y su consciencia interior, y, por ende, descubre que la reacción emocional es condicionada y no innata. La incomodidad en el cuerpo y en la mente se afloja poco a poco a medida que la persona disuelve su identificación con sus hábitos.

La realidad de la manifestación es que la mayoría de nosotros evitamos experiencias de incomodidad. Aunque ruidosos y atractivos para los sistemas de supervivencia del cerebro, estos sentimientos incómodos, que a menudo nacen de experiencias dolorosas de la infancia, son a fin de cuentas solo hábitos mentales a menudo creados para proteger a nuestro yo de la infancia. Son esos hábitos aprendidos en la infancia los que determinan cómo respondemos a tantas experiencias que afrontamos como adultos. Dichas experiencias son los controladores subconscientes de nuestro comportamiento, que nunca hemos analizado de manera consciente. Si lo hiciéramos, descubriríamos con rapidez que esos hábitos no son soluciones útiles para lo que nos confronta como adultos. La primera clave es transformar nuestra relación con la incomodidad: debemos ser conscientes de nuestros pensamientos al respecto y reconocer nuestra capacidad de trabajar con ellos. Este es el poder de la metacognición, que es la práctica de analizar de manera consciente el propio pensamiento. Mediante este proceso, podemos ubicarnos de verdad fuera de la situación que tiene lugar en nuestras mentes y observar nuestro proceso de pensamiento para ver con exactitud cómo estamos pensando. La segunda clave es aprender a reconocer nuestros procesos de pensamiento sin involucrarnos demasiado en su drama ni identificarnos con sus historias. Solo en ese momento podremos saltar del tren del pensamiento. Cuando nuestra atención ya no está controlada por el pensamiento estimulado por nuestra incomodidad física y emocional, comenzamos a tener la libertad de dirigirla hacia las metas y objetos que deseamos manifestar.

En el nivel consciente, manifestar es un proceso de pensamiento claro y enfocado. Y la realidad es que, cuando te encuentras en modo de supervivencia o estás ansioso o estresado, literalmente no estás pensando con claridad y vuelves a recurrir a formas habituales de comportamiento. Tu cuerpo se inunda de cortisol, adoptas una postura hipervigilante, tus funciones cognitivas de nivel superior se apagan. Al igual que Anula, nos vemos sobrepasados por reacciones fisiológicas que nos arrebatan nuestra genialidad, nuestras capacidades e intenciones. Perdemos nuestra conexión con el neocórtex y sus habilidades superiores de planificación, reflexión, percepción e incluso la capacidad de sentir compasión. La presencia de hormonas del estrés señala a nuestras células que deben autopreservarse, es decir, volverse más egoístas y, por lo tanto, permiten a nuestro ego que también actúe desde el egoísmo, lo que enfoca nuestra atención en experiencias sensoriales inmediatas en lugar de en una visión más amplia y holística de la realidad. Cuanto más permanezcas en ese estado de temor, más brumosos se vuelven tus pensamientos internos, y, en lugar de ver el mundo a través de una ventana transparente, la ventana se hace opaca.

Cuando una persona pierde de vista sus recursos internos, tendrá dificultades para valorar una decisión antes de tomarla, ya que el funcionamiento cognitivo de alto nivel ha perdido el control a manos de la respuesta de supervivencia del cerebro reptiliano. Esta persona se acostumbra tanto a ese estado que, en un nivel cotidiano, llega a identificarse por completo con él. No existe distinción entre su estado emocional negativo habitual y ella misma. La sensación puede describirse como estar atrapado en un tren que está a punto de caer por un precipicio: aunque sabemos que se avecina el desastre, no creemos tener el poder de saltar antes de caer por el borde.

El primer paso esencial para recuperar nuestro poder es dar un paso atrás y observar el tren. Aunque pueda sonar contraintuitivo e incluso tonto, el momento en el que el tren está a punto de caer es el instante en el que más nos beneficiamos de poner consciencia en nuestros pensamientos. Con la práctica, descubrimos que es posible observar nuestro propio pensamiento de forma objetiva y sin apego emocional. Cuando nos ubicamos en la plataforma de la estación, en lugar de subirnos al tren que marcha a toda velocidad, podemos ver pasar de largo los pensamientos. Ver nuestros pensamientos como lo que son es la primera grieta de la ilusión de nuestra desesperanza. Cuando nos calmamos lo suficiente como para verlos con claridad, hacemos un descubrimiento sorprendente: existen espacios entre los estímulos y nuestra respuesta. A medida que practiquemos un poco más, los espacios se ensancharán, y nosotros ganaremos más y más agencia para actuar en base a nuestros pensamientos.

Debido a que la respuesta de lucha, huida o parálisis suele manifestarse en nuestra mente consciente con gran velocidad y una negatividad a todo volumen, la forma más poderosa para cultivar la sensación de poder interior, y la más accesible, es aprender a despegarnos emocionalmente de nuestros pensamientos. Cuando descubrimos las estrategias que la evolución y nuestra propia fisiología han creado para hacernos cumplir con ciertas acciones o para tomar atajos a la hora de pensar sobre las cosas o responder a ellas, adquirimos el poder de hacer una forma de «anulación manual». Cuando reconocemos esas estrategias y las vemos como lo que son, podemos comenzar a cambiarlas.

Existe la forma estándar de responder a los estímulos, pero ahora también contamos con una forma nueva: podemos saltar del tren. Saltar del tren es una invitación a lo desconocido, a lo incierto, lo inexplorado, pero alberga la posibilidad de liberarnos de la prisión creada por nosotros mismos.

Si estás en un estado de lucha, huida o parálisis, puedes pensar: «Pero todo esto me está sucediendo a mí. Yo soy la víctima; no tengo agencia y estoy empeorando mi situación con todos estos pensamientos negativos». Yo digo: «La verdad es que tus pensamientos están influyendo en tu realidad. Sin embargo, tú tienes más poder sobre tus pensamientos del que crees y, por esa misma razón, tienes más influencia sobre tu realidad». Te aliento a que, cuando reflexiones sobre tu vida y analices cómo seguir adelante, no te detengas en las circunstancias externas negativas. Ten en cuenta la actitud interna. No pienses que la evidencia del entorno externo es concluyente o que supone algún tipo de profecía sobre que esas son las únicas posibilidades que tendrás. Cada día es una oportunidad para cambiar cómo percibes y reaccionas ante el mundo.

No me malinterpretes, experimentar las sensaciones físicas desagradables de la rumiación negativa habitual es muy incómodo. Puede ser insoportable y hacer que queramos salir corriendo, o regresar a nuestros antiguos mecanismos de defensa. Es una tarea monumental que requiere una disciplina y un apoyo inmensos. Para quienes se ven afectados negativamente por la opresión sistémica a nivel social, la tarea de liberar la mente del temor habitual puede parecerse aún más a la sensación de nadar a contracorriente, porque las fuerzas poderosas y a menudo violentas de los prejuicios se unen en contra del sentido de soberanía individual.

No obstante, una vez comprendas que puedes identificarte con tu proceso de pensamiento momento a momento con mucha más claridad y poder, puedes empezar a experimentar con pensamientos que producen una realidad positiva. Comenzarás a aprender que, si piensas y actúas a la antigua, se crea una versión de la realidad, pero, si aprendes la lección y eliges actuar de otra manera, se crea otra realidad, una más deseable. La magia del proceso es que se trata del mismo *hardware*. Cuando enfocas la mente hacia un buen resultado, la vía es exactamente la misma, pero el *software* se actualiza con un *neurofeedback* positivo. Como dijo el filósofo estoico Epicteto, no son los hechos los que hacen sufrir a las personas, sino lo que nos decimos sobre ellos.[6] Solo hay que dar el primer paso.

PRÁCTICA:
Construir poder interior

Cuando sientas que tu cuerpo está un poco más relajado, piensa en una actividad simple que hayas estado queriendo hacer, pero que por alguna razón no hayas hecho. Un ejemplo sería levantarte temprano y caminar quince minutos o comprometerte a no beber refrescos azucarados o alcohol.

1. Comienza a relajarte

A. Antes de ir a dormir, siéntate en una posición cómoda en una silla, cierra los ojos y concéntrate en relajar cada músculo de tu cuerpo. Comienza por los dedos de los pies y recorre todo el cuerpo hasta llegar a la cabeza mientras inspiras por la nariz y espiras por la boca con lentitud.

B. Cuando sientas relajación, concéntrate en tu respiración, inspira lentamente por las fosas nasales, contén la respiración durante cinco segundos y luego exhala por la boca con lentitud.

2. Visualiza tu intención

A. Tras haber hecho esto durante cinco minutos, piensa en ti haciendo esa simple actividad, pero no te limites a eso, sino que debes visualizarte en esa situación.

3. Registra tu intención

A. Una vez lo hayas hecho, abre los ojos y escribe en un papel tu meta o la actividad y guarda el papel en tu mesilla de noche.

4. Instala tu intención

A. Túmbate, cierra los ojos y lentamente inhala y exhala durante cinco minutos mientras visualizas cómo llevas a cabo tu intención. Deja que la respiración te ayude a conciliar el sueño.

5. Repasa tu intención

A. Cuando te despiertes, siéntate y lee el papel. Incorpora el pensamiento de tu meta y procede a seguir adelante con tu día.

Si te has comprometido a caminar por la mañana, procede a hacerlo. Si has decidido no beber más refrescos, cada vez que te enfrentes a esa decisión, haz una pausa y escoge no hacerlo. Cada vez que hayas hecho o no hayas hecho la actividad que has escogido, felicítate y luego escribe en un papel: «Me felicito por haber completado esta tarea».

Al hacer esto a diario, te demuestras que tienes la agencia para completar una tarea en la que has elegido centrarte. Y, aunque puede ser simple, hacerla involucra a los procesos cerebrales que están asociados con la incorporación de la intención en el cerebro. Ese es el poder de los hábitos mínimos.

Sigue haciendo esa tarea hasta que ya no pienses en el proceso y se vuelva automática. Ese es el poder de los hábitos mínimos. De hecho, mi amigo B. J. Fogg, un científico conductual de Stanford, escribió un libro titulado exactamente así: Hábitos mínimos. Incluso nos ofrece una fórmula: C = MAI. «El comportamiento (C) se produce cuando la motivación (M), la aptitud (A) y la incitación (I) convergen en el mismo momento».

Cuando la mente y el cuerpo están en un estado de equilibrio y paz, y contamos con acceso al poder de nuestra imaginación, podemos empezar a pensar con claridad en lo que deseamos manifestar en el presente y el futuro. Por lo tanto, en nuestro próximo capítulo seguiremos con el proceso de seis pasos de manifestación con el paso dos: identifica qué es lo que de verdad deseas.

4. Paso dos:
Identifica qué es lo que de verdad deseas

«No hay viento favorable para quien no sabe hacia dónde se dirige».[1]

SÉNECA

La brújula interna

En 1980, justo antes de que Nainoa Thompson emprendiera su histórica navegación tradicional de 3.540 kilómetros desde Hawái a Tahití, su maestro, el navegante polinesio Mau Piailug, le hizo una pregunta.

Estaban de pie en el mirador Lanai, en la costa sureste de Oahu, observando el cielo, como habían hecho innumerables veces antes. Mau le pidió a Thompson que prestara atención a cada estrella, a cada vuelo de las aves marinas, a cada nube cola de yegua y escama de caballa cuyo despliegue predijera el clima.

Thompson estaba preparándose para intentar llevar a cabo una hazaña marítima que no se había hecho desde el siglo XIV: una travesía desde Hawái a Tahití en una canoa de doble casco llamada *Hōkūle'a* (nombre polinesio para la estrella Arturo) sin usar instrumentos de navegación occidentales. El viaje tenía un significado profundamente personal para Thompson y su región: demostrar que los antiguos polinesios habían navegado con rumbo por el Pacífico usando métodos sofisticados basados en los movimientos de la naturaleza, no dejándose llevar por corrientes, como habían sugerido algunos escépticos occidentales. Mau era uno de los últimos expertos en navegación al estilo antiguo de una población al borde de la extinción cultural, y el entrenamiento de Thompson había sido consecuencia de una vida entera de amor hacia su isla y su océano.

De pie en la costa, mirando las olas a las que Thompson estaba a punto de enfrentarse, Mau preguntó:

—¿Puedes señalar en dirección a Tahití?

Thompson lo hizo.

—Vale, pero —dijo Mau—, ¿puedes ver la isla?

Thompson se mostró confundido. Por supuesto que no podía ver Tahití; estaba a más de tres mil kilómetros de distancia. Pero entendió que Mau le hablaba en serio. Lo pensó un buen rato y luego respondió:

—No puedo ver la isla, pero veo una imagen de la isla en la mente.

—Bien. Nunca pierdas esa imagen o estarás perdido —respondió Mau.

Luego se volvió hacia Thompson y le dijo:

—Vamos al coche, vamos a casa.

Esa fue la última lección de Mau. «Me estaba diciendo que debía confiar en mí mismo —declaró Thompson más tarde—, y que, si tenía una visión de hacia dónde quería ir y me aferraba a ella, llegaría»[2].

Oí esta historia por primera vez gracias a un maestro de meditación, quien hizo hincapié en que Mau le estaba enseñando a Thompson a confiar en su brújula interna. El sentido innato e instintivo de hacia dónde quería ir llevaría a Thompson en la dirección correcta y lo guiaría en su travesía. La idea de la brújula interna ha permanecido conmigo y me ha ayudado a lo largo de mi vida.

Al comenzar nuestra práctica de manifestación, nosotros también empezamos conectando con nuestra brújula interna, nuestra imagen de hacia dónde queremos ir, la isla que asoma a lo lejos de nuestra propia visión. Esta imagen nos llena de inspiración y de energía, y nos guía a través de los inevitables altibajos, las oportunidades y obstáculos que encontraremos en nuestro camino. Si escogemos un destino digno, le confiamos nuestro camino a nuestra visión interior, nos ceñimos a ella incluso frente a obstáculos que parezcan insuperables y atravesamos las calmas ecuatoriales donde las nubes oscurecen todos los puntos de referencia en el cielo, nos conduciremos a salvo a donde sea que necesitemos ir gracias a la brújula de nuestros corazones. Debemos entonces fijar nuestras mentes en un destino que sea digno de perseguir.

Pero ¿qué hay de verdad digno de ser deseado?

¿Qué desear?

En la cultura actual, la discusión sobre la manifestación se centra sobre todo en la búsqueda de una riqueza extraordinaria y un éxito palpable medido por los estándares de una sociedad materialista. Esa es una distorsión del proceso de manifestación y su potencial más profundo. Tristemente, el poder de la manifestación ha sido hasta cierto punto distorsionado por la falsa narrativa de nuestra cultura, que promete que alcanzar el éxito material llenará una especie de vacío emocional. Sentado en mi mansión con la cabeza entre las manos, aprendí de primera mano que eso no era cierto. De hecho, inherentemente, la manifestación no tiene nada que ver con adquirir posesiones materiales. En cierto modo, visualizar y buscar solo ganancias materiales es un sueño demasiado pequeño. Ahora me parece irónico que, cuando mi yo de doce años imaginó una isla, esta fuera privada, toda mía, y su lujo diera fe de mi gloria personal. En cambio, cuando Nainoa Thompson imaginó Tahití, la isla tenía un profundo significado simbólico, no solo para él, sino para toda su comunidad y linaje. Ambos imaginamos islas, pero eran dos destinos muy diferentes.

Saber con claridad qué deseamos de verdad nos permitirá apuntar nuestra brújula interna en la dirección correcta; sentará las bases para la intención que instalemos conscientemente en nuestro subconsciente. Las necesidades y los deseos evolucionan de una forma concreta cuanto más experimentemos. En la jerarquía de necesidades planteada por el psicólogo Abraham Maslow, primero debemos satisfacer nuestras necesidades físicas básicas de aire limpio, agua potable, alimento, vestido y refugio. Solo cuando se satisfacen estas necesidades básicas podemos concentrar nuestro esfuerzo y atención en otras, en nuestra necesidad de conexión, en las cosas que van más allá de nuestra supervivencia básica, como el hecho de que otras personas están sufriendo. Esa es nuestra realidad. La buena noticia es que la manifestación puede servirte donde sea que te encuentres en la jerarquía de necesidades. Da igual cuál sea tu necesidad, la manifestación puede ayudarte a satisfacerla.

Cuando era niño y vivía en la pobreza, mi objetivo era manifestar las necesidades materiales de mi familia. Usé las mismas técnicas para asistir a la universidad, más tarde a la Facultad de Medicina y también para avanzar en mi vida profesional, mucho antes de pensar en la autorrealización como una meta. Como todos, necesitaba alcanzar cierto grado de estabilidad, prosperidad y dignidad antes de poder dirigir mi atención hacia la realización de mi propósito más elevado en el mundo.

Cuando descubrimos por primera vez la profundidad y la potencia de nuestro propio poder interior para mejorar nuestras vidas mediante nuestras decisiones, puede parecernos algo vertiginoso. Al reconectar con nuestro poder de agencia, podemos abrumarnos al principio con la sensación de ser responsables de todo y empezar a echarnos la culpa por cosas sobre las que tenemos poco o ningún control. Podemos necesitar práctica para calibrar nuestras percepciones y obtener una visión adecuada de nuestro poder interior. En el próximo capítulo abordaremos específicamente cómo superar esos obstáculos, cómo soltar los patrones que ya no nos sirven y aprender otros que nos beneficien.

Por otro lado, reclamar nuestro poder interior puede colmarnos de una sensación de independencia y permitirnos gozar de una nueva sensación de libertad. Quizás nos sintamos alegres y expansivos. El potencial parece ilimitado, y nuestro entusiasmo puede desenfocarnos. Nos apresuramos a perseguir los numerosos sueños, deseos enterrados y visiones que hemos guardado en la mente, y una corriente de imágenes vívidas y cinematográficas fluye por nuestro campo de visión.

Todas las cosas que deseamos, o que nos han enseñado a desear, se abalanzan sobre nosotros. Al parecer, nuestros deseos no son tan claros como habíamos creído. A medida que intentamos ordenar las innumerables imágenes que nos ofrece nuestro cerebro, nos percatamos de que proceden de muchas fuentes: lo que valora nuestra cultura, lo que nuestra familia considera que es digno, lo que nuestros amigos o círculos sociales suelen premiar y, tristemente, lo que nuestras heridas y dolor creen que necesitamos para estar bien, para sentir seguridad. Sin embargo, silenciosamente, entre las interferencias, podemos empezar a percibir los anhelos más profundos de nuestro corazón. Al intentar dar sentido a la multitud bulliciosa de deseos, podemos detectar el desafío de comprender lo que de verdad queremos y lo que de verdad vale la pena perseguir. Estamos ganando claridad sobre nuestra brújula interna.

Como manera de empezar a encontrar sentido a ese conjunto algunas veces enmarañado de deseos y anhelos, sueños y aspiraciones, quizás te resulte útil reflexionar sobre tu idea del éxito. ¿Qué significa de verdad el éxito para ti? ¿Qué forma tiene y cómo se siente? Esta práctica te brinda la oportunidad de analizar y explorar qué tipo de éxito estás buscando.

PRÁCTICA:
¿Qué forma tiene el éxito para ti?

1. Prepárate

A. Encuentra un momento y un lugar para hacer esta práctica sin que nadie te interrumpa.
B. No comiences esta práctica si sientes estrés, tienes otros asuntos que te están distrayendo, has bebido alcohol o consumido drogas recreativas en las últimas veinticuatro horas, o sientes cansancio.
C. Ten un bloc de papel y un bolígrafo cerca.

2. Comienza a relajarte

A. Siéntate en una posición relajada con los ojos cerrados y respira hondo tres veces.

3. Visualiza el éxito

A. Permite que tu mente imagine qué forma tiene el éxito para ti. No te centres en una imagen o pensamiento concretos, sino que, durante algunos minutos, deja que tu mente divague y crea que ya eres una persona exitosa, y piense en lo que eso significa o implica para ti.

4. Escaneo corporal

A. Siéntate con la espalda recta y los ojos aún cerrados, y toma aire tres veces lentamente por la nariz antes de exhalar por la boca. Repite el proceso hasta que esta respiración te resulte cómoda y no te distraiga.

B. Empezando por los dedos de los pies, comienza a relajar los músculos del cuerpo en dirección ascendente hasta la cabeza, sintiendo cada vez más y más comodidad a medida que te concentras en relajar el cuerpo. Descubrirás que, mientras lo haces, te envuelve una sensación de calma y seguridad. Ya no te preocupa que los demás te juzguen o critiquen tus sueños y aspiraciones mientras sigues inhalando y exhalando lentamente.

C. Sientes comodidad y relajación mientras sigues inhalando y exhalando lentamente.

5. Visualiza el éxito de forma más completa

A. Vuelve a pensar en qué forma tiene el éxito para ti. Pero, esta vez, concéntrate más en tu éxito en concreto. Visualízate en esa posición. Obsérvate con la mente representando ese éxito. Intenta imaginar cada detalle mientras inhalas y exhalas lentamente. Explora el éxito con los cinco sentidos: ¿qué aspecto tiene, qué tacto, cómo huele, cómo suena, cómo sabe? Inhala y exhala con lentitud.

B. Ahora que puedes ver todos los detalles, abre los ojos poco a poco y sigue inhalando y exhalando con lentitud, una y otra vez.

C. Sientes relajación y calma.

6. Anota tu imagen del éxito

A. Toma el bolígrafo y el papel y escribe con tus propias palabras durante al menos cinco minutos sobre lo que has visto con la mente sobre tu éxito. Anota todos los detalles que puedas. Pueden ser unas pocas frases o un párrafo, lo importante es que defina el éxito para ti.

B. Ahora simplemente mantén la postura sentada con los ojos cerrados, y toma aire lentamente por la nariz entre tres y cinco veces, exhalando por la boca. Abre los ojos.

7. Repasa lo que has escrito

A. Primero, lee en silencio lo que has escrito.
B. A continuación, léelo en voz alta para poder oírlo.
C. Quédate con esas imágenes de tu éxito durante unos instantes con los ojos cerrados.

8. Aprecia el éxito

A. Siente la relajación y la calma que experimentas en este momento, con la satisfacción de estar manifestando tu éxito.

Te animo a que guardes lo que has escrito sobre el éxito en algún sitio donde lo veas a menudo. Algunas personas lo pegan en la nevera o en sus escritorios; otras, lo doblan y lo llevan consigo en la cartera o en el bolso, y lo leen cuando están haciendo cola. Puedes grabarte leyéndolo y escucharlo cuando te despiertes o antes de irte a dormir. Quizás incluso sientas la inspiración de crear una representación visual del éxito, ya sea en forma de collage con imágenes de una revista, un dibujo o pintura. Como aprenderemos más adelante en el libro, entrenamos nuestro subconsciente para perseguir nuestra visión al emparejarla repetidamente con imágenes en la mente consciente que generen fuertes emociones positivas en el cuerpo.

Y recuerda: nuestra visión del éxito está en constante evolución. Lo que hayas escrito hoy quizás sea una representación precisa de todo lo que de verdad deseas, o podría ser un punto de partida para una vida de refinamiento. El éxito incluso podría parecerte algo vago y difícil de imaginar en este momento. Cuando comencé a manifestar, Ruth me enseñó a imaginar que estaba mirando por una ventana empañada, como si estuviera dentro de un coche cuando hace frío afuera. Mi deseo, en mi caso convertirme en médico, estaba al otro lado de la ventana. Cuanto más practicaba visualizar mi intención, más se despejaba el vaho de la ventana.

Valorar la satisfacción

Mi experiencia de pasar de la pobreza a la riqueza, arruinarme y volver a ser rico me enseñó estrategias para examinar de forma concienzuda el interminable flujo de imágenes ofrecido por nuestros deseos. Cuando empezamos a discernir entre nuestros numerosos deseos, quizás empecemos a oír los anhelos más profundos de nuestros corazones y apreciemos la diferencia entre lo que creemos que deseamos y lo que de verdad necesitamos.

La estrategia clave que propongo es reflexionar sobre un momento de tu vida en el que hayas sentido bienestar, realización, que te cuidaban o que tenías éxito de verdad. Cuando comenzamos a pensar en qué queremos manifestar, en cómo establecer nuestra intención y hacia dónde dirigir nuestra atención, puede ser útil llevar a la mente de vuelta a un momento de nuestras vidas donde sabíamos con el corazón y con nuestra intuición que íbamos por el camino correcto. Eso nos otorgará el poder de calibrar nuestra brújula interna. Pregúntate: ¿cuáles son las cosas que me provocan una sensación de calidez duradera en mi interior? ¿Cuándo sentí profunda satisfacción, completitud y alineamiento?

Quizás fuera un momento en el que estuviéramos rodeados de nuestros seres queridos en un capullo cálido de seguridad y conexión; o absortos en una actividad, en un estado de inmersión completo donde en un abrir y cerrar de ojos se nos hizo de noche; o cuando una persona nos cuidó y protegió con amabilidad, o llevamos a cabo un sencillo acto de generosidad como hacerle la comida a alguien, recoger basura en nuestro parque favorito o sentarnos acompañar a alguien que estaba muriendo sosteniéndole la mano; o la sublime sensación de pequeñez y, al mismo tiempo, de interconexión que sentimos cuando contemplamos una montaña inmensa o el poder incesante de la corriente de un río. Al evocar esos recuerdos en la mente, identifica los detalles sensoriales: los destellos de luz en el agua o los pequeños movimientos en el rostro de un ser querido. Presta también atención a las sensaciones en tu cuerpo: ¿puedes volver a experimentar la calidez, el cosquilleo, la luminosidad, la amplitud?

El valor de este cambio de perspectiva y de reflexionar sobre estas experiencias es que comienzas a conectar con algunas de las emociones poderosas y holísticas que pueden surgir cuando el SNPS se activa: asombro, admiración, interconexión, gratitud e inspiración. Son sentimientos que nos conectan con nuestras identidades más elevadas, nuestro sentido más superior de propósito, y la grandeza de nuestros corazones. A menudo sucede que esos recuerdos positivos contienen detalles de experiencias que fueron no solo gratificantes y satisfactorias en términos personales, sino que también ayudaron a otras personas, familiares, amigos o miembros de colectivos más grandes. Reflexionar sobre esas emociones positivas puede ser un método útil para examinar con detalle la gran cantidad de deseos de nuestra mente y determinar cuáles vale la pena perseguir. Incluso puede que tengamos la sensación de estar trascendiendo nuestra visión limitada de la existencia y de ser capaces de apreciar nuestra unidad con todo.

Si te resulta difícil o doloroso buscar un recuerdo positivo como ese, no te desalientes. Es igual de eficaz crear la imagen con tu mente. A veces tienes que usar la imaginación para experimentar algo por primera vez. Eso nos prepara para vivirlo en la realidad. El poder de la imaginación reside en que, aunque las imágenes que creamos no son reales, las emociones que experimentamos cuando nos entregamos por completo a nuestras visiones sí lo son. Como ya mencioné, el cerebro no distingue entre una experiencia física real y una imaginada con intensidad. Puede ser muy potente darse cuenta de que lo que genera las emociones positivas no son ni los detalles ni el contexto de una experiencia en sí, sino que tanto las emociones, como las hormonas de la felicidad que las acompañan, se pueden producir en el cuerpo.

Lo importante es que las experiencias de emociones positivas elevadas, ya sean imaginadas o recordadas, enseñan al subconsciente a prestar atención. La liberación de neurotransmisores como la dopamina y la serotonina capturan la atención del cerebro, y luego el subconsciente se prepara para buscar experiencias similares en la realidad y perseguirlas con resiliencia.

Christine Wamsler es profesora en la Universidad de Lund en Suecia. Es experta en desarrollo sostenible y en los procesos asociados de transformación interna y externa. Christine argumenta que, al rastrear las raíces de las crisis de sostenibilidad, como la del cambio climático, mediante una narrativa culturalmente arraigada de separación, podemos ver el potencial de la transformación interna a través de la meditación y el desarrollo de la compasión tanto para uno mismo como para los demás, lo que fomenta la conexión externa y la transformación en el mundo. Christine y yo nos conocimos cuando me uní a la junta de asesoría de numerosos proyectos del Programa Contemplativo de Futuros Sostenibles.

Mediante exploraciones personales que implicaban tanto la visualización como la meditación, Christine experimentó de primera mano la importancia de crear emociones positivas. Durante varios años, su motivación y objetivo internos eran aliviar el sufrimiento y apoyar un mundo más sostenible y justo a través de una comprensión científica de la mente. Desafortunadamente, su transformación interna fue impedida por las estructuras institucionales y políticas actuales, que luego obstaculizaron su capacidad de crear una transformación externa.

En un principio, ella no contaba con financiamiento para esa trabajo. La hija adolescente de Christine le ofreció veinte euros de sus ahorros para apoyarla, y ese gesto conmovió a Christine y la inspiró a utilizar su poder interior para perseguir su objetivo. Entonces, cada noche antes de ir a dormir, decidió visualizar que un colega entraba en su oficina y le informaba de que había recibido apoyo financiero para su trabajo. Se imaginaba compartiendo su felicidad con sus colegas y celebrando con su familia, contemplando sus rostros sonrientes y ojos brillantes, y luego conectaba de manera consciente con las emociones positivas en su corazón. Como resultado, entraba en un estado de flujo y experimentaba una profunda sensación de bienestar y satisfacción.

Christine recuerda que las visualizaciones la hicieron sentir tan feliz y emocionada que comenzó a tener dificultades para dormir, hasta el punto de tener que empezar a practicar más temprano en el día. Las emociones positivas enviaban la señal poderosa a su subconsciente de que conseguir financiación era algo profundamente importante, ya que financiaría una investigación que tendría un impacto significativo en la sociedad. En cuestión de pocas semanas, recibió múltiples subvenciones para apoyar su trabajo, seguidas de otra subvención para su Programa Contemplativo de Futuros Sostenibles. Cuanto más somos capaces de dirigir nuestra atención a nuestra intención deseada, mediante una fuerte asociación emocional positiva, más profundamente comunicamos la relevancia de nuestra intención a nuestro subconsciente, que es nuestro aliado más poderoso a la hora de cumplir con nuestra meta. Cuanto más cerca se encuentre tu brújula interna del anhelo en tu corazón, más sencillo será evocar las emociones positivas elevadas al reflexionar sobre ello.

El poder de la emoción positiva

Las emociones positivas activan el sistema de recompensas de nuestros cerebros y, por lo tanto, mantienen nuestra brújula interna enfocada en nuestra intención. También nos ayudan a liberarnos de la prisión de antiguos patrones creados por nuestro entorno y acciones previas. Una de las formas más poderosas de transmitirle a nuestro subconsciente el valor de una intención es asociándola con una fuerte emoción positiva experimentada en el presente. Cuanto más vívida sea la visualización de nuestra intención, más intensa será nuestra experiencia a nivel emocional. Cuanto más intensa sea la experiencia a nivel emocional, más posibilidades tendrá de capturar y mantener nuestra atención y de alertar al cerebro de prestarle atención en el futuro.

Una de las formas que tiene el cerebro de clasificar información es mediante un proceso denominado etiquetado de valor. El etiquetado de valor forma parte de la red de relevancia y determina la importancia de la información que entra en nuestro cerebro: el contenido emocional en relación con nuestro sentido de pertenencia, la fortaleza de nuestros vínculos y conexión con los demás, y el significado de la vida, así como nuestro funcionamiento fisiológico y nuestra supervivencia inmediata. Una intensa emoción positiva señala a nuestro subconsciente que la intención es muy significativa y merece ser cultivada mediante nuestro comportamiento. Por esa razón, cuando practicamos la visualización, resulta esencial que, además de imaginar las circunstancias físicas de alcanzar nuestra meta o intención en detalle, conectemos con nuestro corazón y experimentemos la alegría, celebración, satisfacción y conexión en nuestros cuerpos en el momento presente.

El cambio en el pH emocional de tu consciencia, por decirlo de alguna manera, es lo que envía mensajes al cerebro para transformar tu *hardware* y así priorizar experiencias futuras que generen emociones positivas similares en el futuro. De dónde procedan las emociones en realidad no importa, siempre y cuando puedas producirlas, reconocer su importancia y tomarte el tiempo de disfrutarlas. Le estás enseñando a tu cerebro a percibir y familiarizarse con sentimientos de un profundo y auténtico bienestar, y sentir esas emociones es lo que le indica al cerebro que puede formar un nuevo circuito neuronal. Las emociones positivas incrementan la relevancia en torno a una experiencia y le enseñan al cerebro que experiencias como esas son importantes y dignas de perseguir. Por lo tanto, se convierten en la brújula, o la estrella polar, hacia donde dirigir tu intención.

Acceder al poder de la imaginación es uno de los beneficios cruciales de incrementar el tono del SNPS. Cuando el SNPS está activo, las áreas de control ejecutivo del cerebro están empoderadas para tomar decisiones que no son automáticas, sino una integración de todas nuestras experiencias previas, que forman una imagen holística dentro de nuestra consciencia. Y así es cómo te vuelves creativo: al tener acceso al material abundante y crudo de tu pasado recordado, de tu experiencia presente y de las posibilidades imaginadas, tu mente es libre de recombinar el material para sintetizar una imagen, secuencia o patrón nuevo que puedas seguir.

Con su fijación en los peligros pasados y futuros, el SNS apaga eficazmente nuestra imaginación positiva y eso hace que perdamos de vista lo que podría o puede ser posible, en especial en términos de mejorar nuestras vidas y experimentar una mayor conexión, satisfacción y bienestar. Sin el poder de nuestra imaginación, y sin una mente curiosa, flexible y abierta para valorar sus visiones, carecemos del mismo motor que nos puede hacer salir del círculo vicioso de la experiencia e identidad negativas.

Para evitar quedar atrapados en antiguos patrones por nuestro entorno o hábitos condicionados, debemos ser capaces de brindarnos una experiencia interna que sea vívida, emocionalmente elevada y que revista la atemporalidad suficiente para derribar la adicción emocional que nos ha mantenido estancados. Ya no debemos limitarnos por lo que los demás dicen que podemos y no podemos hacer. Es el poder e incluso el encanto de las emociones positivas, evocadas por experiencias positivas imaginadas con intensidad y arraigadas en la brújula de nuestros corazones, lo que nos guiará hacia la salida. Es en ese momento cuando podemos comenzar a actuar para crear esas experiencias en la realidad.

A medida que practicamos la visualización de nuestro resultado deseado una y otra vez, nuestra intención de experimentar el cumplimiento de nuestros deseos le está brindando a nuestra atención (y por lo tanto a nuestro subconsciente) cierta velocidad para influir en el resultado. Esta es una práctica comprobada que los atletas, que ensayan mentalmente la ejecución exitosa de una habilidad antes de un gran partido o campeonato, llevan años utilizando. Las investigaciones han demostrado que incluso pensar en una acción, como desarrollar la musculatura, puede tener como resultado un incremento medible de la masa muscular, y pensar en practicar piano puede mejorar de forma tangible el desempeño de un músico, haya practicado con el piano o no.[3, 4]

La paradoja es que, mediante ensayos y visualizaciones mentales, nos estamos «recordando» la sensación que nos proporcionará el resultado positivo cuando lo experimentemos en un momento futuro. Nuestras mentes literalmente irán de regreso al futuro.

PRÁCTICA:
Evocar una emoción positiva

1. Prepárate

A. Encuentra el momento y el lugar para hacer esta práctica sin que nadie te interrumpa.
B. No comiences esta práctica si sientes estrés, tienes otros asuntos que te están distrayendo, has bebido alcohol o consumido drogas recreativas en las últimas veinticuatro horas, o sientes cansancio.
C. Ten un bloc de papel y un bolígrafo cerca.

2. Piensa en emociones positivas

A. Antes de empezar, siéntate en una postura relajada con los ojos cerrados y piensa en un momento o momentos en los que hayas sentido felicidad, alegría y realización.

B. No te centres en una imagen o pensamiento concretos, deja vagar tu mente, piensa en experiencias de tu vida en las que hayas sentido seguridad y protección y que hayan hecho que sientas relajación, calma, felicidad y realización.
C. Permanece con esos sentimientos durante unos minutos. Si crees que no has tenido ninguna experiencia similar, simplemente imagina la sensación.

3. Escaneo corporal

A. Siéntate con la espalda recta y los ojos aún cerrados e inhala lentamente tres veces por la nariz y exhala por la boca. Repite el proceso hasta que esta respiración te resulte cómoda y no te distraiga.
B. Empezando por los dedos de los pies, comienza a relajar los músculos del cuerpo en dirección ascendente hasta la cabeza, sintiendo cada vez más comodidad mientras te concentras en relajar el cuerpo. Descubrirás que, al hacerlo, te envuelve una sensación de calma, y te sientes a salvo. Notas una sensación de calidez y aceptación, y ya no te preocupa que los demás te juzguen o critiquen tus sueños y aspiraciones mientras sigues inhalando y exhalando lentamente.
C. Sientes comodidad y relajación mientras sigues inhalando y exhalando lentamente. Es posible que surjan pensamientos que parezcan negativos; simplemente reconócelos con amabilidad sin apegarte a ellos y recupera el objeto de tu atención.

4. Reflexiona sobre sentir seguridad

A. Recuerda una vez más la sensación de seguridad. A muchas personas, esto les evoca pensamientos de su madre o de un ser querido conteniéndolas o abrazándolas. Una sensación de estar protegidas. Una sensación de calidez y libre de preocupaciones.
B. Si no puedes acceder a esta clase de sentimientos con la memoria, no te preocupes. Utiliza tu imaginación para evocar

imágenes que te brinden sensaciones de calidez, seguridad y cuidado incondicional. Puedes visualizarte recibiendo consuelo de figuras espirituales o animales, o simplemente del latido del corazón de la vida en sí misma.

5. Evoca sentimientos positivos

A. Ahora céntrate más, mientras sigues en este estado, en los pensamientos positivos sobre ti, en los atributos que te gustan o en los momentos en los que tú mismo hayas ofrecido amor, cuidado y protección a otra persona.
B. Sientes una alegría profunda y te invaden emociones positivas mientras inhalas y exhalas con lentitud. Sientes que te envuelven, y te das cuenta de que tu alegría y satisfacción emergen porque te están conteniendo y protegiendo, y porque tú también ofreces lo mismo a otra persona.
C. Obsérvate con la mente mientras experimentas felicidad, satisfacción, calidez y amor. Amor por ti. Amor que entregas a otros sin esperar nada a cambio. Intenta imaginar cada detalle mientras inhalas y exhalas lentamente.

6. Profundiza en los sentimientos positivos

A. Inhala y exhala lentamente. Obsérvate recibiendo y dando amor. Siente cómo afectan a tu cuerpo las sensaciones de felicidad, alegría y satisfacción. Siente cómo se ralentiza el ritmo de tu corazón, cómo esa respiración lenta ahora parece natural. Siente que las emociones negativas te abandonan y son sustituidas por pensamientos positivos y sentimientos sobre ti, tu lugar en el mundo y lo que tú ofreces a los demás.
B. Permanece con esos detalles. Sumérgete con esos sentimientos, y sigue inhalando y exhalando con lentitud.
C. Sientes relajación y calma.

7. Anota tu experiencia

A. Toma el bolígrafo y el papel y con tus propias palabras escribe durante al menos cinco minutos acerca de lo que has visto en la mente sobre las emociones positivas al respecto de quién eres, qué habilidades tienes y cómo estas afectan a los demás de manera positiva.

B. Mientras piensas en estas emociones, sientes seguridad, calma y eres capaz de sentir en lo profundo de ti que eres capaz de todo.

C. Escribe todos los detalles que puedas. Pueden ser unas pocas frases o un párrafo, lo único que importa es que estás definiendo para ti qué significa el poder de cuidar, de proteger, y cómo, al hacerlo, eso afecta tu cuerpo.

D. Ahora solo quédate en posición sentada con los ojos cerrados, y lentamente toma aire entre tres y cinco veces por la nariz y exhala por la boca.

8. Repasa tu experiencia

A. Abre los ojos. Primero, lee en silencio lo que has escrito.

B. A continuación, léelo en voz alta para poder oírlo. Permanece con esos pensamientos sobre el poder del cuidado y de la protección durante algunos instantes con los ojos cerrados.

C. Ahora piensa en cómo ese cuidado y protección te hacen sentir a salvo.

9. Instala tu experiencia

A. Siente la gran relajación y calma que sientes con la satisfacción de que eres una persona amada y capaz de brindar ese amor no solo a ti, sino a los demás y, al hacerlo, crear una imagen profunda y positiva de ti. Conecta conscientemente esas emociones con tu brújula interna.

B. Es esa brújula interna en un estado de paz la que le enseña a tu subconsciente qué es importante y crea el entorno interno que te permite manifestar tus deseos y anhelos más importantes.

Dos tipos de felicidad

Filósofos, maestros espirituales y científicos han identificado dos formas de bienestar: la hedónica y la eudaimónica. El bienestar hedónico, lo que a menudo denominamos «felicidad», es transitorio y se caracteriza por buscar el placer y evitar el dolor, mientras que el bienestar eudaimónico se centra más en la plenitud, en alcanzar el propio potencial, en contribuir a la comunidad y es, en última instancia, más duradero. El debate sobre cuál de estos dos tipos de bienestar contribuye más a una vida de auténtica felicidad ha sido objeto de acaloradas discusiones durante siglos. En la antigua Grecia, el filósofo Aristipo enseñaba que el objetivo de la vida era experimentar la máxima cantidad de placer, y que la felicidad es la suma de los momentos en que se experimenta, mientras que Aristóteles argumentaba que el bienestar se encontraba en hacer las cosas que valen de verdad la pena. Aunque estos dos tipos de felicidad estén relacionados y a menudo se superpongan, pueden diferir marcadamente, y sus diferencias tienen implicaciones profundas en nuestro comportamiento, relaciones, salud física y longevidad.

En 2013, un grupo de psicólogos hizo una encuesta a casi cuatrocientos adultos en busca de correlaciones entre sus niveles de felicidad y plenitud en numerosos aspectos de sus vidas, incluidos el comportamiento, las emociones, las relaciones personales, la salud, los niveles de estrés, sus vidas laborales y sus actividades creativas.[5] Descubrieron que, a pesar de que una vida feliz y una plena a menudo están relacionadas, no van necesariamente de la mano, y emplearon el análisis estadístico para distinguir entre los dos tipos de bienestar. Hallaron que la plenitud (separada de la felicidad) no está ligada de forma inherente a estándares sociales, como la comodidad y la riqueza, mientras que la felicidad (separada de la plenitud) sí lo está. También identificaron importantes diferencias entre una vida repleta de placer y una vida plena.

La felicidad tiende a centrarse en el aquí y ahora, mientras que la plenitud nace de la reflexión sobre la relación en perpetua evolución entre pasado, presente y futuro. Como ya se ha mencionado, la felicidad suele experimentarse como transitoria, mientras que la satisfacción y la plenitud tienen una duración más prolongada. La felicidad de sentirse bien a menudo se asocia con el comportamiento individualista de «tomar», en tanto que una idea de plenitud en general procede del comportamiento generoso de «dar». Mientras que la felicidad depende de una sensación de comodidad, tranquilidad y conveniencia, las vidas plenas suelen incluir una cantidad sorprendente de experiencias difíciles e incluso estrés, preocupación y ansiedad. Y, por último, expresarse de forma creativa y considerar importante la identidad personal, cultural y de comunidad son aspectos asociados con una vida plena, pero no con la felicidad.

Muchas personas buscan conseguir nuestra imagen cultural materialista de la «felicidad» en forma de bienestar hedónico o de satisfacción de todos sus deseos. En la mayoría de los casos, esa búsqueda fracasa a la hora de generar la sensación de una buena vida a largo plazo. Y, aunque es cierto que debemos tener nuestras necesidades básicas cubiertas antes de ser capaces de buscar significado y propósito, a partir de cierto punto las satisfacciones de los placeres físicos terminan desvaneciéndose. Por lo tanto, la salud, la prosperidad financiera y la comodidad en la vida incrementan en última instancia el bienestar hedónico, pero no la plenitud. Para la mayoría de nosotros, solo una vida de satisfacción eudaimónica, que implique significado, propósito y servicio a algo que experimentamos que está por encima de nosotros es la definición de una verdadera y continua felicidad.

Las diferencias entre estos dos tipos de bienestar están a menudo grabadas en nuestras células.[6] En un estudio, los investigadores Barbara Fredrickson y Steven Cole analizaron los niveles autopercibidos de felicidad y plenitud en ochenta y cuatro participantes diferentes. Para medir el sentimiento de felicidad, hicieron preguntas como: «¿Con qué frecuencia te sientes feliz?», «¿Cada cuánto sientes satisfacción?» y «¿Con qué frecuencia sientes interés por la vida?». Cuanto mayor era la frecuencia de los sentimientos de bienestar hedónico, más alta era la puntuación en felicidad. Para medir su percepción de una vida plena, los investigadores hicieron una serie de preguntas para examinar el interés de los participantes en cosas más importantes que ellos mismos. Hicieron preguntas como: «¿Con qué frecuencia sientes que tu vida se encamina en una dirección concreta?», «¿Con qué frecuencia tienes experiencias que te obligan a crecer y a ser mejor persona?» y «¿Con qué frecuencia sientes que contribuyes a la sociedad?».

Una vez registraron los niveles de felicidad y plenitud de cada participante, los investigadores analizaron cómo se expresaban ciertos genes en sus cuerpos. Cole, investigador genético, había identificado previamente expresiones genéticas concretas asociadas con numerosas adversidades crónicas. Experiencias como el duelo por la pérdida de un ser querido, los problemas económicos, la soledad o los conflictos bélicos hacen que el cuerpo entre en modo de lucha, huida o parálisis, el patrón del sistema nervioso que refleja amenaza, separación y desconexión. Cuando el cuerpo permanece atrapado en una sensación de amenaza, se desencadena un patrón genético que posee dos características distintivas: los genes responsables de la inflamación incrementan su actividad, mientras que los genes implicados en las respuestas antivirales reducen su funcionamiento. En otras palabras, cuando un cuerpo anticipa adversidad y aislamiento, se prepara para afrontar infecciones bacterianas, mientras que, cuando se encuentra bien y se siente conectado socialmente, se prepara para afrontar virus.

Este patrón genético muestra la huella de nuestra historia evolutiva: los primeros humanos que sufrieron soledad y los efectos nocivos del aislamiento eran más propensos a sufrir infecciones bacterianas en sus heridas. Sin embargo, cuando nuestros ancestros estaban en el contexto social de su tribu o grupo, eran más propensos a contraer virus contagiados por el contacto prolongado con muchas personas distintas. Nosotros seguimos cargando con este legado genético, que se relaciona de manera directa con el debate sobre el bienestar.

Cuando los investigadores examinaron los genes de los participantes, hicieron un descubrimiento fascinante. Las personas que manifestaban altos niveles de felicidad, pero poca o ninguna plenitud tenían el mismo patrón genético que el expresado por las personas que sufren una adversidad crónica, como un duelo o sensación de soledad. Sus cuerpos, aunque disfrutaban con frecuencia de experiencias de placer físico, estaban genéticamente predispuestos a la inflamación. Desde el punto de vista evolutivo, las experiencias placenteras carentes de significado, ya procedan del alcohol, las drogas, el sexo casual o de dar al botón de compra en una página web, hacen que el cuerpo sienta que se enfrenta a una adversidad crónica. Hoy en día, la inflamación está asociada con numerosas enfermedades, como las cardiacas o muchos cánceres. Y, sin embargo, el 75 por ciento de los participantes dijeron sentir una alta felicidad y una sensación de plenitud baja, mientras que solo el 25 por ciento manifestaron una «predominancia eudaimónica», el sentimiento de que tenían más plenitud en sus vidas que felicidad.

Aunque muchas culturas prósperas de la actualidad valoran el bienestar material por encima de todas las cosas, los beneficios para la salud de una vida plena resultan innegables. Los participantes que tenían un fuerte sentido del propósito, aunque no sintieran una felicidad hedónica, evidenciaban una expresión genética asociada con la desactivación de su respuesta al estrés y de los procesos inflamatorios. En vez de prepararse para las infecciones bacterianas a las que se enfrentaban nuestros ancestros cuando debían atender sus heridas en soledad, sus sistemas inmunitarios habían cambiado para combatir los virus que proceden de convivir en tribu y de experimentar una amplia variedad de conexiones sociales. Sus cuerpos mostraban esa diferencia. Podemos ver en este fenómeno un eco genético de la variabilidad de la frecuencia cardiaca: el corazón que late de manera dinámica como respuesta a la sensación de conexión con otros produce una coherencia que mejora el bienestar físico y mental de forma medible; en cambio, el corazón que se siente desconectado late con rigidez siguiendo su propio ritmo aislado, lo que conduce a una salud cardiovascular y respiratoria pobre y al desarrollo de otras enfermedades.

Deberíamos tener en cuenta estos descubrimientos cuando reflexionamos sobre nuestras propias ideas del éxito. Cuando identificamos un deseo, podemos preguntarnos: «¿Qué anhelo hay detrás de esto?», «Está este deseo en sintonía con mi bienestar más profundo?», «¿Contribuye este deseo a la vida que me rodea y me conecta con los demás?», «¿Cómo habita este deseo en mis células?», «¿Cuáles podrían ser los efectos a largo plazo sobre mi bienestar físico, mental y emocional?».

A medida que comencemos a manifestar nuestra intención, es probable que debamos enfrentarnos a la indecisión y al temor, o nos sintamos impostores. Esa es la respuesta mental natural a cualquier encuentro con lo desconocido. Cuando creemos que no tenemos el poder para cambiar nuestra situación, nos vemos atrapados por los hábitos subconscientes de una mente anclada en el miedo. Esas creencias negativas sobre nosotros y nuestro mundo limitan las posibilidades que vemos para nuestro futuro; al limitar nuestras visiones de nosotros mismos, esas creencias ciertamente determinan a qué deseos tenemos acceso y nos fuerzan a conformarnos con las migajas o decisiones que no percibimos como auténticas. Si nos creemos incapaces de conseguir algo o no merecedores de ello, es doloroso seguir deseándolo. Por eso, seguiremos adelante con el paso tres: elimina los obstáculos de tu mente, donde analizaremos con más detalle los obstáculos y falsas creencias que emergen al manifestar y cómo podemos trabajarlos con una mirada compasiva.

5. Paso tres:
Elimina los obstáculos de tu mente

«La mente debe emanciparse de antiguos hábitos, prejuicios, procesos de pensamiento restrictivos e incluso del pensamiento común en sí mismo».[1]

Bruce Lee

Cuando tenía doce años viajé a los reinos superiores de la atmósfera. Desde mi cama.

Cada semana, mi hermano y yo salíamos de nuestro apartamento y seguíamos las vías del tren durante dos o tres kilómetros hasta llegar a la calle donde estaba la biblioteca pública. La gravilla crujía bajo nuestras zapatillas deportivas mientras la neblina del calor del sur de California brillaba sobre las vías de acero. Agradecidos por el aire acondicionado de la biblioteca, recorríamos las estanterías y luego tomábamos prestado el máximo de diez libros cada uno y los cargábamos todo el camino de vuelta por las vías para leerlos en la habitación que compartíamos. Aunque cada uno tenía su propio camino (mi hermano estaba descubriendo su talento como artista visual y explorando su identidad como adolescente gay), yo seguía agradeciendo el tiempo que aquel ritual nos daba para estar juntos, y recuerdo el placer que sentía al caminar por las vías un poco por detrás de él, nuestros brazos cargados con nuestros últimos tesoros.

Un verano, cuando ya me había leído todos los libros protagonizados por los Hardy Boys y Sherlock Holmes, me topé con la estantería de espiritualidad de la biblioteca y me sumergí en los relatos de experiencias místicas del clarividente Edgar Cayce, los grandes yoguis Yogananda y Swami Vivekananda, y Paul Twitchell, el fundador del movimiento religioso llamado Eckankar, que me enseñó que era posible experimentar el alma fuera del cuerpo físico. Por último, descubrí al maestro místico estadounidense de origen peruano Carlos Castaneda, y leí su primer libro, *Las enseñanzas de Don Juan: una forma yaqui de conocimiento*.

Desesperado por escapar de la angustia de mi vida familiar, me intrigó la promesa de trascender el entorno limitado y doloroso en el que vivía. Sin un guía sabio que me orientara, empecé a experimentar con las prácticas de «viajes del alma» y experiencias extracorpóreas. Una noche me acosté, hice una práctica de respiración e intenté viajar con mi alma a otros planos de la realidad. Al principio, no pasó nada. Luego, con una mezcla de deleite e inquietud, sentí que mi consciencia se elevaba fuera de mi cuerpo. Flotó hacia el alféizar por encima del batallón de figuras de plástico verde G. I. Joe, salió por la ventana y se elevó hacia las ramas del árbol de afuera, donde me senté para mirar mi cuerpo acostado en la habitación. La sensación de estar en dos sitios al mismo tiempo, de experimentar dos yoes simultáneos, me dio miedo y a la vez fue emocionante, porque parecía ofrecerme un camino hacia la libertad e independencia que yo anhelaba. Me habría maravillado saber que, dieciséis años después, la CIA escribiría un informe oficial sobre la aplicación de tales experiencias cuyo propósito era que equipos de agentes salieran de sus cuerpos simultáneamente y enviaran sus consciencias por separado a todo el mundo para espiar proyectos militares soviéticos de alto secreto en nombre de la seguridad nacional.[2] Pero, en ese momento, yo creía que era el único.

El periodo de vida que va desde la infancia temprana hasta la primera edad adulta es cuando se desarrolla el ego, y ahora veo que yo estaba explorando la fortaleza interna y los recursos que me permitirían desenvolverme en el mundo exterior. Mediante esos viajes con mi consciencia e imaginación, estaba experimentando por primera vez con el poder de la manifestación.

Motivado por mi éxito con las experiencias extracorpóreas, me sentí empujado a desafiarme e ir más allá, y comencé a experimentar con visitar lo que yo creía que eran otros niveles de existencia mediante lo que algunas personas denominaban «proyecciones astrales». Oculté mis viajes a todos, incluido mi hermano, de modo que no tenía maestro ni mentor que me guiara ni me aconsejara ir más despacio. Un día, en lugar de detenerme en el árbol que había afuera de mi ventana o en algún punto de referencia físico en la Tierra, salí de mi cuerpo y me elevé por la atmósfera hasta llegar tan alto que ya no podía ver mi cuerpo en la habitación. La primera etapa fue de oscuridad total y, cuando dejé de ser consciente del mundo de abajo, me di cuenta de que podía moverme en la oscuridad y viajar a lugares más lejanos. Visité niveles envueltos del todo en neblina y comencé a notar que en algunos lugares sentía una increíble sensación de amor y conexión, y en otros sucedía completamente lo opuesto: tenía la sensación de que había numerosos espíritus amenazadores y malvados flotando allí. Era como si estuviera moviéndome en una habitación repleta de humo denso, donde no podía identificar ninguna forma, pero sí sentir presencias malignas que se me acercaban.

Como no tenía un guía que me explicara lo que estaba sucediendo, a menudo esos viajes me resultaban aterradores. Me despertaba y me sentía como si estuviera paralizado, con una presión en el pecho que me impedía respirar, y sentía el gran temor de que uno de esos espíritus se adueñara de mi alma. A veces gritaba aterrorizado y despertaba a mi hermano, que asumía que solo estaba teniendo una pesadilla. Hoy en día, podríamos argumentar que estaba teniendo lo que se conoce como alucinación hipnagógica, una experiencia perceptual pasajera que sucede durante la transición de la vigilia al sueño, donde se desvanece la consciencia del entorno, pero la actividad del tronco encefálico sigue su curso. Lo que no sabía entonces es que esas experiencias me estaban brindando mi primera lección sobre cómo trabajar de manera consciente con la amígdala, la parte del sistema límbico que se encarga de regular las emociones como el miedo y la ansiedad, y que actúa como el primer controlador del cerebro a la hora de manifestar.

Mis viajes se hicieron tan aterradores que dejé de intentar cualquier práctica mental extracorpórea durante varios años. Comencé a procesar las experiencias atemorizantes, y a conectar con esa parte de mí que hacía que la experiencia diera tanto miedo. Finalmente, sentí la suficiente confianza para intentar viajar de nuevo y, cuando regresé a la práctica, un poco más mayor y fuerte, me elevé una vez más hacia los reinos superiores y me desplacé por espacios densos con una neblina humeante. Recuerdo que volví a sentir la presencia de los «espíritus malvados», pero mi reacción ante ellos fue distinta. Esta vez, comprendí de manera intuitiva que la manifestación de esas entidades procedía de mi propia vulnerabilidad a las sombras de mi interior: mi temor a lo desconocido, y la agresión que se manifestaba en forma de desesperanza, y mi intento de proteger mi supervivencia. En esencia, comprendí que temía mi propio temor.

Aplicando la compasión, entendí que, cuando se acercaba la presencia amenazante, en realidad estaba reconociendo a mi «sombra», como diría Jung. Podía escoger entre la resistencia y la aceptación. En ese momento, la presencia maligna en el interior de la habitación repleta de neblina que me había aterrorizado, simplemente se me acercó, y yo la absorbí y dejé de temerla. Cuando dejé de resistirme, ya no sentí temor, lo que me permitió integrarla y me otorgó el conocimiento de que, aunque formaba parte de mí, no tenía que permitirle tomar el control de mi vida. También reconocí que, en algún punto, me había ayudado a sobrevivir.

Hoy considero esa experiencia una clave para toda mi práctica de manifestación, ya que comencé a aprender cómo trabajar con la amígdala. Con el tiempo, podemos aprender a aceptar que la amígdala nos acompañará en nuestros caminos, que hará su trabajo para protegernos y cuidará de nuestra supervivencia física, pero no necesitamos dejar que tome decisiones por nosotros. En concreto, no debemos dejar que escoja hacia dónde dirigimos nuestra atención. Como veremos en los próximos capítulos, la práctica de manifestación reside en nuestra capacidad de dirigir nuestra atención hacia los objetos de nuestra intención (atención selectiva) y alejarla de objetos y experiencias que la distraen. Dirigir nuestra atención de forma consciente hacia donde nosotros escojamos es la clave de nuestro poder interior. Cuanto más desarrollemos la habilidad de aprender a observar nuestra experiencia sin activarnos emocionalmente, más habilidad tendremos para dirigir y mantener nuestra atención en las cosas que deseamos manifestar.

Cuando nos resistimos a sucesos, ya sean físicos o emocionales, nuestra resistencia estimula la amígdala. La amígdala está muy involucrada en nuestra red de relevancia (SN), un conjunto de regiones en el cerebro que deciden qué estímulos merecen nuestra atención. La SN filtra constantemente la información que entra por nuestros sentidos y haciendo juicios rápidos sobre qué es más importante procesar y a qué debemos responder. Como parte del sistema límbico, la amígdala tiene el poder de redirigir de inmediato todos nuestros recursos cognitivos para centrarnos exclusivamente en nuestra supervivencia física. Cuanto más temor depositemos en un suceso, más le estamos diciendo a la amígdala que la relevancia del suceso es muy alta y muy amenazante; y, cuanto menos temor demostremos, menos activada estará la relevancia de la amenaza, lo que liberará nuestra atención para redirigirla a voluntad.

El sesgo de la negatividad

Para decirlo en términos sencillos, si queremos manifestar con éxito, debemos bajar el volumen de la voz de nuestra mente que nos dice que no podemos hacerlo. Para liberarnos de ese crítico interno, antes debemos comprender en qué consiste en realidad y qué función cumple en nuestra consciencia.

El poder de nuestro crítico interno se ve claro al revisar el papel que tiene el SNS, que está sobre todo en nuestro tronco encefálico, es la parte más antigua de nuestro cerebro, y ha estado presente en nuestros ancestros humanos durante millones de años. En esencia, su función era mantenernos vivos en nuestro nicho original, por eso se asocia con nuestra supervivencia como especie y, por ello, está profundamente arraigado y enraizado en nosotros. Al haber sido la antigua clave para nuestro éxito como vida orgánica, el SNS sigue presente en nosotros actualmente como una fuerza principal de nuestro subconsciente, dirigiendo acciones que cree que son beneficiosas para nuestra supervivencia. En otras palabras, la evolución, en general, no descarta, sino que incluye. Y, aunque los atributos del SNS fueron útiles cuando nuestra especie vivía en la sabana africana, en la sociedad moderna se convierten, para muchos, en un diálogo mental negativo permanente. En cierto modo, la negatividad es el primer lenguaje de nuestra especie, y debemos aprender, poco a poco y con cuidado, a hablar uno nuevo.

El problema es que, aunque el SNS protegía antes nuestros cuerpos de peligros físicos inmediatos, nos ha acompañado hasta el mundo moderno y ahora intenta proteger nuestro sentido del yo de los innumerables miniataques de nuestra realidad interconectada. Aunque antes la respuesta de lucha nos ayudaba a defendernos de un tigre amenazante, ahora hace que luchemos contra las partes de nosotros mismos que creemos que no están a la altura, lo que desencadena emociones de vergüenza que nos sobrepasan y la sensación de no ser lo suficientemente buenos. El volumen del crítico interno y su sensación de amenaza relacional («¿Qué pensarán los demás?», «¿Quién te crees que eres?») se manifiesta ahora en forma de una mala adaptación crónica; ha sufrido una desafortunada metamorfosis para convertirse en el crítico interno que todos conocemos bien. Lo que nos resulta especialmente complicado a quienes practicamos la manifestación es el sesgo de negatividad, un sistema de etiquetado de valor que hace que las advertencias de peligro tengan más relevancia en nuestras mentes para que les prestemos atención. Desde el punto de vista del SNS, la positividad no sirve a la supervivencia, así que no merece el mismo grado de atención que una amenaza. Por eso la mayoría de las noticias se centran en lo negativo y no en lo positivo.

Uno de los efectos secundarios de nuestro camino evolutivo es que, en el proceso de convertirnos en quienes somos como especie, nuestra mente puso el diálogo interno negativo a la misma altura que los peligros reales. Por lo tanto, debido a lo que es en esencia un error de nuestro sistema de archivos, nuestros comentarios negativos se quedan con nosotros y destacan de manera desproporcionada en la mente. A medida que nuestra inteligencia como especie aumentó, el sesgo de negatividad tomó el control de nuestra mente pensante, y después empezamos a hacer comparaciones y conexiones que no son en realidad válidas. Si nos decimos: «No puedo hacer esto» o «Tengo miedo de aquello» o «Dios, si hago esto, habrá tal y tal y tal consecuencia», estas son, hasta cierto punto, actitudes protectoras. Sin embargo, si se llevan al siguiente nivel, que es: «Bueno, no puedo hacer nada. No valgo lo bastante como persona», dejan de serlo.

Lo que comenzó como un mecanismo básico de supervivencia ha mutado en una identidad personal, como si lo que percibimos como nuestros errores fuera algo innato y estuviera fuera de nuestro control. De hecho, lo que sucede es que nuestro cuerpo y mente se han hecho adictos a las poderosas emociones negativas del temor, la ansiedad y la desesperanza, que en algún momento estuvieron asociadas con la autoprotección. Por lo tanto, nuestra adicción al temor y a un sentido limitado del yo se han fusionado hasta tal punto que las experimentamos como aparentemente inseparables. Como resultado, se diría que hemos creado una prisión para nosotros mismos que limita nuestra agencia.

Cada vez que creemos las afirmaciones negativas de nuestro crítico interno, estamos poniendo un ladrillo más en los muros de nuestra prisión autoconstruida. Y, cuantas más declaraciones de ese estilo hagamos, más altos se hacen los muros y más oscura la prisión. De hecho, los muros comienzan a cerrarse sobre nosotros cada vez que nos creemos cada cosa negativa que nos decimos sobre nosotros y, al hacerlo, renunciamos a la agencia para manifestar el cambio. Hemos entregado todo a esa voz que pensábamos que significaba algo cuando en realidad no significaba nada en absoluto. Hemos cedido nuestro poder a ese crítico interno.

A modo de ejemplo, estaba dando una conferencia sobre el síndrome del impostor a un grupo de ejecutivos del sector de la salud cuando una mujer de cincuenta y tantos se puso de pie. Estaba llorando. Con voz temblorosa, dijo: «Mi padre me dijo que nunca llegaría a nada y tuve que demostrar que estaba equivocado». Ahora es enfermera, tiene un doctorado en enfermería y ocupa un puesto ejecutivo; sin embargo, las palabras de su padre habían pesado sobre ella toda su vida. Una experiencia de la infancia tan negativa ciertamente puede ser un fuerte impulsor de nuestro comportamiento, que a menudo es doloroso y nocivo para la salud. Ese es el poder de las narrativas negativas que se entrometen en nuestras cabezas. Piensa en cuántas personas acaban destruidas por estas afirmaciones y nunca pueden desplegar todo su potencial. Algunos cargamos con esas historias durante toda nuestra vida; logramos tener una carrera «exitosa» y, sin embargo, nos sentimos vacíos y no realizados porque no podemos escapar de ese diálogo interno negativo.

Compara las palabras del padre de esa mujer con las que otro padre le diría a su hijo: «Escucha, te quiero. Eres una de las personas más inteligentes que conozco. Con tu determinación, perseverancia e inteligencia puedes lograr cualquier cosa. Estoy orgulloso de ti, y no tengo duda de que serás capaz de hacer lo que sea que desees. Quiero que sepas que siempre puedes contar conmigo, sin importar lo que suceda». Cuando ese niño se enfrente a una adversidad en la búsqueda de sus metas, ya no tendrá esa voz negativa hablando en su cabeza. En cambio, afrontará el desafío pensando: «Bueno, mis padres creyeron en mí. Mis amigos creen en mí. Puedo contar con ellos. Puedo hacerlo».

Ajustando el dial

Cuando pensamos en el crítico interno, solemos centrarnos en lo mal que nos hace sentir, en cuánto nos desalienta y desanima, pero, de hecho, lo que de verdad es poco útil del crítico interno es que nos distrae mucho. Resta energía a nuestra atención y bloquea la capacidad de centrarnos en nuestra intención. El motivo de nuestra desmotivación es que la diatriba cruel del crítico interno nos roba recursos internos y los aleja de nuestras metas vitales positivas y saludables. Al alimentarse del poder del sistema de lucha, huida o parálisis, el crítico interno mantiene un dominio total sobre nuestra red de relevancia, la parte de nuestro cerebro encargada de decidir qué es digno de nuestra atención. Entonces, una vez que estamos distraídos de nuestra meta y no logramos alcanzarla, el crítico interno tiene una oportunidad de oro para torturarnos por ello, y así sucesivamente en un círculo vicioso.

Cuando llegamos al mundo, nos encontramos en un estado abierto, flexible y «no condicionado», no caracterizado por nuestros hábitos. Muy pronto comenzamos a tener experiencias con el mundo exterior y con otras personas, y son los pensamientos y experiencias más negativos los que se aferran a nosotros. Son como notas adhesivas que pegamos en las paredes de nuestra mente. Una nota puede decir «No valgo lo suficiente» y otra «No soy muy inteligente» y otra «Mi padre me odia y, por lo tanto, no merezco amor». Aunque cada una de esas notas nace de una experiencia pasajera concreta, somos tan impresionables en nuestras primeras etapas de desarrollo que grabamos en nuestra mente el contenido emocional como si fuera un aprendizaje permanente. El pegamento es la reacción exagerada del sistema de lucha, huida o parálisis frente a los estímulos negativos, por lo que codificamos emocionalmente los mensajes que creemos que son esenciales para nuestra supervivencia física. Esas notas adhesivas, que a menudo son solo accidentes de nuestra experiencia, comienzan a convertirse en la base de patrones de comportamiento profundamente arraigados y tallados en nuestras neuronas, que, a su vez, se convierten en la arquitectura de nuestro sentido del yo.

Comenzamos a cargar con esos pensamientos negativos a todas partes, aplicándolos a cada vez más situaciones, y los acumulamos hasta que oscurecen nuestra visión y creemos que conforman la verdad. Lo único que oímos cuando escuchamos nuestra mente son pensamientos negativos. Perdemos de vista el estado abierto, curioso y receptivo que hay debajo. Ese triste conjunto de mentiras comienza a definir nuestra manera de vernos, de percibir el mundo y, en última instancia, la sensación de merecer lo que queremos y necesitamos. Los pensamientos negativos se convierten en los muros de nuestra prisión.

Debido a que hemos internalizado las creencias susurradas y vociferadas por los pensamientos negativos, y que hemos actuado en base a ellos en innumerables ocasiones, hemos llegado a instalarlos en nuestro subconsciente y les hemos permitido dictar nuestro comportamiento sin darnos cuenta de ello. Y, al actuar bajo la influencia de los pensamientos negativos cuando interactuamos con nuestro entorno, las demás personas tampoco pueden acceder a nosotros: ellas, también, caen en el engaño de los pensamientos negativos.

Tristemente, lo que los pensamientos negativos terminan cubriendo es esa parte reluciente que está en nuestro interior, esa parte que es cariñosa, amable y que ya está completa. Y, cuando no podemos ver ni conectar con nuestro verdadero yo, perdemos de vista la brújula interna que nos conduce hacia lo que de verdad necesitamos y nos permite conseguirlo. Cuando te llenan los pensamientos negativos no solo no puedes verte en tu brillante estado original, sino que el recubrimiento impide que tu luz brille y que manifiestes cosas en tu mundo.

Es casi inevitable que, al empezar a dar pasos para manifestar nuestros deseos más profundos, las notas adhesivas negativas asomen la cabeza y nos confronten con sus antiguas historias sobre nosotros: nuestra inseguridad e incompetencia, y la sensación de ser unos impostores. En nuestra experiencia interna, los pensamientos negativos se presentan como el infame crítico negativo: un hostigador cruel, que nos menosprecia y atemoriza, cuya voz estridente reduce nuestra habilidad y disposición a perseguir nuestros sueños. Para muchos, el mayor obstáculo al que se enfrenta nuestro poder interior para manifestar lo que deseamos es esta voz negativa interna y el temor que despierta en nosotros. El crítico interno es la voz que nos dice que no somos lo suficientemente buenos para saltar del tren del estrés crónico hacia lo no familiar y desconocido, que es positivo, sanador, liberador y que finalmente nos conducirá hacia nuestro destino.

El camino del cuerpo hacia la liberación

Las creencias negativas que desarrollamos durante nuestra infancia a menudo se trasladan de manera subconsciente a la vida adulta; no las superamos espontáneamente. Son una función natural de nuestra evolución, pero no hay que dejar que nos controlen. El desafío de la vida humana es que la gran mayoría de los hábitos que moldean nuestra vida se establecen antes de ser conscientes de ellos. Para cuando reparamos en ello, en general como resultado de que nuestras vidas no han resultado ser como queríamos, descubrimos que hemos estado representando patrones condicionados de forma subconsciente, y que estos eran los verdaderos impulsores de nuestro comportamiento.

Si somos incapaces de identificar y comprender de dónde provienen nuestros sentimientos negativos primarios, resulta fácil seguir cayendo en sus trampas, ya que el cuerpo y la mente regresan naturalmente a experiencias relacionadas con la infancia, para bien o para mal. Las primeras experiencias de cuidado y seguridad —o su ausencia— que vivimos de niños preparan el camino para nuestra forma de interactuar con el mundo de adultos, y ejercen una poderosa fuerza de atracción gravitacional sobre nuestra consciencia, seamos conscientes de ello o no. Una simple señal o estímulo sensorial que nos recuerde una experiencia traumática puede arrastrarnos a un torbellino de emociones tempranas no resueltas. Las investigaciones han demostrado que solo los niveles superiores del cerebro son capaces de medir el tiempo, mientras que el tronco encefálico, que controla funciones como la temperatura corporal y la frecuencia cardiaca, no contiene redes capaces de procesar el paso del tiempo.[3] Esto significa que, en la práctica, cuando se activa el trauma en nuestro cuerpo y nuestra consciencia se reduce a su programación básica de supervivencia, no tenemos forma de saber que esos sentimientos no durarán para siempre; los experimentamos como casi eternos, como lo haría un bebé. Debido a que están asociados a nuestros instintos de supervivencia, pueden hacer que actuemos en base a nuestra naturaleza primaria, a veces de forma violenta e irracional.

Por lo tanto, para permitir que la mente se centre en la intención que queremos manifestar, debemos calmar al sistema nervioso primitivo y hacerlo sentir lo suficientemente seguro para permitirnos asumir riesgos saludables que nos hacen crecer.

Dado que las creencias negativas se graban a menudo en los años críticos del desarrollo temprano, debemos trabajar con ellas al mismo nivel biológico profundo. Por suerte, encontramos el camino para salir de nuestra negatividad habitual a través de una innovación evolutiva más reciente: el sistema de crianza mamífero.[4] Como descubrimos antes en nuestro debate sobre la fisiología de la manifestación, fue necesaria una extraordinaria transformación biológica en la transición evolutiva de los reptiles a los mamíferos. Una de las adaptaciones más importantes fue la evolución del nervio vago dorsolateral, una gran parte del nervio vago que conecta los órganos internos con los sistemas de control central en el cerebro y que es la base de la respuesta de descanso y digestión. Esta adaptación hizo posible que los padres mamíferos ofrecieran el cuidado y compromiso significativos necesarios para proteger a las crías de sangre caliente tras su nacimiento, cuidarlas y ser un refugio seguro para ellas durante la crianza. Con su habilidad para señalar al resto del cuerpo que estamos bien en el momento presente, el nervio vago se convertirá en nuestro gran aliado fisiológico en el proceso de manifestación.

Una vez nos acostumbramos a estar bien en el momento presente, podemos cultivar la autocompasión, la kriptonita del crítico interno. Gracias al milagro de la neuroplasticidad, o la capacidad del cerebro de modificarse a sí mismo, es posible, mediante una práctica de autocompasión, activar las vías del sistema de cuidado de manera consciente e intencional para brindarnos el amor, la protección y la conexión que podría habernos faltado en nuestros años más vulnerables. Así, podríamos trabajar de forma directa con nuestras notas adhesivas negativas, llevándolas con amabilidad hacia la consciencia, y ofrecernos el refugio seguro que necesitamos para sentirnos valorados, amados y cuidados de manera incondicional.[5] Es en ese momento cuando las notas o los comentarios negativos comenzarán a retroceder.

En el siguiente ejercicio, activamos la misma sensibilidad al sufrimiento que siente un padre por su bebé y, mediante los mismos mecanismos vitales de nuestra fisiología, la dirigimos hacia nosotros. La autocompasión tiene el poder de sanar las partes de nosotros que nos hacen sentir crónicamente inseguros y carentes de amor, y transformarlas en fuentes vitales de sabiduría y compasión para compartir con los demás. Aprender a conectar con otros seres humanos y compartir sus luchas también nos servirá más adelante en nuestro proceso de manifestación, cuando reconozcamos la necesidad de reunir el apoyo de los demás para perseguir nuestras metas y afrontarlas con resiliencia.

El poder de las creencias

A menudo, nuestra negatividad habitual hace que nuestras vidas sean pequeñas, debido al poder de las creencias limitantes. Son creencias sobre el mundo que a menudo desarrollamos en las primeras etapas de nuestra vida. Quizás nos ayudaron a lidiar con un entorno difícil y doloroso, pero suelen contener rastros de distorsiones creadas por nuestra tendencia infantil a culparnos y a malinterpretar la realidad más profunda de las situaciones. Nuestras creencias negativas pueden ser sobre el mundo que nos rodea —«El mundo es un lugar cruel donde no hay amor», «La vida es injusta, así que ¿por qué intentarlo?»— o, más dolorosas, sobre nosotros mismos. Conlleva un gran esfuerzo y cuidado desenmascarar una creencia falsa que ha perdurado durante mucho tiempo, pero liberarnos de nuestra visión distorsionada del mundo creará espacio para grabar las creencias positivas que brindarán energía a nuestro proceso de manifestación.

Shankar Hemmady y yo nos conocimos en el programa de formación sobre compasión que comencé en Stanford, y él compartió su historia conmigo. Creció en los suburbios de Mumbai, donde su padre era cartero y su madre, ama de casa. Ella había padecido abusos por parte de su familia, y sufría TEPT y depresión crónica. Shankar describe su entorno temprano como pobre no solo en términos económicos, sino sociales: sus parientes solían insistirle en que solo le iría bien en la vida si asistía a la escuela correcta o encontraba al mentor adecuado en el vecindario correcto, pero esas conexiones no eran fáciles de encontrar. Desde muy temprano comenzó a desarrollar la creencia de «Nunca es suficiente», que evolucionó de manera dolorosa a «Tú no eres suficiente».

«Me resultaba muy difícil imaginar un futuro glorioso o positivo», dice Shankar.

No obstante, experimentaba actos de amabilidad y generosidad en su comunidad. Cuando estaba en primer grado, la madre de Shankar no siempre estaba disponible para prepararle el desayuno, debido a su afección debilitante, de forma que le entregaba una pequeña cantidad de dinero para comprarse un bocadillo en el colegio, alrededor de diez paisas, el equivalente a un centavo de dólar. A la hora del patio, él le daba su dinero a uno de los guardias de seguridad del colegio, que salía a comprarle algo en el mercado. De algún modo, la maestra de Shankar se enteró de eso por el guardia de seguridad, que le contó que la pequeña cantidad de dinero de Shankar solo alcanzaba para comprar unos pocos caramelos o galletas, pero no para algo nutritivo. Con sus propios recursos, la maestra de Shankar comenzó a complementar el almuerzo con su propio dinero para que pudiera comer pasas o nueces o algo de fruta durante el patio. En una ocasión, cuando la madre de Shankar estaba visitando la escuela, vio el almuerzo saludable de su hijo y descubrió que su maestra se lo había estado pagando con su propio dinero. Fue la primera vez que Shankar descubrió la amabilidad y bondad de los demás. Sin embargo, solo comprendió su significado cuando se hizo adulto.

Varios miembros de la comunidad de Shankar vieron potencial en él y le enseñaron prácticas de concentración, como centrarse en la respiración, y lo animaron a tener éxito porque tenía talentos para compartir con su comunidad. Su capacidad de concentrarse en su intención, en vez de en su diálogo interno negativo, le funcionaba muy bien; logró entrar en el Instituto Indio de Tecnología y comenzó su camino hacia una carrera económicamente exitosa en ingeniería. Esto, a su vez, lo condujo a mudarse a la bahía de San Francisco, donde se convirtió en emprendedor, primero en el campo de la electrónica y luego en el terreno de la biofarmacéutica, campo en el que trabajó para hacer que los medicamentos para el cáncer fueran más seguros para los pacientes.

A medida que adquiría una mayor seguridad financiera, Shankar era consciente de la voz interna que le decía que no podía darse el lujo de dar a los demás, porque él nunca tendría suficiente para él y su familia. Aún lo atormentaban las antiguas historias de «no valer suficiente». Comenzó a asistir a retiros de meditación silenciosa. En uno de ellos, recordó la generosidad de su maestra, y reflexionó sobre ello con mirada adulta. Con el corazón afligido, descubrió que el salario de su maestra era de ochenta rupias al mes, o diez dólares en ese momento, y que el dinero que ella estaba donando para que Shankar tuviera un almuerzo saludable suponía un porcentaje significativo de sus ingresos mensuales.

Cuando entendió el altruismo de su maestra, a pesar de tener tan poco, Shankar comenzó a derramar lágrimas de gratitud por su generosidad desinteresada. Esa fue una lección profunda que le permitió romper con su creencia arraigada de insuficiencia y escasez y empezar a ofrecer talleres sobre aprendizaje tecnológico y emocional a comunidades desfavorecidas y remotas de todo el mundo. Cuando se liberó de las creencias limitantes condicionadas en su mente por su entorno temprano, Shankar logró centrarse por completo en su primera intención de ofrecer sus talentos al servicio de los jóvenes que se sienten ignorados y olvidados, para permitirles desarrollar su potencial.

PRÁCTICA:
Creencias y sus opuestos

Las creencias negativas sobre nosotros mismos son como los champiñones: crecen en la oscuridad. Por lo tanto, resulta muy útil sacarlas de nuestras mentes y ponerlas bajo la luz, donde podemos verlas con claridad tal y como son. La siguiente práctica te permite identificar las creencias e historias que te están limitando, y trabajar de manera consciente para transformarlas y que te beneficien.

1. Prepárate

A. Busca tiempo para estar a solas.
B. Ten un bloc de papel y un bolígrafo cerca.
C. Divide el papel en dos columnas: «Creencias» y «Opuestos».

2. Comienza a relajarte

A. Encuentra una postura cómoda, ya sea sentada, de pie o acostada.
B. Con los ojos cerrados, toma aire tres veces lentamente por la nariz y exhala por la boca. Repite el proceso hasta que esta respiración te resulte cómoda y no te distraiga.
C. Empezando por los dedos de los pies, empieza a relajar los músculos del cuerpo en dirección ascendente hasta la cabeza sintiendo cada vez más comodidad, mientras te concentras en liberar la tensión. Descubrirás que, mientras lo haces, te envuelve una sensación de calma y seguridad.

3. Reflexiona sobre un sentimiento positivo

A. Comienza a evocar un recuerdo o imagen de haber sentido que te cuidaban o valoraban incondicionalmente. Deja que los sentimientos positivos envuelvan tu experiencia, fluyendo desde tu corazón hacia tus órganos y extremidades.

4. Reflexiona sobre las creencias negativas

A. Invita con amabilidad a algunas de las creencias sobre ti y tu vida que han causado dificultades en tu mente.
B. Puedes imaginar que estás a salvo, porque te has sentado en lo alto de un árbol o en un acantilado o balcón, y esas creencias se están agrupando abajo.
C. Intenta reconocer a los sospechosos habituales: «No valgo lo suficiente», «Me trataron injustamente», «Me hicieron mucho daño», y otros.
D. Sin juzgar, intenta observar esas creencias con claridad; detéctalas en tu mente. Es posible que sientas el dolor que te han causado. Permite que pase.

5. Anota tus observaciones

A. Cuando sientas que es el momento, abre los ojos poco a poco y comienza a escribir esas creencias en la columna de «Creencias». Escribe con libertad y no te censures. No te preocupes por la ortografía, puntuación o por si son las «correctas» o no.

6. Repasa lo que has escrito

A. Lee en voz alta la lista de creencias. Identifica tus emociones y sensaciones físicas mientras lees.
B. ¿Sientes una tensión en el corazón, un nudo en la garganta, una sensación de decepción, una oleada de furia?

7. Regresa a los sentimientos positivos

A. Si necesitas repasar el sentimiento positivo sobre el que reflexionaste para obtener consuelo, hazlo con libertad.

8. Registra los opuestos

A. Cuando sientas que es el momento, ve a la columna de «Opuestos». Para cada creencia que hayas anotado, escribe lo opuesto: «Valgo lo suficiente», «Tengo el poder interior para cambiar mis circunstancias», «Tengo todo el tiempo, amor y apoyo para perseguir mis metas».
B. Explora qué lenguaje te resulta vital y adecuado, y recuerda que no tienes que hacerlo perfectamente a la primera.

9. Reflexiona sobre tu práctica

A. Tómate unos momentos para mirar la página. Observa cómo se relacionan entre sí las dos columnas.
B. Reconoce que has empezado a transformar las creencias en sus opuestos solo con ser consciente de ellas.

El camino a la libertad

Cuando conocemos a alguien que está en paz consigo mismo y conecta con nosotros sin prejuicios y con una compasión profunda, nos sentimos empoderados para conectar con nosotros de la misma manera. Cuando conocí a Ruth, experimenté lo que se conoce como sensación de seguridad psicológica. Pensé: «Guau, entré aquí, y esta mujer me miró con su sonrisa radiante que me acogió y de pronto me sentí en calma. Sentí que no me estaba juzgando. Sentí ese amor incondicional en mi interacción con ella y eso lo cambió todo».

Esas emociones positivas señalan el camino de salida de nuestra negatividad habitual a través de una innovación evolutiva más reciente: nuestro sistema nervioso parasimpático (SNPS).

Muchas de nuestras heridas más profundas, que dan relevancia al diálogo negativo más dañino en nuestras mentes, se generan a partir de experiencias angustiantes en nuestras primeras etapas de conexión con nuestros cuidadores. No nos sentimos seguros con su amor, atención y cuidado, y ellos no nos ofrecieron una base o refugio seguros donde poder explorar con confianza. Estas primeras decepciones y traumas conforman la base de las creencias que se han convertido en obstáculos para manifestar nuestras metas. Por lo tanto, si deseamos acabar con el obstáculo de raíz, debemos entender que lo que hay que hacer es ofrecernos a nosotros mismos un refugio seguro donde sentirnos valorados, amados y cuidados incondicionalmente. Debemos activar la misma sensibilidad al sufrimiento que siente un padre por su bebé y, mediante los mismos mecanismos vitales de nuestra fisiología, canalizarla hacia nosotros mediante la autocompasión.

Existen momentos en los que no podemos eliminar los obstáculos de nuestra mente por nuestra cuenta. Necesitamos la compasión de otros para vivir una experiencia tangible de lo que se siente antes de poder ofrecérnosla a nosotros mismos.

Ayuda en el camino

Silvia Vásquez-Lavado nunca imaginó que se sentiría tan feliz al ver una colilla de cigarrillo.

Había una oscuridad total en mitad de la noche en la jungla remota de Papúa, situada en la mitad occidental de la isla de Nueva Guinea, y Silvia estaba perdida. Ella y un guía local se habían separado del resto de la expedición y habían pasado horas caminando por terreno desconocido intentando reunirse con el grupo. El paisaje parecía estar jugando con sus mentes, les daba esperanzas y luego los dejaba aislados. Cuando se puso el sol, su preocupación aumentó muchísimo.

«Perderse en la jungla puede significar la muerte —afirma Silvia—. ¿Acaso no sabes que Drácula sale a medianoche? Es en ese momento cuando salen todas las criaturas divertidas. Y las posibilidades de supervivencia son muy complicadas».

La ironía era que Silvia ya había logrado lo que se había propuesto: hacer cumbre en el Puncak Jaya en la provincia de Papúa, Nueva Guinea, el pico montañoso más alto de la isla. Con unos 4.800 metros de altura, es una de las Siete Cumbres, las montañas más altas de los siete continentes tradicionales. Era el año 2015, y el Puncak Jaya era la quinta cumbre de Silvia, después de enfrentarse al Kilimanjaro en Tanzania, al monte Elbrús en Rusia, al Aconcagua en Argentina y al monte Kosciuszko en Australia.

Los ascensos no eran solo un pasatiempo; tenían un profundo significado simbólico para Silvia. Ella creció en Lima, Perú, y fue víctima de abuso sexual. El trauma de su abuso y el silencio de su familia sobre el tema le provocó heridas emocionales profundas y cicatrices físicas. Con veintitantos años, el dolor la sumió en una espiral de depresión grave, alcoholismo y relaciones rotas con mujeres que mantuvieron su vida cautiva mientras ella ocultaba su sexualidad a su familia. Aunque había alcanzado el éxito en el entorno dominado por los hombres del mundo tecnológico de Silicon Valley, sabía que las heridas sin sanar de su pasado amenazaban con devorarla. Finalmente, desesperada, aceptó la invitación de su madre en 2005 para regresar a Perú y participar de una ceremonia de ayahuasca durante la cual tuvo una visión transformadora: se le apareció su yo más joven y la invitó a caminar juntas por un valle rodeado de montañas. Esa experiencia de iluminación y reconexión fue el comienzo de un nuevo sentido de la plenitud. Silvia se sanaría a sí misma escalando las montañas más altas del planeta. En 2014, incluso fundó una organización sin ánimo de lucro, Corageous

Girls, cuyo propósito era empoderar a otras jóvenes supervivientes de abuso sexual mediante el montañismo.

La vocación de Silvia la había conducido hasta Nueva Guinea con un equipo de expedición de otros intrépidos montañistas para ascender las caras de piedra caliza del Puncak Jaya. El plan era viajar en helicóptero hasta la base de la montaña, hacer la cumbre y luego regresar caminando por la jungla durante siete u ocho días, acompañados por miembros de la tribu indígena que vivía en la base de la montaña. Los hombres de la tribu cargaban las tiendas de campaña individuales y la que funcionaba como cocina, mientras que las mujeres montaban el campamento y preparaban la comida. Con ese estilo de vida en ese entorno remoto, la población indígena permanecía conectada con sus ancestros mediante tradiciones milenarias, y practicaba la cría de cerdos y el cultivo de patatas. Los hombres seguían caminando casi desnudos y la mayoría de las mujeres hicieron el viaje entero descalzas.

La mañana siguiente a alcanzar la cumbre, los locales salieron primero para llegar al siguiente destino y preparar el campamento para la noche. El resto del equipo de Silvia hizo lo que los montañistas ambiciosos suelen hacer: ¡puf! Ellos también se fueron, impulsados por alcanzar su próxima meta, su próxima experiencia memorable, olvidando la conexión humana. Agotada por el ascenso y con los pies doloridos en sus botas de senderismo cubiertas de lodo, inadecuadas para el terreno, Silvia tardó demasiado en prepararse y los demás la dejaron atrás con un guía local. Se suponía que Silvia seguiría a su equipo, pero, cuando ella y el guía comenzaron la caminata, no encontraron el rastro de los demás. Caminaron, volvieron sobre sus pasos y escudriñaron el paisaje en busca de pistas, pero en el terreno prácticamente no había huellas y no encontraron nada. Era como si los demás se hubieran evaporado. Comenzaron a entender que estaban perdidos. Intentaron usar un árbol peculiar como referencia, solo para terminar caminando en círculos y descubrir que había cinco árboles iguales a ese.

El sol se estaba poniendo, y Silvia sabía que se estaban acercando de manera peligrosa a infringir la regla más básica del senderismo al perderse en la jungla de noche. ¿Acaso las voces de su cabeza que le decían que nunca lograría su sueño estaban en lo cierto? ¿Había llegado hasta allí, ascendido todas esas montañas, solo para que una criatura nocturna terrible la devorara y la hiciera desaparecer sin dejar rastro?

La noche cayó. Con la sola iluminación de sus linternas frontales, Silvia y el guía siguieron buscando. Intentaron guiarse por el sonido. ¿Agua corriendo? Debe de ser un río. Sin embargo, mientras caminaban hacia donde creían que estaba, el sonido solo se alejó cada vez más. Silvia dejó a un lado el temor y la angustia que empezaban a acumularse en su estómago. Nunca había experimentado una oscuridad tan densa, como estar dentro de un agujero negro. ¿Qué sucedería con las cumbres que le faltaban? ¿Y las demás jóvenes a quienes se había comprometido a ayudar?

Silvia y el guía se toparon con lo que parecía un sendero. Pero ¿lo era? Después de tantos comienzos en falso y esperanzas efímeras, le resultaba difícil confiar en sus instintos. Y luego vio un pequeño destello de algo blanco. Se acercó y proyectó la luz de su linterna sobre el objeto. ¡Una colilla de cigarrillo! Ese pequeño desperdicio, tan imperceptible en la vida cotidiana y tan fuera de lugar entre los árboles de la jungla, era la señal de que por fin iban por el camino correcto. Podían esperar encontrar otra colilla cinco metros más adelante y seguirlas como un rastro de migajas. Ese era el punto central que habían estado buscando. Con esperanzas renovadas, Silvia y el guía comenzaron a caminar por el sendero. Mientras tanto, el equipo se había dado cuenta de que faltaba Silvia y había formado un equipo de búsqueda para rastrear sus pasos. Finalmente, Silvia vio la luz de sus linternas y regresó a salvo al campamento.

A la mañana siguiente, estaba exhausta por las horas que había pasado deambulando sin rumbo y por la adrenalina de haber creído que moriría en la jungla. Pero los otros montañistas habían recogido y estaban listos para salir, y en lugar de asegurarse de que Silvia estuviera bien, se fueron de nuevo y la dejaron atrás. Silvia los observó irse con abatimiento. Luego, para su sorpresa, las mujeres locales la rodearon. Algunas se quedaron de pie frente a ella y otras se quedaron detrás con sus coloridas vestimentas bordadas. Sonriendo, le hicieron saber que la escoltarían hacia el próximo campamento. Se asegurarían de que no se perdiera de nuevo.

Conocí a Silvia como paciente cuando se estaba recuperando de una herida cerebral traumática y quería consejo sobre cómo rehabilitarse. A partir de ese momento, nos convertimos en buenos amigos, y ella me contó su historia. Ella recuerda cómo, al ver el brillo en sus ojos y sus expresiones sinceras, tuvo claro que las mujeres lo entendían: ella necesitaba ayuda, y las mujeres estaban respondiendo con compasión.

«Sentí una protección incondicional y una compasión verdadera por parte de esas completas extrañas —dice—. Me enseñaron algo sobre el amor. No se necesita un idioma».

Entonces, caminaron con ella el resto del camino para salir de la jungla, mayormente en silencio, y se aseguraron de que Silvia llegara a su destino. Silvia se convirtió en la primera mujer abiertamente lesbiana en ascender las Siete Cumbres, y llevó con ella la sensación de ser guiada y contenida por las mujeres indígenas. Su amor incondicional le enseñó a ofrecerse compasión cuando se enfrentara a adversidades.

PRÁCTICA:
Autocompasión

Muchos de nosotros somos nuestros peores críticos. Y, aunque eso puede motivar a las personas a superarse y alcanzar sus logros, el coste es demasiado alto para la autoestima. Esa autoestima negativa vive con nosotros y puede impactar muy negativamente en nuestra salud y bienestar mental. El diálogo negativo a menudo causa más daño porque cuando nos decimos que no somos capaces, valiosos ni amados, que nunca lo seremos y que somos impostores, ponemos un límite a lo que es posible para nosotros. La realidad es que en nuestro interior existe un poder extraordinario, pero lo reemplazamos con nuestro diálogo interno negativo.

La autocompasión tiene el poder de sanar las partes de nosotros que se sienten crónicamente inseguras y poco amadas —la raíz de nuestra sombra y de nuestra resistencia a la realización personal— y de transformarlas en fuentes vitales de sabiduría y compasión para compartir con los demás.

Esta práctica está diseñada para abordar de raíz los sentimientos de falta de estima.

1. Prepárate

A. Encuentra el momento y el lugar para hacer esta práctica sin que nadie te interrumpa.
B. No comiences esta práctica si sientes estrés, tienes otros asuntos que te están distrayendo, has bebido alcohol o consumido drogas recreativas en las últimas veinticuatro horas, o sientes cansancio.
C. Ten un bloc de papel y un bolígrafo cerca.

2. Comienza a relajarte

A. Antes de comenzar, siéntate en una posición relajada con los ojos cerrados. Deja que tu mente deambule y escucha un momento todos los pensamientos negativos que aparecen en tu cabeza. No te centres en una imagen o pensamiento concretos, solo relaja la mente y siente el diálogo negativo que habita en tu cuerpo.
B. ¿Hay una parte de tu cuerpo donde lo sientas? ¿Cuáles son las sensaciones?

3. Reflexiona sobre tu experiencia

A. Siente cómo ese diálogo negativo te menosprecia y limita. Piensa en cómo confundes el diálogo negativo con la realidad.
B. Permanece con esos sentimientos durante unos minutos. ¿Cómo te hacen sentir esos pensamientos? ¿Sientes tristeza, enfado, adormecimiento, cansancio?

4. Escaneo corporal

A. Siéntate con la espalda recta y los ojos aún cerrados y toma aire tres veces lentamente por la nariz y exhala por la boca. Repite el proceso hasta que esta respiración te resulte cómoda y no te distraiga.
B. Empezando por los dedos de los pies, comienza a relajar los músculos del cuerpo en dirección ascendente hasta la cabeza,

sintiendo cada vez más comodidad mientras te concentras en liberar la tensión. Descubrirás que, mientras lo haces, te envuelve una sensación de calma y seguridad. Sientes una sensación de calidez y de aceptación y ya no te preocupa que los demás te juzguen o critiquen tus sueños y aspiraciones mientras sigues inhalando y exhalando lentamente.

C. Sientes comodidad y relajación mientras sigues inhalando y exhalando lentamente. Puede que aparezca el diálogo negativo, pero debes identificarlo con amabilidad y no apegarte a él; vuelve a centrarte en la respiración.

5. Reflexiona sobre la sensación de seguridad

A. Recuerda la sensación de seguridad. Para muchas personas, esto evoca recuerdos de su madre o de un ser querido conteniéndolas o abrazándolas. También podrías imaginarte en un lugar seguro en concreto, como un escondite que solías visitar o estar a la mesa durante una calurosa cena familiar. Lo que sea que te provoque sensación de protección.

B. Da igual que la seguridad signifique para ti estar en una relación o en soledad, el efecto será el mismo. Sin embargo, recuerda que la soledad no es lo mismo que sentirse solo. Permanece con esa sensación de seguridad y no te preocupes por nada más aparte de esos sentimientos.

6. Ahonda en los sentimientos positivos

A. Mientras te encuentres en este estado, céntrate en los pensamientos positivos sobre ti, en los atributos que te gusten de ti, en los momentos en los que hayas ofrecido amor, cuidado y protección a otra persona. Siente esa profunda satisfacción, esas emociones positivas, mientras inhalas y exhalas lentamente.

B. Sientes que esos sentimientos te rodean, y te das cuenta de que tu alegría y satisfacción emergen porque te están conteniendo y protegiendo, y también porque tú ofreces lo mismo a otra persona. Conecta con el sentimiento de tu bondad innata.

7. Sumérgete en los sentimientos positivos

A. Obsérvate con la mente mientras experimentas felicidad, satisfacción, calidez y amor. Amor por ti. Amor por los demás que se entrega de manera desinteresada. Intenta imaginar cada detalle mientras inhalas y exhalas lentamente.

B. Obsérvate siendo amado y brindando amor. Siente cómo las sensaciones de felicidad, satisfacción y realización afectan a tu cuerpo. Siente que tu frecuencia cardiaca se ralentiza, que tu respiración ahora parece natural. Siente que las emociones negativas te abandonan y son reemplazadas por pensamientos y sentimientos positivos sobre ti, tu lugar en el mundo y lo que tienes para ofrecer a los demás.

C. Permanece con esos detalles. Sumérgete en esas emociones y sigue inhalando y exhalando lentamente.

D. Comprende que el diálogo negativo no eres tú. Comprende que, debido a nuestra evolución a lo largo de miles de años, los pensamientos y sucesos negativos se aferran a nosotros para protegernos, pero en el mundo moderno solo nos limitan y nos causan dolor.

8. Aprecia tu humanidad

A. Fíjate en los pensamientos positivos sobre ti. Todo lo que has superado, lo que has logrado, y comprende que en la vida hay altibajos, pero que no nos definen. Comprende que esa es la naturaleza de nuestra realidad como seres humanos. Repite que eres una persona digna de recibir amor, que puedes lograr cualquier cosa, que mereces tener éxito, que no eres un impostor o impostora.

B. Quizás te cueste creer lo que te estás diciendo, y es normal. Por ahora, basta con actuar como si lo creyeras. Con el tiempo, y con paciencia, sentirás una confianza más profunda. Permanece con esa realidad y siente la calma y la satisfacción que experimentas mientras sigues inhalando y exhalando con lentitud.

C. Esa sensación de calma y satisfacción va acompañada de la sensación de que el amor te rodea. Comprendes el efecto transformador del amor y cómo te permite detectar tu poder y potencial. Siente esas emociones y sigue inhalando y exhalando lentamente. Inhala y exhala.
D. Sientes relajación y calma.

9. Anota tu experiencia

A. Toma el bolígrafo y el papel y escribe con tus propias palabras durante al menos cinco minutos sobre lo que has visto en tu mente sobre las emociones positivas al respecto de quien eres, tus habilidades, y cómo estas afectan a los demás de manera positiva. Piensa en cómo, al pensar en estos sentimientos, sientes seguridad, calidez y eres capaz de sentir en lo más profundo de tu ser que puedes lograr cualquier cosa.
B. Escribe todos los detalles que puedas. Ya sean unas cuantas frases o un párrafo, lo único que importa es que estás definiendo para ti tu poder interior y el poder de cuidar, de proteger, y cómo afecta eso a tu cuerpo. Al rediseñar y cambiar tu mentalidad, te liberas de las limitaciones autoimpuestas.
C. Ahora simplemente quédate con los ojos cerrados, y, poco a poco, toma aire de tres a cinco veces por la nariz y exhala por la boca. Ahora abre los ojos.

10. Repasa tu experiencia

A. Primero, lee en silencio lo que has escrito. Luego léelo en voz alta para ti.
B. Permanece con esos pensamientos sobre el poder que tienes en tu interior y cómo ofrecerte cuidado y protección afecta a tu mente y tu fisiología. Quédate con esas emociones durante unos instantes con los ojos cerrados.
C. Ahora piensa en cómo ese cuidado y esa protección te hacen sentir a salvo, cómo esa seguridad te ha dado permiso para adueñarte de tu propio poder, y cómo ese poder te permite manifestar.

11. Aprecia tu experiencia

A. Siente toda esa relajación y calma con la satisfacción de que te aman y eres capaz de brindarte amor no solo a ti, sino a los demás y cómo, al hacerlo, creas una profunda sensación positiva de ti.

B. Es estando presente en este estado y con esta mentalidad como se crea el entorno para manifestar tus deseos y anhelos más profundos.

Una vez comenzamos a aflojar la presión distractora del crítico interno y a sanar conscientemente nuestras heridas del corazón, adquirimos el poder de enseñar a nuestra red de relevancia qué cosas nos importan. Aprendemos a aferrarnos a nuestra brújula interna con claridad y de manera constante en nuestras mentes. Cuando somos de verdad libres para visualizar y ensayar nuestros sueños, el poder de nuestra imaginación nos permite vivirlos en el presente, y eso nos otorga un contacto frecuente con las emociones positivas elevadas que necesitamos para enseñar a nuestro subconsciente a perseguir las metas y sueños que visualizamos para nuestras vidas.

En el próximo capítulo, el paso cuatro: instala tu intención en el subconsciente, aprenderemos a acceder al «archivador y al sabueso» de nuestra mente subconsciente y a entregarles el rastro que necesitan para perseguir nuestra intención con el corazón y de forma constante.

6. Paso cuatro:
Instala tu intención en el subconsciente

«Centra todos tus pensamientos en el trabajo presente. Los rayos del sol no queman a menos que se enfoquen sobre algo».[1]

Alexander Graham Bell

El cheque de diez millones de dólares de Jim Carrey es uno de los ejemplos más famosos de manifestación en la cultura popular. Sin embargo, se conoce menos cómo sucedió.

Como explicó Carrey en el pódcast *WTF with Marc Maron*, su infancia en las afueras de Toronto no fue fácil.[2] Su madre, Kathleen, sufría una depresión grave, así como afecciones físicas como artritis reumatoide y colitis. Hija de alcohólicos, se enganchó a los analgésicos y, a ojos de Carrey, abandonó emocionalmente a sus hijos. El padre de Carrey, Percy, era un talentoso músico profesional de jazz que vendió su saxofón para pagar las facturas médicas del hospital. Carrey describió a su padre como «un personaje increíblemente alegre, divertido y animado que no contaba simplemente una historia, sino que encarnaba a los personajes. Todo lo que he hecho en mi carrera cómica viene de ahí. Quería mucho a ese hombre».

En su discurso de graduación en la Universidad Maharishi International en 2014, Carrey reflexionó sobre cómo su padre podría haber sido un gran cómico, pero su falta de confianza se lo impidió. En cambio, escogió la seguridad y estabilidad en un empleo como contable. Más adelante, cuando Carrey tenía doce años, a Percy lo despidieron del trabajo, y la familia tuvo que esforzarse para poder subsistir. «Aprendí muchas grandes lecciones de mi padre —dijo Carrey—, y la más importante es que puedes fracasar en lo que no quieres, de modo que es mejor arriesgarte a hacer lo que amas».

Después de que Percy perdiera su empleo a los cincuenta y un años, la familia de Carrey vivió en una caravana Volkswagen y en una tienda de campaña en el jardín trasero de su hermana. Más tarde la familia comenzó a trabajar como conserjes en la fábrica de neumáticos Titan Wheel en Scarborough, donde sus colegas defecaban a modo de venganza en los lavabos por enemistades entre las familias. Las notas de Carrey, que habían sido excelentes, empeoraron mucho, y abandonó el instituto con dieciséis años para trabajar a tiempo completo. En un principio, estas adversidades de su infancia condujeron a Carrey a sentir rencor, a «culpar al mundo» por la mala suerte económica y emocional de su familia. Se convenció de que la vida era injusta e implacable.

Desde el tercer grado, Carrey había comenzado a hacer muecas en el espejo durante horas, hablaba solo con voces divertidas y entretenía a su familia con imitaciones de vecinos y estrellas populares de televisión. Cuando su madre sentía dolor, Carrey saltaba a su cama en ropa interior e imitaba a una mantis religiosa hasta que ella se reía tanto que le dolía la barriga. Ofrecía espectáculos escandalosos para invitados y, a los quince años, Percy lo llevó a un popular club de comedia *underground* en Toronto llamado Yuk Yuk's. No le fue muy bien, pero la experiencia lo encaminó hacia el estrellato en la comedia, y finalmente lo inspiró a mudarse a Los Ángeles para perfeccionar sus habilidades a tiempo completo.

Carrey tuvo una visión grandiosa para sí mismo desde el principio. «Siempre creí en la magia», declaró a la revista *Movieline* en 1994.[3] Siguió describiendo cómo, antes de ser famoso, tenía el ritual de conducir por la carretera Mulholland Drive cada noche, aparcar frente a la ciudad, abrir los brazos y decirse: «Todos quieren trabajar conmigo. Soy un actor muy bueno. Tengo toda clase de propuestas para protagonizar grandes películas». Mientras repetía esas frases y visualizaba cómo se hacían realidad en su mente, empezó a convencerse de que de verdad tenía propuestas de películas, y, mientras conducía colina abajo, se decía: «Las propuestas para hacer películas están ahí, lo que pasa es que aún no las oigo». Mientras bajaba por la colina se sentía invadido por una sensación de bienestar, posibilidades e incluso alegría, ya que había vivido numerosas celebraciones y éxitos en su imaginación. Carrey ha reconocido que esas afirmaciones le sirvieron como antídoto para las creencias negativas que adquirió de su entorno familiar.

Años antes de hacerse famoso o conocido, Carrey se hizo a sí mismo un cheque de diez millones de dólares por los «servicios de actuación prestados» y le puso la fecha de «Acción de Gracias 1995». Guardó el cheque en su cartera, donde, con el tiempo, se arrugó y desgastó. Cada vez que abría la cartera, el cheque le recordaba su intención y reforzaba la narrativa que él había grabado en su subconsciente de que ya había logrado todo lo que había deseado, igual que las cartas que Anula guardaba en su bolso. En los tres años siguientes, Carrey protagonizó *Ace Ventura: un detective diferente*, *La máscara* y *Dos tontos muy tontos*. Las tres películas batieron récords de taquilla y convirtieron a Carrey en una de las estrellas más importantes del planeta.

Con el salario de esas tres películas Carrey había logrado manifestar su intención. Tenía diez millones en el banco. Tristemente, su padre, Percy Carrey, murió muy poco después del estreno de *La máscara*. Carrey guardó el cheque de diez millones de dólares que se había escrito diez años antes en el bolsillo de Percy, y lo enterró con él.[4]

Para comprender cómo funcionó el proceso de Carrey, tenemos que examinar más en detalle los sistemas con los que es posible instalar nuestra intención en nuestro subconsciente, desde el poder concentrado del estado de flujo a la hipnosis y el efecto placebo. Por extraordinaria que pueda parecer de lejos, la experiencia de Carrey tiene todo el sentido cuando se observa bajo la lente de las redes cerebrales que hemos estado explorando.

El cerebro tacaño

Existe una máxima que se repite a menudo entre emprendedores: las personas hacen negocios con personas que conocen, que les gustan y en quienes confían. Esto es cierto para propietarios de pequeños negocios, empresarios ambiciosos y directores ejecutivos de empresas gigantescas, pero también para el cerebro.

El cerebro está constantemente bloqueando estímulos y filtrando de manera deliberada la mayoría de nuestras experiencias.[5] Como un holgazán aferrado a sus hábitos que se queja y permanece en el sofá en lugar de ir a la fiesta, el cerebro se resiste a experiencias nuevas que podrían forzarlo a alterar su complejo sistema de conexiones que, a lo largo del tiempo, ha servido a un propósito, ya sea saludable o no. La razón de esto es que el cerebro humano está diseñado para ser muy consciente de su gasto de energía.

Aunque el cerebro nos dota con el poder del pensamiento, la visión y el razonamiento abstracto, consume mucha energía. El cerebro humano adulto equivale a un dos por ciento aproximadamente de nuestro peso corporal, pero, sorprendentemente, consume alrededor del veinte por ciento del oxígeno inhalado y, por lo tanto, de las calorías, mucho más que cualquier otro órgano. Dentro de la materia gris entretejida con espirales esponjosos hay más de cien mil millones de células, y cada una de ellas establece más de diez mil conexiones dentro de la vasta red tejida entre las células cerebrales. Esta red produce mil billones de conexiones sinápticas, más que estrellas hay en el universo. Alrededor de dos tercios del gasto energético del cerebro se destinan a ayudar a las neuronas a enviar señales a otras neuronas, y el último tercio se reserva a la «limpieza» o mantenimiento de la salud de las células.[6]

La mezquindad del cerebro procede de nuestra evolución como especie. El elevado coste energético del trabajo cerebral para formar conexiones celulares al servicio de procesos de orden superior presentaba un gran problema para nuestros antecesores biológicos. Para que el cerebro fuera «solvente» con un gasto energético tan grande, nuestros ancestros de la sabana tenían que proporcionarle grandes cantidades de combustible. Incluso se especula que la invención de la cocina, en especial de la carne, se encuentra directamente relacionada con la necesidad de nuestros ancestros de ingerir las vastas cantidades de calorías requeridas para desarrollar cerebros de tal complejidad.[7]

Sin embargo, debido al tremendo esfuerzo requerido para capturar y matar animales, el cerebro tuvo que optimizar su funcionamiento. Nuestro cerebro no es capaz de almacenar un exceso de energía como sí lo hacen los músculos en forma de grasa. De modo que, cuando nuestro cerebro requiere energía, debe recurrir a una fuente de combustible de liberación rápida: la glucosa en sangre. Cualquier trabajo extra que el cerebro deba realizar afecta a nuestros niveles de glucosa, que es el combustible de primera categoría para el cuerpo. Ese combustible preciado es escaso, y el cuerpo lo libera con mesura.

Con esa herencia evolutiva, el cerebro intenta conservar la energía de todas las formas posibles, y lo hace de muchas maneras. ¿Has notado alguna vez que a veces no recuerdas cómo se llamaba el protagonista de tu programa favorito de la infancia? Eso es porque el cerebro desarrolló, no solo mecanismos de aprendizaje, sino también mecanismos para olvidar, que eliminan información que el cerebro cree que ya no es necesaria, porque hemos dejado de utilizarla. El cerebro también posee una variedad de técnicas de simplificación que emplea para codificar y procesar información. Entre ellas se encuentra lo que se conoce como fenómeno iceberg, que consiste en que el cerebro toma solo la información esencial —la «punta del iceberg»— mientras reprime la parte sumergida. Este proceso también es la fuente de toda clase de sesgos, desde encontrar confirmación para nuestras opiniones preexistentes a escoger de manera subconsciente un tipo u otro de persona debido a un condicionamiento sistémico. En cierto modo, nuestros cerebros no son máquinas procesadoras, sino más bien máquinas predictivas que usan esos atajos para ser más eficientes y consumir menos energía.

Lo que esto significa para nosotros en el proceso de manifestación es que, si el cerebro no está lo suficientemente familiarizado con nuestra meta, la rechazará por defecto: la información nueva requiere demasiado esfuerzo energético. Si tu deseo es tan poco familiar que cumplirlo implicaría una experiencia nueva y un consumo inmenso de energía, tu cerebro no tardará en mirar hacia otro lado. Con frecuencia, este rechazo adopta la forma de oportunidades desperdiciadas. Si estás buscando pareja o un empleo mejor o un nuevo lugar donde vivir, y te sientes en un bucle de fracaso y decepción, quizás se deba a que tu cerebro literalmente no te está enseñando ejemplos de lo que estás buscando porque no sabe que a ti te importan esas metas. El cerebro solo está haciendo su trabajo al asegurarse de que tu sistema funcione sobre ruedas, descartando toda la información que no considera relevante. En otras ocasiones, quizás encuentres lo que crees que deseas, pero te sorprendas por una fuerte sensación de temor que te está impulsando a alejar aquello que creías que deseabas. Esto tampoco es raro, ya que el temor es la manera que tiene el cerebro de protegerse de la novedad de la experiencia que anhelas.

Lo que estamos haciendo con las prácticas de visualización es enseñarle al cerebro a familiarizarse íntimamente con nuestro deseo para que lo reconozca de manera instantánea. Solo después de una repetición significativa puede nuestro deseo volverse cómodo para el cerebro. Queremos que el cerebro tenga que gastar la menor cantidad de energía posible para recibir nuestro deseo. Queremos que nuestro deseo sea como ese par de zapatos desgastados que encaja a la perfección con la forma de nuestros pies, de manera que el cerebro pueda recibirlo sin ninguna resistencia. Este fenómeno se denomina facilidad cognitiva.[8] Cuanto más familiarizado esté el cerebro con nuestro deseo hasta el más mínimo detalle, menos energía tendrá que emplear para darle la bienvenida a nuestras vidas. Si invertimos nuestra energía con antelación para acostumbrar al cerebro a nuestra meta, no tendrá que rechazarla en el momento por suponer un gasto demasiado grande de energía. Entonces, cuando nuestros deseos aparezcan para hacer negocios con el cerebro, este ya los conocerá, les tendrá estima y confiará en ellos.

Enseñar al cerebro a conocer nuestro deseo de forma consciente no basta. Queremos que nuestro deseo esté codificado en la información que el cerebro procesa de manera automática. El cerebro debe conocer a nuestro deseo en profundidad, por debajo de la superficie, en el subconsciente, de modo que sea capaz de buscarlo y reconocerlo incluso cuando nuestra mente consciente esté centrada en otra cosa.

El subconsciente

En términos de la mente, la mayoría argumentaría que tenemos un consciente, un subconsciente (o preconsciente) y un inconsciente. Las partes automáticas de nuestro sistema nervioso, compuesto por el subconsciente e inconsciente, suponen una parte de nuestra mente que se encuentra por debajo de nuestro conocimiento consciente.[9] Antes hemos descrito la mente como un iceberg, donde la mente consciente (lo que percibimos en la consciencia común de la vigilia) representa lo que se encuentra sobre el agua y constituye menos del diez por ciento de la mente, y donde el subconsciente y el inconsciente constituyen el noventa por ciento restante que se encuentra escondido debajo de la superficie. En términos más sencillos, la mente consciente significa tener conocimiento de la existencia interna y externa. Este conocimiento está basado en los cinco sentidos, los *qualia* (la interpretación subjetiva de los sentidos), y el acceso consciente a la memoria y a las experiencias previas. En la actualidad, la definición a menudo incluye cualquier tipo de sentimiento, cognición o percepción.

En un nivel consciente, podemos sentir los sucesos que nos rodean, las interacciones con los demás, los estímulos sensoriales que hay que procesar para sobrevivir, los sucesos que están ocurriendo en el momento presente. Sin embargo, existe una miríada de sucesos que, por lo general, ocurren de manera automática y que el nivel consciente no percibe, como el control de la temperatura corporal, la frecuencia cardiaca, la liberación de hormonas u otros factores importantes para el mantenimiento del control homeostático del cuerpo en sí (procesos autónomos). Estos mecanismos han evolucionado a lo largo de millones de años.

Aunque quizás no seamos conscientes de ello, ese inmenso noventa por ciento del iceberg que está por debajo del agua ejerce una poderosa influencia sobre nuestro comportamiento. Por lo tanto, el subconsciente trabaja las veinticuatro horas del día, nos cuida y toma numerosas decisiones de manera automática. En cierto modo, somos conscientes de que existen procesos vastos y complejos actuando por debajo de la superficie, pero nuestra experiencia es que a menudo nos sorprende su funcionamiento. El subconsciente puede parecer extraño, mágico e incluso dar miedo, porque no vemos cómo funciona ni qué está haciendo. Incluso podemos sentir que es como un gobierno secreto, que mueve los hilos de nuestras vidas desde bambalinas. El origen de la mayoría de nuestras reacciones a personas, lugares y cosas están en el nivel subconsciente, o justo por debajo de la superficie, y no nos damos cuenta de que tenemos agencia sobre ellas. Como consecuencia, solemos ignorarlas, y eso hace que impulsen nuestro comportamiento sin que nosotros lo sepamos.

Mientras seguimos con nuestro proceso de manifestación, una parte de lo que estamos haciendo es trabar amistad con nuestra mente subconsciente, respetar su sabiduría y poder, y llegar a sentir mediante la práctica que está al servicio de nuestros intereses, incluso aunque sus mecanismos nos resulten enigmáticos. Reconocemos con humildad que dependemos de ella en nuestra mente consciente. Con el tiempo, aprendemos a reconocer nuestro subconsciente como la fuente de nuestra intuición, nuestro guía interno, nuestra creatividad y nuestra resiliencia. De hecho, es nuestra mente subconsciente la que nos permite perseguir nuestras metas sin interponerse en nuestro camino, porque canaliza el poder de nuestra agencia sin diluirse ni distraerse por nuestra autocrítica.

La mente subconsciente tiene el poder de separar nuestras intenciones profundas del parloteo incesante que hace exigencias constantes a nuestra atención. Al aferrarse a esa intención sin que el parloteo lo distraiga, es capaz de centrarse con mucha intensidad en tareas mientras permanece libre de distracciones. De esa manera, el subconsciente maximiza la convergencia entre la atención y la oportunidad.

El truco para trabajar con el subconsciente reside en enseñarle qué es importante para nosotros cambiando a qué prestamos atención y cómo nos sentimos con respecto al objeto escogido. Así es como logramos alinear a nuestro subconsciente con la dirección de nuestra brújula interna. Si estamos constantemente distraídos, pensando en nuestras actividades laborales diarias, nuestra lista de cosas pendientes, lo que piensan los demás o los sucesos del día, no podemos centrarnos en grabar nuestra intención consciente para que se convierta en la dirección interna de nuestra mente.

Nuestro subconsciente aprende qué es importante mediante la repetición y las emociones positivas. Cuando repetimos nuestros rituales y visualizaciones, entramos en un estado de flujo, en una inmersión completa en nuestra actividad interna. Las experiencias profundas de emociones positivas, ya sean experiencias reales o imaginadas, enseñan a nuestro subconsciente a asociar las metas que deseamos perseguir con los sistemas de recompensa biológicos de nuestro cuerpo. En ese estado, nuestra sensación de inseguridad se atenúa, trascendemos las creencias limitantes de nuestros hábitos mentales e invitamos a nuestros recursos más profundos, como nuestra capacidad de compasión o las creaciones de nuestra imaginación, a orientarse en la buena dirección. La inmersión en nuestra visión interna es el estado que nos conecta con la creatividad y aclara nuestra intención en nuestro subconsciente. La magia es que, mientras vivimos nuestras vidas cotidianas, aunque podemos no estar pensando directamente en nuestra intención interna con la mente consciente, el subconsciente continúa procesándola y orientándose hacia ella.

El archivero y el sabueso

Podríamos imaginar el subconsciente como un equipo formado por un archivero y un sabueso. El archivero se encarga de gestionar un depósito que contiene nuestras necesidades siguiendo los principios de la conservación de energía del cerebro. Cuando el archivero guarda una carpeta en el depósito, el sabueso percibe su olor y busca incansablemente en nuestro entorno el rastro más mínimo de él. Lo hará a nivel subconsciente e intentará manifestar nuestra intención las veinticuatro horas del día, para lo que empleará cualquier poder, foco u oportunidades que pueda encontrar. Esa es la experiencia de la sincronicidad, cuando conexiones, al parecer inesperadas, comienzan a aparecer al servicio de un deseo en concreto. Este es un componente fundamental de la manifestación.

Como podemos ver, el terreno del subconsciente es muy valioso y tiene el poder de moldear nuestro destino. Lo que el subconsciente busca, la mente consciente lo encuentra. De manera que, si nos sentimos amenazados y creemos en un nivel subconsciente que vivimos en un mundo amenazante que está decidido a herirnos, nuestro sabueso buscará amenazas, y descubriremos cada vez más y más elementos amenazantes en nuestro entorno. Si le hemos enseñado a nuestra mente subconsciente a buscar conexión, alegría, satisfacción y prosperidad, naturalmente descubriremos más y más oportunidades de experimentar esas emociones positivas en la realidad. La pregunta es: ¿cómo accedemos al depósito de archivos?

Cincuenta bits

El espacio en nuestro depósito de archivos subconsciente no es el único recurso limitado. Nuestra atención consciente también está muy acotada. Unos diez millones de bits de datos bombardean nuestro sistema cada segundo, el equivalente a diez películas en HD. Sin embargo, este solo puede procesar cincuenta bits de forma consciente. Esto significa que más o menos el 99,9995 por ciento del ancho de banda de nuestro cerebro no está disponible para nuestra mente consciente.[10]

La concreción de esta enorme brecha en el procesamiento es que el cerebro está programado para la desatención y la inercia, en lugar de la atención y las decisiones. La mayoría de las veces elegimos en función de hábitos que no cuestionamos o respuestas programadas y asociadas con la amenaza, de forma que, en general, no dedicamos un momento a preguntarnos qué decidiríamos si de verdad estuviéramos valorando las opciones. Al contrario, nos limitamos a dejar que el subconsciente decida. El resultado es que a menudo existe una desconexión entre lo que deseamos de verdad y lo que hacemos. Por lo tanto, debemos crear conscientemente hábitos más saludables relacionados con la atención. Cuanto más nos concentramos en una intención en concreto, más le enseñamos a nuestro gestor de archivos que debe priorizarla como una orden interna. Esa es la máxima expresada por la frase: «Donde llevas tu atención, fluye la energía». Por eso la corteza cerebral es fundamental para la manifestación: tiene el poder de concentrar nuestros cincuenta bits de atención donde nosotros decidamos.

Lo esencial aquí es comprender que el subconsciente responde a la repetición. Cuanto más nos centremos en un resultado en concreto, cuanto más lo visualicemos y experimentemos imaginariamente con nuestros cinco sentidos, cuanto más repitamos el deseo para nuestros adentros y para el mundo, más relevancia le otorgará el gestor de archivos y más trabajará el sabueso para que nuestra mente pueda manifestar nuestra intención.

Para comprender cómo se graban las intenciones en el subconsciente, podemos utilizar varias analogías: flujo, hipnosis y placebo.

Reclutar al SNS

La razón por la que la negatividad y la sensación de amenaza tienen tanto poder sobre el subconsciente es que, debido a la estructura evolutiva del cerebro, el SNS no debe atravesar ningún procesamiento neuronal para acceder a él. Por lo tanto, la respuesta de lucha, huida o parálisis ante cualquier amenaza percibida puede activarse con poca o ninguna supervisión de la mente consciente. Como hemos mencionado en capítulos anteriores, el problema es que el SNS es estrictamente reactivo y toma el control absoluto para llevar a cabo su función porque es lo que nos está protegiendo y manteniéndonos vivos, o al menos esa es su interpretación de su trabajo, moldeada por milenios de amenazas. Por desgracia, muchas de las cosas que hace no nos ayudan en absoluto a mantenernos vivos, y, sin duda, no nos ayudan a prosperar en el mundo moderno. Mientras el SNS esté gestionando el subconsciente, el depósito de archivos estará lleno de miedos, fobias, inseguridades y creencias habituales que estarán inclinando nuestra experiencia de vida hacia lo negativo, lo que da miedo y lo limitado. Antes de arrojar la luz de la consciencia sobre nuestro subconsciente, debemos reconocer que ese es, en realidad, el ámbito de nuestros temores y deseos de supervivencia, el legado de nuestra herencia evolutiva.

Por lo tanto, el primer paso para aprovechar el poder de nuestro subconsciente es encauzar todos los caprichos y deseos del SNS. En la práctica, esto implica reconocer que nuestra tendencia al estrés y la ansiedad derivan de experiencias de predecesores evolutivos que han sido grabadas en el subconsciente y se han convertido en el *software* por defecto. A medida que aprendemos cómo funciona el subconsciente, aumenta nuestro poder para acceder a la información del sistema. Comenzamos a guardar en el subconsciente información escogida por nosotros y, por ende, sustituimos la información que está entrando por defecto del SNS. Estamos manifestando nuestra propia agencia.

Lo que estamos haciendo es utilizar la corteza cerebral, el sistema de control más elevado del cerebro, y cambiar la respuesta del nervio vago a nuestras intenciones a un nivel consciente. Al hacerlo, estamos creando una ruta neuronal directa para influir en el subconsciente. Cuando practicamos de forma consciente técnicas repetitivas de visualización y rituales para evocar emociones positivas poderosas en relación con nuestros resultados deseados, estamos incrementando el poder del SNPS y disminuyendo el del SNS.

El subconsciente posee una faceta expansiva y una contráctil. En otras palabras, el SNS tiene el poder de influir de manera subconsciente en el subconsciente, mientras que la corteza cerebral tiene el poder de influir de manera consciente en el subconsciente. Cuando accedemos a este poder comenzamos a romper el monopolio infame del SNS sobre nuestro subconsciente y nos liberamos del control de los temores de supervivencia que nos resultan difíciles de ignorar y que nos distraen de nuestras intenciones más profundas. Mediante prácticas de sugestión y repetición consciente, limitamos la vía directa del SNS hacia el subconsciente y obtenemos el poder de escoger positivamente su contenido.

No hay que sobreestimar el poder de esta decisión. La mayoría vivimos con la creencia de que no podemos decidir nuestro futuro, porque no contamos con una forma de alterar positivamente nuestros comportamientos automáticos. A la práctica, esto significa permitir que nuestro SNS sea el director por defecto de nuestro comportamiento y pensamientos, lo que alimenta nuestros temores. Comparemos esto con actuar sabiendo que nuestro SNPS, nuestras áreas de control ejecutivo, cambia nuestra forma de reaccionar frente al mundo no solo a un nivel consciente, sino también a un nivel subconsciente. La mayoría de las personas no lo saben, pero todos tenemos el poder de acceder al subconsciente y, al hacerlo, cambiar nuestro futuro.

La neurobiología del flujo

El llamado estado de flujo, un término popularizado por el psicólogo Mihaly Csikszentmihalyi, se define como un estado de completa conexión con una tarea acompañado de una reducción del pensamiento autorreferencial.[11] Emerge cuando tenemos una meta clara que precisa una acción y sentimos que las habilidades que poseemos concuerdan con la dificultad a la que nos enfrentamos.

Cuando estamos en estado de flujo, solemos experimentar un estado de autotrascendencia: la voz hiriente del crítico interno se desvanece, nuestras preocupaciones habituales e inseguridades también, y nos sentimos conectados con el momento, con nosotros mismos y con nuestro entorno. Sentimos que tenemos el control, sin importar cuán caóticas puedan ser las circunstancias. El tiempo parece volar, el espacio parece acomodarse a nuestro antojo y nuestras acciones están guiadas por un sentido cristalino de la dirección. Artistas con la fiebre de la creación, atletas en estado de concentración máxima, un científico en el proceso de descubrir algo innovador: esas son las imágenes típicas que nos vienen a la mente al pensar en el estado de flujo. Sin embargo, también puede aparecer en situaciones más habituales, como cuando completamos una tarea en el trabajo, en momentos de ocio o cuando quitamos la maleza del jardín. Cuando estamos en estado de flujo, podemos quedar tan absortos en una tarea que no notamos que se ha hecho de noche, que no hemos comido nada en todo el día ni que no estamos cansados ni aburridos. Nuestro trabajo no parece requerir esfuerzo cuando, en realidad, el esfuerzo que hemos hecho es inmenso. La experiencia de flujo suele ir acompañada de una sensación de realización sana, un profundo sentido del propósito y un prolongado sentimiento de alegría o éxtasis que hace que la vida valga la pena.

Los investigadores siguen estudiando los correlatos neuronales del estado de flujo, pero existe la hipótesis general de que los periodos de flujo están caracterizados por una menor actividad en los lóbulos frontales, que producen la sensación de control consciente.[12] Una gran parte del comportamiento que exhibimos en el estado de flujo parece suceder de abajo arriba, y es el subconsciente el que lo inicia de forma automática. Esto explica las experiencias de tantos atletas de alto rendimiento que describen haber entrenado sus habilidades durante años solo para olvidarlas en el momento de ponerlas en práctica y simplemente «fluir».

El estado de flujo se caracteriza por una gran sensación de concentración o inmersión. Para generar este estado, la red central ejecutiva del cerebro inhibe activamente nuestra experiencia de estímulos que no sean relevantes para nuestra tarea, así como cualquier pensamiento que pueda distraernos. También experimentamos una reducción de la actividad de la red neuronal por defecto, la parte del cerebro que divaga y se preocupa cuando no estamos centrados en una tarea cognitiva externa. Esto significa que en el estado de flujo hay una disminución del pensamiento autorreferencial y, por lo tanto, nuestros niveles de estrés disminuyen porque no estamos criticando duramente cada uno de nuestros movimientos. El estado de flujo también activa el sistema de recompensas de dopamina del cerebro, que tiende a coincidir con sentimientos de optimismo, esperanza, posibilidad y una sensación de alta motivación, así como una reducción de las sensaciones de fatiga e incomodidad. Mientras que la máquina tragaperras o las notificaciones del móvil proporcionan una dosis pasajera de dopamina, el flujo nos sumerge en una experiencia dopaminérgica prolongada. La paradoja del estado de flujo es que persigues una meta, pero esta es irrelevante. La promesa de obtener una recompensa inspira una dedicación incansable para completar lo que necesitamos hacer, pero la satisfacción que proporcionan la concentración unilateral y la inmersión en el proceso es un valor en sí misma.

En el estado de flujo, nos liberamos de la carga que solemos llevar, sin distracciones. En términos neurológicos, la corteza cerebral reduce los estímulos de los centros sensoriales, que son los responsables de tu sensación de identidad, y la actividad de los circuitos en el lóbulo parietal, que procesan el tiempo.

Cuando practicamos visualizar nuestra intención con todos los detalles sensoriales, nos esforzamos por entrar en el estado de flujo en nuestra imaginación. Buscamos estar tan inmersos en nuestra tarea imaginada como lo estaríamos en la vida real. Las investigaciones han demostrado que, cuando el cerebro está absorto en estados de profunda concentración y enfoque, como cuando ensayamos mentalmente un resultado esperado, se reduce la percepción del tiempo y del espacio mental. Cuando nuestro entorno físico y sus demandas ocupan menos espacio en nuestra consciencia, liberamos nuestra imaginación para que nos conduzca íntegramente hacia la experiencia interna de nuestra intención. Es el acto mismo de prestar una atención tan concentrada lo que permite a nuestra mente habitar la visión interior, del mismo modo que libera al atleta de alto rendimiento para responder a sus objetivos con agilidad, coordinación y precisión.

En esencia, el estado de flujo se traduce en una completa alineación de nuestra mente consciente y subconsciente al servicio de nuestra intención. En el estado de flujo, contamos con un acceso especial a los recursos más profundos de nuestro subconsciente y podemos utilizarlos de forma más directa. También podemos obtener ese acceso VIP al subconsciente mediante técnicas de hipnosis, que utilizan muchas de las mismas regiones cerebrales.

Acceso al subconsciente mediante la hipnosis

Cuando practicamos la visualización repetitiva, la técnica básica para manifestar, en esencia estamos hipnotizando a nuestra mente para reconocer que nuestra intención es importante. Si entramos en YouTube, encontraremos innumerables ejemplos de hipnotizadores que hacen entrar en trance a personas del público y luego los conducen a olvidarse de sus nombres, reír histéricamente, quedarse dormidos o sentirse completamente borrachos a pesar de estar sobrios. Los neurocientíficos han estudiado los efectos de la hipnosis en el cerebro y han hecho varios descubrimientos reveladores. En esencia, la hipnosis es la práctica de cambiar la manera en la que usamos la mente para controlar la percepción y el cuerpo. Al igual que el estado de flujo, funciona mediante una inmersión completa.

Con imágenes magnéticas funcionales, que miden la actividad cerebral al detectar cambios en el flujo sanguíneo, los investigadores de la Universidad de Stanford analizaron los cerebros de pacientes bajo hipnosis y observaron varios fenómenos distintivos.[13] En primer lugar, era evidente una reducción en la actividad de la corteza cingulada anterior dorsal, que forma parte de la red de relevancia del cerebro. El motivo es que, durante la hipnosis, el estado de inmersión es tan profundo que la atención de las personas se concentra en la tarea y no hay necesidad de escanear los entornos interno y externo en busca de más estímulos relevantes. Además, también se observó un aumento en las conexiones de otras dos áreas del cerebro: la corteza prefrontal dorsolateral y la ínsula. El trabajo en conjunto de estas dos áreas indica una conexión establecida entre el cerebro y el cuerpo, lo que permite al primero tener una mayor capacidad para responder e incluso ejercer algo de control sobre las sensaciones que el cuerpo le envía. Por último, se hallaron conexiones reducidas entre la corteza prefrontal dorsolateral y la red neuronal por defecto. Esta reducción en la conectividad funcional posiblemente represente un desacople de las acciones del sujeto de su conocimiento consciente de estas. En este punto, el sujeto ya no piensa en lo que está haciendo: ha accedido a un estado más allá de la preocupación o del diálogo interno inseguro y simplemente «hace».

Durante la hipnosis, al separarse la acción del conocimiento consciente, el sujeto es muy sugestionable por parte del hipnotizador o, en el caso de la autohipnosis, por sí mismo. Puede involucrarse más fácilmente en actividades que podrían dar pie a una reacción defensiva en la vida cotidiana sin esa inseguridad que requiere tanta energía cerebral. En otras palabras, la hipnosis nos permite quedar completamente absortos en el objeto de nuestra atención, obtener un mayor control de nuestros cuerpos y sentimientos, y dejar a un lado nuestras limitaciones para permitir que el poder de nuestro subconsciente trabaje con libertad. Cuando grabamos deliberadamente una intención en nuestras mentes mediante la visualización repetitiva, estamos usando las mismas herramientas fisiológicas que la hipnosis.

Otra analogía para el proceso de manifestación se encuentra en el fenómeno del efecto placebo.[14] Todos hemos oído historias increíbles sobre pacientes con enfermedades o dolores crónicos a quienes brindaron medicamentos prometedores de resultados milagrosos. Los pacientes superaron sus afecciones y sanaron por completo, y entonces descubrieron que solo habían tomado una pastilla de azúcar. El mero hecho de hacerlo inoculaba en su cuerpo la creencia de que era posible sanar, lo que, a su vez, hacía que sus cuerpos cambiaran a nivel genético y, por lo tanto, derrotaran a la enfermedad. De una forma similar a lo que sucede durante el proceso de hipnosis, el efecto placebo sucede porque la consciencia del paciente se comunica con el subconsciente y el sistema nervioso autónomo, y emplea la mente para reconfigurar su cuerpo a nivel celular. La intención de la mente consciente de sanar debido a la creencia del paciente en la posibilidad de hacerlo se instala en el subconsciente, lo que puede alterar la producción de genes por parte de las células. Luego, el cuerpo, la mente y el corazón del paciente aceptan ese pensamiento como una realidad, lo creen emocionalmente y, por último, lo expresan a nivel físico al superar sus síntomas.

Lo que todos estos procesos tienen en común es la capacidad de la corteza de bajar el volumen del mundo exterior y, al hacerlo, reducir las distracciones que entran por los sentidos. Eso incluye atenuar las creencias falsas o distorsionadas que suponen obstáculos para la sanación y realización. También hay una reducción significativa en la actividad de la red neuronal por defecto, que, en general, es la responsable de nuestras críticas hacia lo que sea que estemos haciendo. Y, por último, las emociones positivas que inundan nuestros cuerpos cuando nos concentramos activan los centros de recompensa en el cerebro, de forma que estamos más atentos a la posibilidad de que nuestra intención se haga realidad, y más dispuestos a tolerar la incomodidad para conseguirla. Como resultado, la consciencia puede habitar un espacio que está más allá del cuerpo, del entorno físico e incluso del tiempo en sí, y, así, la intención interna puede convertirse cada vez más en una realidad.

El poder del ritual

El subconsciente responde profundamente a emociones intensas asociadas con un comportamiento en concreto, lo que explica por qué tantas prácticas de manifestación giran en torno a rituales, a menudo acciones que se llevan a cabo repetidamente de una forma precisa. El ritual es una de las formas más poderosas de llevar nuestra mente consciente y subconsciente a un estado de concentración, lo que nos permite entrar en un estado de flujo.

Conocí a Lynne Twist, fundadora del Soul of Money Institute y cofundadora de Pachamama Alliance, a través de un amigo en común, el autor Neal Rogin. Lynne me contó cómo, antes de conocer a un posible donante, escribe su propósito y los resultados esperados de la conversación. Luego enciende una vela. Da igual si está recaudando fondos para que la organización Pachamama Alliance preserve las cabeceras sagradas del Amazonas, la organización The Hunger Project o la iniciativa Nobel Women's Initiative, se centra en la intención más amplia de «facilitar la redistribución de los recursos financieros del temor al amor, de la destrucción a la protección de nuestras comunidades, nuestras familias y nuestro mundo». Mientras contempla la vela, reafirma en su consciencia que tendrá el gran privilegio de hablar con otro ser humano, de conectar con esa persona y con la generosidad de su corazón, y la invitará a asociarse con ella, en lugar de manipularla. Desde su propio espacio sagrado privado, conversa con el espíritu del posible donante y visualiza el intercambio mediante la lente de su corazón, donde le pregunta a la otra persona si le gustaría que su dinero se convierta en un canal para su amor. Ella visualiza la respuesta del donante, que puede aceptar la invitación con el corazón o rechazarla para destinar su dinero a algún otro propósito. Sea como sea, ella imagina al donante sintiéndose del todo satisfecho y realizado con su respuesta. Así, si el donante decide no participar, Lynne no siente decepción; simplemente lo «bendice y lo libera».

Existen innumerables rituales, ritos y prácticas que podemos usar para grabar nuestra intención en los niveles más profundos de nuestras mentes. Algunos son ceremoniales, como el de Lynne, y otros son más comunes. Por ejemplo, muchos escribimos nuestra intención y la colgamos donde la veamos todos los días, como en el espejo del baño o en el salpicadero del coche o en la cartera. O podemos recordar la práctica de Anula de escribirse cartas y llevarlas encima. Cada vez que vemos el papel con nuestra intención, podemos repetir nuestra visualización de alcanzar nuestra meta, recordar en nuestra mente, cuerpo y corazón los maravillosos sentimientos que experimentaremos cuando se haga realidad. A medida que practicamos recordar nuestro resultado esperado una y otra vez, nuestra intención repetida de experimentar nuestros deseos cumplidos está brindando a nuestra atención (y, por lo tanto, a nuestro subconsciente) cierta velocidad para influir en el resultado.

El cheque de diez millones de dólares de Jim Carrey

Carrey tuvo que reconocer las creencias negativas y autolimitantes instaladas en su subconsciente durante su infancia que actuaban como obstáculos para la manifestación de sus deseos. Cuando tomó consciencia de ellas, pudo ofrecer a su subconsciente creencias para corregirlas, que instaló mediante técnicas de afirmación, visualización y recordatorios repetitivos en forma de rituales mientras conducía su coche por Mulholland Drive. Al asociar sus intenciones con fuertes emociones positivas experimentadas en el presente, Carrey estaba redirigiendo su subconsciente para que prestara atención a sus resultados deseados y alertando a su red de relevancia para buscar oportunidades de lograr sus metas. La evidencia que confirmaba la crueldad, la cualidad aleatoria y la injusticia del mundo se hicieron menos relevantes para su mente y abrió paso a señales esperanzadoras de éxito, a sincronicidades que hicieron avanzar sus sueños profesionales y a la perseverancia para afrontar los contratiempos inevitables.

Carrey combinó su sensación de empoderamiento, gratitud y alegría que recibía de sus visualizaciones (y de los neurotransmisores liberados por esas experiencias de fuertes emociones positivas) con la feroz ética de trabajo que demostró tener al perfeccionar sus talentos en los clubes de comedia. Las emociones positivas que experimentaba en su ensayo mental le señalaban al cerebro que las experiencias que él deseaba eran dignas de recibir su atención y que los recursos mentales debían destinarse a perseguirlas. En cierto modo, se estaba hipnotizando para salir del dominio que las dolorosas experiencias de su infancia ejercían sobre él y entrar en la nueva realidad de su éxito futuro. Su ritual de contemplar Los Ángeles y ensayar su éxito transformó su cerebro de la misma manera que el ritual médico de visitar el hospital y recibir una pastilla altera a un paciente que se beneficia del efecto placebo. Como resultado, cuando el éxito llegó de verdad, la mente consciente de Carrey ya lo había vivido como una realidad experiencial mediante un ensayo mental, y estaba predispuesto a recibirlo sin temor ni resistencia.

PRÁCTICA:
Visualizar tu intención

A muchos nos resulta difícil imaginar que tenemos la capacidad y la agencia para manifestar. Es fácil creer que los impulsores de nuestros logros existen fuera de nosotros, pero la realidad es que dentro de cada uno hay un superpoder que nos permite imaginar posibilidades increíbles, y ese es el poder de la visualización. Cuando aprendí por primera vez las técnicas de Ruth en la tienda de magia, el término visualización no existía en las prácticas comunes y el concepto de neuroplasticidad no se entendía en toda su extensión. Lo que se ha descubierto desde entonces es lo poderosa que puede ser la visualización cuando se practica con diligencia y con el corazón abierto.

1. Prepárate

A. Encuentra el momento y el lugar para hacer esta práctica sin que nadie te interrumpa.
B. No comiences esta práctica si sientes estrés, tienes otros asuntos que te están distrayendo, has bebido alcohol o consumido drogas recreativas en las últimas veinticuatro horas, o sientes cansancio.
C. Ten un bloc de papel y un bolígrafo cerca.

2. Comienza a visualizar tu intención

A. Siéntate en una posición relajada con los ojos cerrados y piensa en la meta que deseas manifestar mientras también permites que tus pensamientos divaguen. A menudo puede surgir una imagen o pensamiento negativo, pero puedes dirigir tu atención de inmediato hacia lo que desees manifestar.

B. Hazlo durante varios minutos, y, si tu mente divaga (como seguramente hará), llévala de inmediato hacia el pensamiento de lo que deseas manifestar.

C. Al pensar, intenta que la imagen de ti alcanzando la meta sea clara. Visualízate en esa imagen, tu aspecto, tus sensaciones corporales y los sentimientos que despierta en tu corazón.

3. Ahora relájate un poco más

A. Siéntate con la espalda recta y los ojos aún cerrados y toma aire lentamente por la nariz tres veces y exhala por la boca.

B. Repite el proceso hasta que esta respiración te resulte cómoda y no te distraiga.

C. Empezando por los dedos de los pies, empieza a relajar los músculos del cuerpo en dirección ascendente hasta la cabeza, sintiendo cada vez más y más comodidad mientras te concentras en relajar el cuerpo. Descubrirás que, al hacerlo, te envuelve una sensación de calma y seguridad. Sientes calidez y aceptación, y ya no te preocupa que los demás te juzguen o critiquen tus sueños y aspiraciones, mientras sigues inhalando y exhalando lentamente. Ahora comienzas a ver con más claridad qué es lo que deseas manifestar.

D. Sientes comodidad y relajación mientras sigues inhalando y exhalando lentamente. Ahora sientes menos distracción y más concentración.

4. Vuelve a visualizar tu intención

A. Vuelve a pensar en manifestar tu intención. Concéntrate en esa imagen de ti logrando la meta que deseas manifestar.

B. Permanece con esa sensación de satisfacción y realización mientras inhalas y exhalas con lentitud. Nota que, mientras lo haces, las oportunidades parecen más posibles. La imagen de ti habiendo manifestado tu intención se hace más nítida.

C. Sientes relajación, calma, y que puedes lograr cualquier cosa que desees. Sientes conexión con las infinitas posibilidades que tienes dentro para manifestar.

D. Permanece en conexión con esos sentimientos, y sigue inhalando y exhalando lentamente. Inspira y espira. Ahora abre poco a poco los ojos. Sientes calma. No tienes miedo.

5. Anota tu intención

A. Toma el bolígrafo y el papel y escribe con tus propias palabras durante al menos cinco minutos sobre cómo has visualizado lo que deseas manifestar. Procura que el relato sea lo más preciso posible.

B. Si tu intención está relacionada con una meta profesional, explica todos los detalles, incluidos el momento y lugar, la ropa que llevas puesta, el momento del día y cómo te sientes. Si se trata de un objeto, incluye tantos detalles como puedas en una descripción profunda y escribe la sensación de tener ese objeto. Visualízate con él. Todos los detalles.

6. Repasa tu intención

A. Lee para tus adentros lo que has escrito, cierra los ojos y vuelve a imaginar durante unos minutos que has manifestado tu intención y la sensación de haberla logrado.

B. Vuelve a abrir los ojos y ahora lee en voz alta lo que has escrito para oírlo.

C. Cierra los ojos y vuelve a imaginar durante unos minutos que has manifestado tu intención y la sensación de haberla logrado.

7. Repite este ejercicio

A. A algunas personas les basta hacer esta meditación una vez al día durante veinte minutos; otras pueden querer hacerla más de una vez al día. La realidad es que, cuanto más a menudo uses esta práctica de visualización, más probable es que tus sueños se manifiesten.

B. Recuerda: aunque es posible visualizar y manifestar cosas que pueden beneficiarte solo a ti, es mucho más potente y probable que tu deseo se manifieste si está al servicio de un objetivo que está por encima de ti. Eso no significa que la manifestación deba ser absolutamente altruista, sino que es más poderosa cuando el objetivo también beneficia a otras personas.

Como puede verse en el ejemplo de Carrey, la manifestación no es una actividad que se haga una vez y ya está. Es una práctica consciente y cultivada con diligencia y cuidado. En raras ocasiones obtenemos lo que deseamos de inmediato. Al contrario, debemos ceñirnos a ella, en general en lo bueno y en lo malo, incluso cuando nuestras circunstancias externas (y nuestras propias mentes) parecen conspirar para mantenernos lejos de alcanzar nuestras metas. Y casi siempre hay un momento en el que debemos recurrir al apoyo de los demás para ayudarnos a llegar a la cima. Por eso vamos a seguir en el próximo capítulo con el paso cinco: persigue tu meta con pasión, en el que aprenderemos cómo la respuesta de descanso y digestión nos permite conectar de forma consciente con los demás, y cómo convertirnos en la clase de persona a la que los demás desean ayudar mediante la alineación de nuestra intención con un propósito más elevado.

7. Paso cinco:
Persigue tu meta con pasión

«Siempre persigue tus pasiones. Nunca te preguntes si son realistas o no. Encuentra el lugar en tu interior donde nada es imposible».[1]

DEEPAK CHOPRA

El lugar más traicionero del mundo para navegar es la zona de convergencia intertropical, conocida por los navegantes como «calmas ecuatoriales». Cerca del ecuador térmico convergen los vientos alisios del noroeste y sureste y, cuando los del noroeste se disipan, los sustituyen largos periodos de calma seguidos por fuertes ráfagas y vientos ligeros y cambiantes. Los navegantes consideran esto una pesadilla, porque resulta casi imposible descifrar hacia dónde se dirige la corriente, qué velocidad y dirección tomó la última ráfaga.

En su viaje a Tahití, Nainoa Thompson temía entrar en las calmas ecuatoriales.[2] Aunque adoptó una postura valiente frente a los medios y los polinesios que depositaban en él sus más profundas esperanzas, él dudaba de su capacidad de navegar con el cielo cubierto de nubes casi al cien por cien, sin poder ver las pistas celestes mediante las que había aprendido a guiarse. Carecía de la seguridad para confiar en su instinto. Temía navegar a ciegas, y eso fue exactamente lo que pasó.

Como él lo describe, cuando llegó a las calmas ecuatoriales, el cielo se cubrió en su totalidad. La lluvia azotaba contra sus ojos. El viento, de unos veinticinco nudos, era abrumador y no dejaba de cambiar de dirección.

«Eso es lo peor que te puede pasar —comenta Thompson—. Avanzas rápido y no sabes hacia dónde».

No podía decirles a sus hombres en qué dirección navegar. A pesar de que sabía que no podía ceder ante la fatiga, su cuerpo estaba lleno de tensión.

Al principio, Thompson luchó mentalmente contra las condiciones climáticas, esforzándose por identificar alguna pista familiar en el cielo que guiara la canoa y a los marineros que estaban bajo su mando. Al final, se rindió, tan exhausto que se apoyó en la barandilla para descansar. Abandonó su lucha mental contra el clima y dejó que su mente se relajara. Luego, recuerda, sucedió algo extraño.

«Me invadió una gran calidez. De pronto, sabía dónde estaba la luna, a pesar de no poder verla. La calidez y la imagen de la luna me brindaron una sensación de confianza, y supe en qué dirección ir, aunque yo me había convencido antes del viaje de que no tendría la confianza para saber hacia dónde dirigirme. Guie la canoa hacia un curso nuevo, ajusté algunas cosas, y me sentí muy, muy cómodo en ese ambiente frío, húmedo y áspero. Y entonces —solo durante un momento— se abrieron las nubes, y se vio el brillo de la luz de la luna, justo donde yo esperaba que estuviera. No puedo explicarlo, pero ese fue uno de los momentos más preciados de toda mi experiencia como navegante. Me di cuenta de que había una conexión profunda entre algo en mis habilidades y mis sentidos que iba más allá de lo analítico, más allá de mi propia vista».

Es inevitable que en nuestros procesos de manifestación encontremos obstáculos, impedimentos y frustraciones. Quizás incluso nos sobrepase la inseguridad, perdamos la confianza en nuestras habilidades para cumplir con nuestras intenciones y perdamos de vista, como lo hizo Nainoa Thompson, las guías y pistas en las que confiábamos para orientar nuestro camino. Cuando afrontemos nuestra propia noche oscura y nos invadan temores e historias antiguas que nos atormentan con la falsa idea de que somos incapaces, insuficientes o que estamos equivocados, podemos concentrar nuestra atención en nuestra intención más profunda y refugiarnos en las simples y poderosas prácticas que hemos estado cultivando para expresar la brújula de nuestros corazones. Y cuando caminemos a tientas por la oscuridad absoluta de cualquier jungla en la que estemos perdidos, como le sucedió a Silvia Vásquez-Lavado, podemos mirar a nuestro alrededor en busca de los rostros amistosos y solidarios de quienes conocen el camino y pueden guiarnos.

Podemos dedicar un tiempo extra a nuestras prácticas de autocompasión o buscar nuevas formas de visualizarnos alcanzando nuestras metas, o explorar nuevos rituales que nos permitan entrar en un estado de flujo en el que podemos superar nuestras limitaciones (y nuestras cabezas) y dejar que la vida tome su curso natural y haga por nosotros lo que nunca pudimos hacer solo con nuestra mente consciente. Existe una variedad de estrategias que pueden ayudarnos a atravesar los momentos difíciles que naturalmente se presentarán cuando manifestemos nuestra intención: empezar con pasos pequeños, regresar a las prácticas esenciales, activar el poder social del altruismo y conectar con la sincronicidad.

Empieza con pasos pequeños

La manifestación es una práctica de conexión y, lo que es más importante, de comprender el proceso de instalar nuestra intención en el subconsciente, lo que conlleva mucha repetición. Como con cualquier otra práctica, conviene comenzar con una meta pequeña y sencilla que no esté demasiado fuera de nuestro alcance. Si intentamos saltarnos un millón de pasos y esperar resultados espectaculares al momento, nos decepcionaremos inevitablemente y el proceso entero nos desanimará. Lo que es peor, es probable que nos volvamos excesivamente autocríticos y volquemos esa decepción en nosotros. Alcanzar una pequeña meta nos ayuda a construir confianza en nosotros mismos y en el proceso, y las emociones positivas que sentimos al alcanzar dicha meta nos animan a perseguir la siguiente. Esa es la naturaleza de los cambios pequeños o los pasitos. Nos fortalecen sin sobrepasarnos.

La manifestación no es una práctica que se haga una sola vez; no es una varita mágica y no nos permite saltarnos las leyes de la física ni las etapas naturales del desarrollo humano. No hay un límite para lo que podemos querer perseguir, pero incluso nuestros sueños más salvajes solo pueden hacerse realidad paso a paso. Aunque a veces funcione enseguida, la manifestación no sucede mágicamente de la noche a la mañana. No pasa de cero a cien en un microsegundo. También hay que reconocer que la manifestación no es un proceso pasivo. Es un proceso activo de dar pequeños pasos que conducen a la meta final. También hay que comprometerse a hacer el trabajo que implica la manifestación, ya sea perseguir un logro académico o intentar levantar 180 kilos en *press* de banca. Dicho eso, podemos manifestar cosas extraordinarias, pero primero deben estar instaladas en nuestro subconsciente. Con el tiempo, a medida que se presenten las oportunidades y nosotros respondamos, cada uno de esos pequeños pasos finalmente contribuyen a la manifestación de esa intención.

Las lecciones que aprendes mientras vas dando toda esa serie de pequeños pasos te otorgarán la sabiduría para persistir cuando te enfrentes a los inevitables obstáculos del proceso. El proceso también te ayudará drásticamente a tomarte el tiempo de disfrutar de cada pequeña victoria, de saborearla y apreciarla, en lugar de salir corriendo a perseguir la siguiente. No solo es la repetición lo que crea el hábito; es la emoción positiva que le otorgamos a la acción de hacer un buen trabajo y completarlo.

Sé alguien a quien te gustaría ayudar

Quizás pienses que la solución al estancamiento es redoblar esfuerzos, poner más intensidad o incluso ser más persistente. Sin embargo, quiero ofrecerte una estrategia alternativa que puede parecer contraintuitiva: reflexiona sobre cómo ves el mundo, qué es lo que crees al respecto del lugar que ocupas en él y, lo que es más importante, qué efecto tienes en todas las personas que conoces. Mejorar conscientemente nuestras interacciones con quienes nos rodean podría ser el factor clave para superar nuestros obstáculos a la hora de manifestar. Al hacerlo, estás creando un equipo de aliados que te ayudarán.

El sistema nervioso responde constantemente a quienes nos rodean y a nuestro entorno, escaneando en busca de amenazas y oportunidades. Mediante el proceso descrito por Stephen Porges como neurocepción, un sistema subconsciente para detectar amenazas y seguridad, clasificamos cada encuentro con otra persona como seguro o peligroso, y decidimos subconscientemente si acercarnos o alejarnos.[3] Cuando estamos en el modo de reposo y digestión, nuestros cuerpos experimentan lo que se conoce como sistema de interacción social, que va acompañado de una serie de cambios fisiológicos. Nuestra frecuencia cardiaca se ralentiza, se activan la saliva y la digestión, los músculos faciales se estimulan para expresar estados mentales positivos y hay un incremento en la expresividad vocal y una predisposición a mantener el contacto visual con los demás. Estos cambios afectan a nuestras reacciones frente a los estímulos, a las expresiones que aparecen en nuestro rostro y, lo que es más importante para la manifestación, cómo nos responden los demás. Cuando miramos al mundo de otra forma, nos movemos en él de una manera diferente y, a su vez, el mundo nos contempla de forma distinta. Un ejemplo extraordinario es que los músculos de nuestros oídos medios se activan, y estos músculos están diseñados para captar los matices de la voz humana. Como han descubierto los investigadores de la teoría polivagal, la voz humana suena especial a nuestros oídos cuando nos sentimos a salvo.[4] Cuando estamos en modo de lucha, huida o parálisis, nuestros oídos se concentran solo en las altas y bajas frecuencias, porque estas tienden a indicar la cercanía de depredadores. En otras palabras, solo cuando nos sentimos a salvo y cuidados podemos escuchar de verdad a otro ser humano.

En mi caso, aprender a escuchar ha sido una práctica de toda la vida. Me refiero a escuchar de verdad, no solo sentarte ahí a observar cómo habla otra persona mientras preparas y calculas tu respuesta. A menudo se ha dicho sobre los neurocirujanos que «se equivocan con frecuencia, pero nunca dudan». Yo solía manifestar esa actitud arrogante en todas mis interacciones, y la verdad es que me estaba privando de establecer conexiones reales con los demás. Cuanto más practicaba estar bien conmigo, más descubría que podía conectar con los demás y captar de verdad lo que me estaban diciendo. En cierto sentido, manifestar es la habilidad de conectar con quienes nos rodean, nuestro entorno y nuestro contexto, y la amabilidad y la compasión genuina son nuestras vías fisiológicas directas para alcanzar esa conexión. Cuando expresamos la fisiología prosocial de la respuesta de descanso y digestión, los demás quieren ayudarnos instintivamente a alcanzar nuestras metas, porque perciben que nuestras acciones están al servicio de un bien mayor y contribuyen con un todo. De hecho, los sistemas de placer y recompensa de nuestros cerebros se activan no solo cuando somos generosos o experimentamos la generosidad de los demás, sino como una respuesta a la comida, el dinero y el sexo.

Cuando estamos en la zona verde, como mencionamos en el capítulo 2, agradamos a las demás personas, y ellas disfrutan de estar a nuestro alrededor. Una parte del poder del sistema de cuidado mamífero es que, cuando nosotros mismos estamos angustiados o detectamos angustia en los demás, si nos sentimos lo suficientemente a salvo, podemos escoger consolarnos y practicar la autocompasión en vez de luchar o retraernos. Como consecuencia, dado que naturalmente imitamos el estado autónomo de quienes nos rodean, nuestro estado de zona verde puede desencadenar una zona verde en los demás, porque ellos se sentirán a salvo, relajados y cómodos en nuestra presencia. Nuestra autocompasión puede ser contagiosa, al igual que el campo electromagnético del corazón en estado de coherencia. Sentirse seguro es necesario para forjar relaciones sociales sólidas. La seguridad favorece la proximidad física y la construcción de la intimidad que se genera a partir del contacto amistoso y afectuoso. El contacto físico positivo promueve la liberación de oxitocina, que a su vez permite que se establezcan vínculos sociales. Debemos sentirnos lo suficientemente seguros para estar cerca de los demás en pos de sentirnos emocionalmente cercanos.

A medida que ensayamos las emociones positivas de la conexión, la pertenencia, el propósito y la realización en nuestras visualizaciones y meditaciones, estas se vuelven más y más familiares para nosotros y menos amenazantes para nuestra supervivencia. Cuanto más fomentemos que esas emociones activen el instinto de seguridad social de la respuesta de descanso y digestión, más experimentarán los demás la bondad y beneficios de nuestra intención, y desearán actuar al servicio de ella, porque también les está sirviendo a ellos.

Alinear nuestro propósito

¿Recuerdas el momento de la historia de Anula cuando estaba a punto de volver a hacer su prueba de acceso? En lugar de visualizar que sacar una buena nota solo beneficiaría a sus deseos personales, ella cambió de perspectiva para imaginar su contribución con sus futuros pacientes y toda la ayuda y sanación que podría ofrecerles con su cuidado si se convertía en médica. Al llevar esa nueva aspiración sentida hacia el examen, Anula fue capaz de centrarse en sus respuestas, recordar su conocimiento de forma más eficaz y, por último, obtener una nota más alta que antes. Esa es la alquimia que sucede cuando un deseo se encuentra con un anhelo sincero de conexión. Cuando reflexionamos sobre nuestros deseos personales, descubrimos detrás de ellos un anhelo más profundo de contribuir con nuestro mundo. En el proceso de manifestación, ese no es solo un efecto secundario reconfortante; es un activo estratégico de suma importancia. El mundo responde de forma favorable y generosa a un propósito que sana e invita a la vida a fluir. Al conectar con cómo nuestra intención puede ayudar a los demás, invitamos a benefactores y a una colaboración que nunca hubiéramos imaginado de haber perseguido nuestra meta siguiendo nuestro propio interés.

Es interesante observar que el punto de inflexión de la carrera de Jim Carrey también sucedió con una revelación acerca del propósito superior de su comedia. Él lo describe que, aunque ya era un imitador popular y exitoso —el «hombre de los mil rostros» que imitó a Elvis Presley para Johnny Carson en *The Tonight Show*—, decidió alejarse de su personaje complaciente con el público, salir al escenario noche tras noche sin tener nada preparado, ni texto ni chistes, y simplemente improvisar para descubrir su motivación más profunda.

«Regresaba a casa [después de las actuaciones] —declaró Carrey en el documental *Jim and Andy: The Great Beyond*—, y me acostaba en la cama a pensar: "¿Qué es lo que quieren? ¿Qué es lo que quieren? ¿Qué es lo que quieren?" No era qué quería yo. Yo sabía lo que quería: quería tener éxito, quería ser un actor famoso. Pero ¿qué querían ellos? "¿Qué quieren? ¿Qué quieren?" Hasta que un día, en mitad de la noche, me desperté de un sueño profundo, me incorporé de inmediato y pensé: "Quieren liberarse de las preocupaciones", y la bombilla se encendió».

La noche siguiente, Carrey se presentó en el club Comedy Store y abrió el espectáculo con la frase: «Buenas noches, damas y caballeros, ¿cómo están esta noche? Oooooh, esto está bien». El público estalló en aplausos, y así nació el característico personaje altanero que muy pronto aparecería en *Ace Ventura* y lo lanzaría al estrellato. «Sabían que a mí no me importaba, que todo me importaba una mierda —dijo Carrey—. Lo que decidí aquel día en mi cama fue que necesitaban liberarse de sus preocupaciones, así que yo sería el tipo al que nada le preocupara». Carrey había descubierto que podía alinear sus talentos con las necesidades emocionales genuinas de su público y, así, cuidarlos y ayudarlos sin dejar de ser amable consigo mismo. Carrey incluso se ha referido a su trabajo como cómico como si de un «ministerio» se tratara.

Años más tarde, en una charla con Eckhart Tolle en 2009, Carrey reflexionó sobre su vida después de alcanzar el éxito.[5] Al pensar en su pasado, se veía como dos personas diferentes: una estaba en la sala de estar saltando de aquí para allá para las visitas, entreteniendo a todo el mundo. La otra intentaba aliviar el sufrimiento de su madre. Quería que ella se sintiera libre, que sintiera que «su vida tenía valor porque había dado a luz a alguien que valía para algo». Y luego se retiraba a su habitación y se sentaba con un bloc de notas y se hacía preguntas importantes, ya desde pequeño: «¿Por qué estamos aquí? ¿Qué es esto?». Más adelante, leyó una cita de Buda que decía que el propósito de toda espiritualidad es aliviar el sufrimiento. Y más tarde tuvo una revelación: «¡Eso es lo que he estado haciendo en la otra habitación! Estoy alineado. Mi propósito se alinea con esto».

En otras palabras, cuando Carrey alineó sus talentos para la comedia con su propósito más elevado de aliviar el sufrimiento al liberar a las personas de sus preocupaciones, empezó a convertirse en la persona con la que todos querían trabajar, tal como había imaginado en lo alto de Mulholland Drive. Mientras experimentaba este nuevo rol de ayudar aún más a su público, sus sueños comenzaron a manifestarse a un nivel increíble. «Mi decisión de liberar a las personas de sus preocupaciones me llevó a la cima de la montaña —reflexionó Carrey—. El efecto que tienes en los demás es la moneda más valiosa que existe [...] yo hice algo que hizo que las personas me mostraran su mejor versión, dondequiera que estuviera».

PRÁCTICA:
¿Cómo beneficia a la vida mi intención?

Una de las cosas más poderosas que podemos hacer para incrementar nuestro poder interior es alinear nuestra intención con la vida que nos rodea. En esta práctica te animo a reflexionar sobre cómo tu visión forma parte de algo más grande que tú individualmente.

1. Prepárate

A. Encuentra un lugar tranquilo y un momento para poder reflexionar.

B. Haz algunas respiraciones profundas para calmar tu mente y regresa a este momento en tu cuerpo.

2. Reflexiona sobre tu intención

A. Piensa en la intención que has estado visualizando. Experiméntala por completo con todos los detalles sensoriales y emociones positivas.

B. Ahora aléjate un poco. ¿En qué contexto sucede esa visión? ¿Quién más está conectado con el suceso o meta? ¿Qué significa tu intención para ellos?

3. Conecta tu intención con algo superior

A. Valora el efecto que tendrá lograr tu intención. Quizás alcanzar tu meta te permitirá inspirar a otros a perseguir sus propios sueños. Quizás tu intención llevará alegría, atención o recursos a tu familia o comunidad. Quizás aborde una problemática social o climática que afecte a numerosas personas.

4. Escribe una declaración

A. Escribe una declaración de intenciones o de misión sobre cómo tu intención ayudará a la vida que te rodea. Puede ser una carta para ti, para un ser querido o para el mundo, o una declaración personal como las que se adjuntan a las solicitudes de trabajo, o una serie de principios que tengas la intención de seguir.

B. Cuando te enfrentes a grandes inseguridades, resistencia o apatía, regresa a esa declaración en busca de apoyo e inspiración. Recuerda que lo que estás manifestando forma parte de una red vital más extensa. Quizás quieras leer o compartir tu declaración con los demás para obtener su apoyo para tu intención.

Sincronicidad

Otra forma de afrontar los obstáculos de la manifestación implica usar la habilidad natural del cerebro para buscar pistas en nuestro entorno. En el capítulo anterior, aprendimos cosas sobre el gestor de archivos y el sabueso de nuestro subconsciente. Cuando el archivero clasifica nuestra intención como relevante y le entrega el rastro al sabueso, este empieza a buscar cualquier pista de oportunidad para cumplir nuestra intención. Este es el origen del fenómeno de sincronicidad: la repentina, y a menudo sorprendente, aparición de coincidencias significativas en nuestras vidas, que no habíamos notado hasta ese momento. Si estamos estancados en nuestro proceso de manifestación, podemos practicar prestar una atención cuidadosa a las pistas sutiles y conexiones inesperadas que podríamos haber desestimado como accidentales o irrelevantes. En general, estas confluencias extrañas pueden ser indicadores sutiles que nos guíen enigmáticamente en nuestro camino. Solo cuando echamos la vista atrás y reflexionamos sobre la cadena de conexiones vemos su lógica interna.

Piensa en cualquier cosa que te haya sucedido recientemente que consideres «extraña». Quizás tres personas diferentes que no tienen relación entre sí te han recomendado el mismo libro, o hayas tenido un sueño recurrente sobre un paisaje en concreto que parece lleno de significado, o hayas mencionado casualmente tu intención a alguien en una cena o evento del trabajo y esa persona conozca a alguien cuya ayuda tendría un gran impacto en tu proyecto. Quizás hay una frase que no deja de aparecer en tu cabeza y no puedes recordar su origen, o sientes atracción por un barrio en concreto sin motivo racional alguno, o has sentido el instinto de recuperar el contacto con un antiguo amigo a quien hace años que no ves. Teniendo en cuenta que la capacidad de concentración de nuestra mente consciente se limita al corto plazo, no siempre es la mejor a la hora de juzgar lo que de verdad es importante saber y reconocer, de modo que debemos abrir hueco para los mensajes más silenciosos e intuitivos de nuestro subconsciente, que suelen hablarnos mediante las relaciones inesperadas entre personas, lugares, sucesos y cosas.

Tras los pasos del sueño

Amandine Roche languidecía en la facultad de derecho en Francia y soñaba con irse de viaje cuando su amiga la invitó a la Feria del Libro de Burdeos. Ese sería el inicio de un viaje que daría la vuelta al mundo.

Amandine me contó su historia cuando la conocí en 2014, en un evento que yo estaba organizando para la líder espiritual Amma, conocida como la «santa de los abrazos». Resulta que la tía de su amiga iba a estar en la Feria del Libro, y que era la mejor amiga de Ella Maillart. Maillart era una reconocida aventurera y fotógrafa suiza que había emprendido una serie de viajes extraordinarios que el corazón de Amandine anhelaba experimentar. Maillart era conocida por haber recorrido 5.600 kilómetros por China en 1935 con el corresponsal Peter Fleming, del periódico *Times of London*, donde atravesaron desiertos inhóspitos y pasos traicioneros del Himalaya en tren, camión, yak, en camello y a pie. También había viajado en coche desde Ginebra a Kabul en 1939 y había pasado un tiempo con nómadas en Kirguistán. Amanda se dijo a sí misma: «Esa es la vida que deseo tener».

La tía de su amiga le dio el número de Maillart para que se conocieran. Mientras Amandine se estaba preparando para la entrevista e investigaba el trabajo de la periodista, esta, que tenía noventa y cuatro años, falleció. Amandine estaba devastada. Esa noche, Maillart se le apareció en un sueño y le dijo: «No te preocupes. Puedes conocerme de otra manera. Toma todos mis libros y fotografías y regresa a todos los países que yo solía visitar y observa qué ha cambiado en estos setenta años».

Con la esperanza renovada, Amandine diseñó una propuesta y recibió seis subvenciones para seguir los pasos de Ella. Durante dieciocho meses, visitó toda Asia Central, India, Nepal, Tíbet, China, Rusia y Ucrania sin tomar ni un avión, vivió con las personas que conoció en el camino y utilizó cualquier medio de transporte que se le presentó, desde camiones y sidecares hasta camellos. Aun así, debía llegar a Kabul. Era el año 2000 y Afganistán se encontraba bajo el control talibán. En ese momento, Amandine estaba en Tayikistán trabajando con UNICEF. Su jefe le informó de que un grupo de refugiados afganos había entrado en Tayikistán. Ante la sospecha de que los talibanes se hubieran infiltrado en el grupo, se destinó a los refugiados a dos pequeñas islas plagadas de minas terrestres que no estaban reclamadas ni por Tayikistán ni por Afganistán en el río Amu Darya. Como resultado, la situación se convirtió en una crisis humanitaria, y le pidieron a Amandine que fuera allí con tres personas más para ayudar y documentar lo que estaba sucediendo. Ella estaba aterrada, tanto por los tanques rusos comandados por los tayikos de un lado como por los fusiles Kaláshnikov de los talibanes del otro. Sin embargo, aceptó la misión y se enamoró de las personas afganas que conoció, conmovida por su generosa hospitalidad. Decidió que visitaría Afganistán a pesar del peligro. Pidió un permiso y compró un billete de avión de la ONU. Pero nadie quería llevarla. Era demasiado peligroso.

Habló con un grupo de pilotos rusos, que le dijeron que los talibanes acababan de derribar uno de sus aviones y que no regresarían. Luego intentó entrar al país con una ONG, pero no contaba con la autorización de los rusos, de modo que no le dieron el permiso. Después, intentó viajar en helicóptero con Ahmad Shah Massoud, un comandante militar afgano, pero su jefe le dijo que estaba loca por pensar en volar directamente hacia una zona de guerra. Lo intentó tres veces, pero no logró llegar a Afganistán. Finalmente, inspirada por el espíritu de Ella Maillart, tomó su mochila y decidió ir a pie, consiguiendo transporte cuando podía. Llegó a Islamabad, en Pakistán, en septiembre de 2001, donde conoció al líder de la alianza francesa en esa zona. Amandine le explicó que su sueño era seguir los pasos de Ella Maillart y entrar en Afganistán para su libro.

Él le dijo que estaba loca y le advirtió que los talibanes la asesinarían. Al día siguiente, volvió a encontrarse con él, que le preguntó por qué seguía allí. Ella repitió su deseo. Impresionado, aceptó presentarle a uno de sus estudiantes, Rohullah, cuyo tío era Habibullah, el ministro de relaciones exteriores talibán.

Rohullah solicitó el pasaporte de Amandine y llamó a su tío delante de ella. Explicó que ella había intentado entrar tres veces en Afganistán desde Tayikistán y que ahora lo estaba intentando desde Pakistán, y le preguntó si podía ayudarla. Habibullah aceptó y le preguntó cómo se llamaba. Rohullah leyó su nombre en farsi como «Amanuddin Rosh». Habibullah dijo: «No necesita visado. Ya es afgana».

Amandine estaba desconcertada. «Casualmente —dijo Rohullah—, mi tío viene a Pakistán mañana y sería un honor para él entregarte un visado gratuito». Amandine estaba perpleja. Cuando conoció a Habibullah, él le explicó: «Alá te ha enviado a Afganistán gracias a tu nombre. *Aman* significa "paz", *djin* significa "religión" y *rosh* significa "alegría". Tu nombre significa "feliz protectora de la paz". Esa es una señal de Alá, por lo que serás nuestra invitada de honor». Gracias a Habibullah, Amandine cruzó hacia Afganistán y entró en Kabul, donde completó su viaje en honor al legado de Ella Maillart. Fue el 10 de septiembre de 2001.

En medio del caos que se desató tras los ataques al World Trade Center, Amandine perdió el contacto con Rohullah, pero soñaba con la oportunidad de reunirse con la persona que le había permitido completar su misión para devolverle el favor. Más de diez años después, en 2012, una amiga de Amandine la llamó desde Francia. Para entonces, Amandine llevaba una década viviendo en Afganistán intermitentemente, al servicio del pueblo afgano. La amiga estaba escribiendo un libro sobre una famosa mujer pastún, y preguntó si Amandine podía invitar a la mujer a su casa para ayudarla con el contrato de su libro. Amandine aceptó, y su amiga envió a un traductor que resultó ser talibán.

—¿De verdad? —preguntó Amandine—. ¿Conoces a Habibullah?

El hombre rio.

—¿Por qué te ríes? —preguntó Amandine.

—Porque eres su vecina. Él vive en la esquina de tu calle.

Amandine llevaba diez años en Afganistán y ni siquiera sabía que Habibullah estaba vivo y, de hecho, vivía justo al final de su calle. El traductor llamó a Habibullah y dijo:

—Habibullah, *salam aleikum*. Tengo una sorpresa para ti.

—¿Es Amanuddin? —respondió Habibullah.

Resulta que Habibullah había estado buscando a Amandine tras el conflicto militar. Ella se dirigió de inmediato a su casa y preguntó por Rohullah. Habibullah le contó que el padre de Rohullah acababa de morir, y que él por fin había regresado a Afganistán después de años estudiando en Noruega para obtener su máster en estudios de la paz. Habibullah llamó a Rohullah y dijo:

—Tengo una sorpresa para ti.

—¿Es Amanuddin? —respondió Rohullah.

Se volvieron a encontrar y sintieron la belleza y la increíble suerte de reconectar. Rohullah estaba construyendo la escuela Torch of Light para los niños talibanes, y Amandine estaba trabajando para crear la fundación Amanuddin para promover la paz y la no violencia, y para cultivar prácticas de yoga y meditación para los locales. Decidieron trabajar juntos.

Tres años después, Amandine estaba en Haití cuando recibió una llamada de Rohullah. «Por favor, ayúdame», dijo. Como había estado trabajando en el empoderamiento de las mujeres con las Naciones Unidas, los talibanes querían asesinar a Rohullah. Había escapado a Estambul y estaba intentando llegar a Francia. Amandine usó sus contactos para conseguirle un visado, y actualmente Rohullah es ciudadano francés. Finalmente, Amandine logró ofrecerle ayuda para devolverle su gran amabilidad.

Amandine explica así las vicisitudes de su historia: «Si estás conectado por completo con tu alma, surgen las coincidencias y todo se sincroniza con tu intención. Debes vibrar alto, dirigir tu intención hacia donde quieras ir y conectarte con tu intuición. Conocer a Rohullah y a

Habibullah fue una manifestación de mi intención y tuvo un gran impacto en mi destino».

PRÁCTICA:
En busca de la sincronicidad

Sacarle el máximo provecho a la sincronicidad es un hábito que podemos practicar. Cuando nuestro subconsciente comienza a conectar con nuestro entorno en busca de oportunidades para hacer realidad nuestra intención, es como si nos pusiéramos gafas de visión nocturna. Mientras que antes trabajábamos a ciegas en mitad de la noche, incapaces de ver a nuestro alrededor, ahora, con las gafas puestas, se hacen visibles todo tipo de movimientos nuevos que antes no habíamos notado, y de pronto las oportunidades están por todos lados. Ya no estamos a oscuras. Este extraño cruce de intereses, deseos y sucesos es un fenómeno que suele aparecer cuando permitimos que nuestra intención permee nuestro subconsciente y comience a interactuar con el mundo en general. Intenta llevar a cabo esta práctica para incrementar tu propia receptividad a las pistas que el mundo te está ofreciendo.

1. Prepárate

A. Encuentra un lugar tranquilo y un momento para poder reflexionar.
B. Haz algunas respiraciones profundas para calmar tu mente y regresa a este momento en tu cuerpo.
C. Ten un bloc de papel y un bolígrafo cerca.

2. Comienza a relajarte

A. Siéntate en una posición relajada con los ojos cerrados durante unos minutos y permite que tus pensamientos se calmen.
B. Ahora siéntate con la espalda recta y los ojos aún cerrados, y toma aire tres veces lentamente por la nariz y exhala por la boca. Repite el proceso hasta que esta respiración te resulte cómoda y no te distraiga.

3. Escaneo corporal

A. Escanea tu cuerpo poco a poco y roza ligeramente todas las partes de tu consciencia, relajando cada músculo.
B. Permite que la relajación de tu cuerpo, músculo por músculo, afloje y abra tu mente.

4. Busca la sincronicidad

A. Piensa amablemente en los sucesos y circunstancias de tu vida. Permite que los detalles de tu vida se materialicen en tu mente sin juzgarlos. Ningún sentimiento es demasiado pequeño, ninguna pista es demasiado insignificante. Escucha a tu vida como si fuera un sabio oráculo que habla en un idioma misterioso.
B. Pregúntate: «¿He notado algún patrón o coincidencias sorprendentes?». Piensa en conversaciones recientes que hayas mantenido, artículos o publicaciones que hayas leído, sueños memorables o intuiciones pasajeras. Quizás hayas oído el título del mismo libro en boca de tres personas diferentes o no puedas dejar de pensar en un lugar determinado, o hay un recuerdo de hace mucho tiempo sobre una experiencia especialmente inspiradora que no deja de volver a tu mente.

5. Anota tus observaciones

A. Toma el bolígrafo y el papel y escribe con tus propias palabras lo que has visto y sentido al visualizar tu vida.
B. Escribe todos los detalles que puedas. Pueden ser unas pocas frases o un párrafo, solo importa que escribas sobre lo que está intentando decirte tu vida.

6. Repasa lo que has escrito

A. Quédate con los ojos cerrados, y toma aire por la nariz lentamente entre tres y cinco veces y exhala por la boca. Ahora, abre los ojos.

B. Lee en silencio lo que has escrito.
C. Luego lee lo que has escrito en voz alta para poder oírlo. Permanece con esas imágenes de tu vida durante unos instantes con los ojos cerrados.

7. Piensa en los próximos pasos

A. Tómate unos momentos para pensar en cómo puedes hacer un seguimiento de los patrones o descubrimientos que hayas captado. ¿Dónde puedes utilizar tu poder interior para fomentar la red de conexiones sorprendentes?
B. Quédate unos instantes más pensando en lo que has notado. Reconoce que la conexión más diminuta puede ser una oportunidad de profundizar en tu alineación con tu propósito y visión.

Guarda lo que has escrito en algún sitio donde lo veas con frecuencia para que te recuerde que debes seguir buscando conexiones inesperadas en tu vida. Las sincronicidades tienen el poder de multiplicarse cuando les prestamos atención y les ofrecemos respeto. Repite esta práctica periódicamente para refinar tu visión y maximizar todas las oportunidades que te ofrece la vida para alcanzar tus metas.

Arremángate

A veces, para alcanzar nuestra intención, debemos comprometernos a trabajar duro. El proceso es el mismo que el de construir cualquier hábito positivo. A modo de ejemplo, durante estos últimos años he aumentado de peso, lo que, combinado con un antiguo accidente de esquí en el que me lesioné la rodilla izquierda, limitó mi deseo y motivación para hacer ejercicio. Yo vivo en un barrio situado en una colina; cuando salgo de casa, me encuentro inmediatamente con una cuesta empinada. Llevaba tiempo sin hacer ejercicio, pero decidí perder peso. Para entonces me había vuelto a casar, por lo que le pedí a mi nueva esposa que me ayudara, y salimos una mañana temprano a caminar por las colinas. Al poco, yo ya estaba resoplando y suspirando, y dije: «Dios, esto no va a funcionar. No puedo hacerlo. Es horrible, la rodilla me está matando».

Mi cuerpo, que no estaba acostumbrado a bombear sangre a ese nivel, se rebeló ante la incomodidad, y eso produjo señales mentales del tipo: «No puedo hacer esto, no puedo tolerarlo, no funcionará». Sin embargo, lo que en realidad estaba sucediendo era que mi cuerpo se estaba resistiendo, porque yo no estaba en forma. Me rendí enseguida y regresé a casa para sanar mi orgullo herido. Luego, un día me desperté a las cinco y media de la mañana y me dije: «A la mierda, lo voy a hacer y punto». Me imaginé no solo haciéndolo, sino estando en buena forma física. Hice la caminata entera sin parar, aunque obviamente resoplaba, suspiraba y me dolía la rodilla. Ahora hace ya unas semanas que lo hago y lo gracioso es que cada mañana me despierto y digo: «Odio esto. No quiero hacerlo, no funcionará». Y luego me visto y lo hago. Supero mi dolor y mi temor a la incomodidad porque sé que, a la larga, el ejercicio es bueno para mí, quizás incluso me salve la vida. Le enseño a mi cuerpo que aquello a lo que se resiste en el corto plazo lo beneficiará a la larga. Lo que veo es que, cada vez que completo mi caminata, me siento inspirado y exaltado, porque me recuerda que, en primer lugar, cualquier cosa es posible con la intención correcta y, segundo, que mis caminatas por la colina terminarán beneficiándome y que puedo disfrutar de esa sensación de bienestar que me producen.

Respira hondo

Como neurocirujano, yo mismo he experimentado esa misma revelación surgida de la relajación interna que Nainoa Thompson sintió cuando se apoyó exhausto contra la barandilla de su canoa en las calmas ecuatoriales. Viví momentos en los que las cosas se torcieron en una operación y tuve que trabajar a ciegas en un periodo de tiempo aterradoramente corto para salvar la vida de un paciente. En situaciones así, mientras todos a mi alrededor entraban en pánico, yo regresaba a mis prácticas fundamentales: calmaba mi mente, relajaba el cuerpo y abría mi corazón. Visualizaba con exactitud el procedimiento que debía hacer para salvar la vida de mi paciente y me dejaba guiar a mí mismo y a mis manos por una posibilidad que estaba más allá de toda razón y habilidad. Soltaba el deseo frenético de mi mente consciente de controlar la situación y hacerla razonable y predecible, y me rendía ante la increíble habilidad de mi subconsciente, para hacer fluir la vida a través de mí.

El proceso de manifestación está sujeto a las mismas reglas vitales de la física y de la realidad que todo lo demás. No podemos forzar un resultado si no está en la naturaleza de la realidad hacerlo posible. A veces hemos hecho todo lo posible al servicio de nuestra intención, y el resultado deja de estar en nuestras manos. En momentos así, no queda otra cosa que hacer que respirar, tranquilizarnos y abrir nuestros corazones. Ahora seguimos con el paso seis: deja de aferrarte a las expectativas y ábrete a la magia.

8. Paso seis:
Deja de aferrarte a las expectativas y ábrete a la magia

«Nada importante se genera de pronto; hasta las uvas y los higos necesitan tiempo para madurar. Si dices que quieres un higo ahora, te diré que seas paciente. Primero, debes esperar a que florezca el árbol, luego debe dar fruto y luego tendrás que esperar hasta que esté maduro».[1]

EPICTETO

Hay momentos en el proceso de perseguir nuestra visión en los que parecemos estar absolutamente estancados o confundidos, pero, si abrimos nuestros corazones y escuchamos, descubriremos que ese mismo «fracaso» nos está conduciendo a una oportunidad nueva que no habíamos imaginado.

Lynne Twist, fundadora del instituto Soul of Money, recibió su idea de fundar la organización Pachamama Alliance cuando aún trabajaba como ejecutiva para el proyecto The Hunger Project. Lynne volaba por todo el mundo para abordar las problemáticas del hambre y la pobreza en el África subsahariana y en el subcontinente indio, era la responsable de operaciones en más de cincuenta y tres países y también criaba a tres hijos. Ese trabajo era el resultado de las visiones de su infancia, en las que conocía a la Madre Teresa y se unía a su orden, lo que, en ese momento, Lynne creía que era su vocación más elevada en la vida. Estaba muy ocupada y su tiempo era escaso, pero accedió a cogerse un breve permiso para viajar a Guatemala y ayudar a una amiga cercana a coliderar un viaje de donantes. Durante ese viaje, Lynne tuvo una experiencia extraordinaria; conducida por un chamán en las montañas, tuvo una serie de visiones en las que se le aparecían a todas horas personas indígenas cuyos rostros estaban pintados con formas geométricas naranjas y llevaban coronas de plumas, lo que casi terminó atormentándola. Descubrió que la estaban llamando a cambiar el rumbo de su vida de manera drástica y a destinar sus energías a proteger las cabeceras sagradas y a su pueblo indígena.

Esta nueva llamada hacia la selva del Amazonas y al pueblo indígena confundió a Lynne, ya que no tenía experiencia en Sudamérica, no sabía nada sobre el medioambiente de ese lugar y no hablaba español. Sin embargo, reflexionó: «Allí es donde está yendo mi vida, en esa dirección». No obstante, sentía un gran conflicto con el Hunger Project, donde tenía enormes responsabilidades y una gran pasión y compromiso. No sabía cómo dejar sus obligaciones en el Hunger Project y cambiar de rumbo, pero los rostros que la llamaban al Amazonas la atormentaban día y noche. Luego recibió un regalo.

«Suena terrible —cuenta—, pero el regalo que recibí del universo fue la malaria».

De hecho, eran dos cepas al mismo tiempo, una de India y la otra de Etiopía.

«Y así tuve dos cepas de malaria al mismo tiempo —recuerda—, y me sentía completamente abatida. No podía trabajar para nadie, no podía hablar por teléfono, no podía pensar en nada, ni siquiera me podía sentar».

Al principio, ella pensó que solo tenía gripe, y en varias ocasiones la diagnosticaron mal y no la trataron de forma adecuada. Solo en el séptimo análisis sus doctores reconocieron que era malaria. La enfermedad duró unos ocho meses, y durante ese tiempo, el Hunger Project tuvo que reorganizarse para seguir sin su colaboración. Ella había gestionado a cientos de miles de voluntarios y había liderado un equipo importante, y lo había tenido que dejar todo sin avisar.

«En ese momento, fue una bendición —recuerda—, porque, para empezar, no podía trabajar, no podía pensar, no podía leer ni ver la televisión. Corría un gran peligro, así que solo tenía tiempo para ser yo misma, pensar y reflexionar. Ellos se esforzaron en reorganizarse y, tras ocho o nueve meses, cuando pensé: "Ay, ahora tengo que volver", en realidad ya no hacía falta».

Como lo describe Lynne, el poder místico de la selva y el poder de las voces del pueblo indígena la atrajeron hacia ellos, y la seducción del mundo natural se convirtió en casi una obsesión. Durante los meses de su enfermedad, ella se había imaginado en la selva, llevando a personas allí, sentada en círculos de consejo, manteniendo a las empresas petroleras y mineras alejadas y logrando que la selva más prístina y biodiversa de la tierra estuviera protegida. Hasta ese momento, se había centrado en evitar que las personas se murieran de hambre, pero ahora tenía visiones que la volvían a situar en la selva y en las que creaba algo mágico que evitaría que Sudamérica terminara como África e India, que también, hace mucho, habían sido selvas tropicales.

«Me di cuenta de que la pobreza y el hambre con las que había estado trabajando eran en realidad el efecto de doscientos años de una inmensa deforestación. Pero todavía tenemos el Amazonas, y me di cuenta de que, en cierto modo, estaba pasando del tratamiento a la prevención. Agradezco no haber recibido mi diagnóstico de inmediato porque me hubiera mejorado demasiado rápido. Creo que las circunstancias de mi enfermedad se alinearon para asegurar este enorme punto de inflexión o reconfiguración sobre quién soy y qué quiero lograr. La enfermedad me hizo hacer una pausa y me dio el tiempo que necesitaba para reflexionar, que nunca me había tomado porque estaba demasiado ocupada como para poder aceptar la nueva misión».

Aunque suene contraintuitivo, parte del proceso de manifestación consiste en la necesidad de soltar nuestras expectativas. Una de las trampas en las que podemos caer fácilmente cuando estamos manifestando es apegarnos demasiado al resultado de nuestras acciones. El apego al resultado, y el sufrimiento que emerge cuando este es demasiado, adopta muchas formas. Quizás nos apegamos a una cronología concreta, una «forma» específica o una meta determinada, solo para descubrir en el camino que la vida nos ha reservado es algo diferente a lo que habíamos imaginado. En cada caso, si nos apegamos a la idea preconcebida de cómo debería ser el resultado, en lugar de responder a lo que esté cambiando, evolucionando y vivo para nosotros en el presente, cerraremos las posibilidades en lugar de encontrar nuestro camino viviendo la experiencia. Si insistimos en apegarnos a un resultado en concreto, es probable que nos quememos por agarrar demasiado fuerte la cuerda; por eso debemos practicar, para aprender a soltar.

Esta es, en efecto, una práctica sutil, porque una parte del poder de las técnicas de manifestación reside en anclar nuestra intención en visualizaciones muy concretas y codificadas emocionalmente. No obstante, debemos recordar que el alto nivel de detalle de nuestras visualizaciones tiene el objetivo de clasificar nuestra intención como importante en el subconsciente, no ejercer influencia en nuestro mundo externo. En otras palabras, albergar en nuestras mentes una visión poderosamente imaginada y emocionalmente resonante de nuestra intención le permite a nuestro subconsciente guiar nuestra actividad, pero los resultados de esa actividad proceden del mundo que nos rodea y de lo que él necesita. Con frecuencia no podemos ver muy lejos hacia adelante para anticipar todas las vicisitudes del camino. Pero, si estamos dispuestos a prestar una atención cuidadosa al *feedback* que procede de nuestro entorno y de las personas que nos rodean mientras perseguimos nuestra meta, a menudo descubrimos que nuestra brújula interna ya ha trazado el siguiente paso de nuestro rumbo, lo esperáramos o no. La realidad es que rara vez necesitamos saber exactamente cómo se hará realidad nuestra intención o cómo llegaremos a nuestro destino. Solo necesitamos buscar el siguiente paso correcto.

Refinar nuestro deseo: el *jiu-jitsu* interior

Lo voy a decir una vez más: la manifestación no es un proceso que se haga una sola vez. Por el contrario, es el proceso de refinar nuestra intención de forma más y más concreta y precisa. Mientras practicamos visualizar nuestra intención, volcarla en el mundo mediante nuestras palabras y acciones y observar qué es lo que viene, creamos un bucle de retroalimentación que nos ayuda a conectar de forma más cercana con nuestra brújula interna. Cuando nuestras acciones crean resultados positivos acompañados de emociones positivas, nuestra red de relevancia aprende a clasificar nuestra intención como aún más importante y a redoblar sus esfuerzos para cumplirla. Por el contrario, cuando nuestras acciones se convierten en frustración, confusión e incluso daño hacia nosotros mismos u otros, podemos hacer una pausa para evaluar si nuestra intención nos beneficia de verdad, y si queremos continuar persiguiéndola con pasión y resiliencia o modificarla para que coopere mejor con las vidas que estamos construyendo y el contexto al que queremos contribuir.

Hay una paradoja interesante en nuestra relación con los demás y con nosotros mismos. Cuando nos creemos la negatividad del crítico interno de nuestras mentes, estamos muy centrados en nosotros, y la manera de salir de ahí es ponerse al servicio y a disposición de los demás. En el proceso, descubrimos que: «Ah, sí, no soy el único que está sufriendo, mi sufrimiento forma parte de un todo mucho más amplio y yo puedo hacer una contribución para aliviarlo». Cuando somos capaces de llegar allí en nuestras mentes, esto nos permite regresar a nuestro interior con una visión más positiva y compasiva de nosotros y de nuestras posibilidades. Tiene lugar una forma de *jiu-jitsu* interior: debemos salir de nosotros mismos mediante el servicio a los demás para poder ver el mundo de una manera diferente, y luego, al observar cómo se transforman las personas con nuestra ayuda, podemos cambiar y reflexionar sobre el crítico interno y cómo nos limita. Existe un ritmo dinámico en el proceso, una forma de inhalación y exhalación que nos permite atravesar la paradoja. No es algo lineal, sino un movimiento de ida y vuelta, adentro y afuera.

Cuando era joven, mi padre me regaló un guante de béisbol. Es uno de los pocos regalos que me dio y que aún conservo. Recuerdo cuando me lo entregó. Era áspero y rígido y no encajaba especialmente bien en mi mano. La intención inicial nos causa una sensación parecida: no encaja bien y está impuesta por la mente o alguna fuente externa. Cuando me puse el guante y atrapé pelotas para ablandarlo, comenzó a suavizarse y estirarse hasta adoptar la forma de mi mano. Del mismo modo, la manifestación es el proceso que empleo para dar forma al cuero de mi vida hasta que el encaje sea perfecto, hasta sentirlo como una segunda piel alrededor de mi mano. Así es como quiero que los aspectos externos de mi vida se ajusten con los internos.

Partes móviles

El proceso de manifestar implica cierta humildad, cuando nos damos cuenta de que, cuanto más grande sea nuestra meta, más partes móviles tendrá y más puertas habrá que cruzar para que se haga realidad. Bajar la temperatura corporal, ralentizar la frecuencia cardiaca o incluso, en algunos casos, curarse de una enfermedad requiere atravesar puertas que están en nuestros propios cuerpos. Sin embargo, algunos resultados precisan la ayuda de los demás e implican un amplio rango de factores, muchos de los cuales no dependen de nosotros.

Con frecuencia, cuando recordamos éxitos pasados, descubrimos cuántas piezas tuvieron que encajar para que se cumpliera nuestra intención. Esto mismo le pasó a Jim Carrey. Incluso cuando ya estaba perfeccionando su extravagante y querido personaje cómico, seguía dependiendo de innumerables factores que estaban fuera de su control para llevarlo al éxito. Cuando Carrey se hizo conocido en la serie televisiva *In Living Color*, sucedió que James G. Robinson, el presidente del estudio audiovisual Morgan Creek Entertainment a principios de la década de 1990, quería hacer un nuevo tipo de comedia llena de excentricidades desmesuradas y groserías juveniles: su aspiración, según él, era «hacer una película que nadie de mi edad comprendiera».[2] Robinson solo ofreció el papel protagonista en *Ace Ventura* a Carrey después de que Rick Moranis, la estrella de *Cariño, he encogido a los niños*, lo rechazara, una decisión que, en ese momento, muchos consideraron que era un riesgo desastroso por parte del estudio por el hecho de contratar a un actor sin una trayectoria consolidada.

Ninguna de las partes involucradas podría haber sabido entonces que la cultura de la comedia de Hollywood se estaba reinventando y que necesitaba una estrella nueva que abriera el camino. A pesar del arduo trabajo y talento de Carrey, él solo era una pieza más de una tendencia más amplia en la industria del entretenimiento en la que él encajaba bien, y en la que pudo contribuir. Como Carrey destacó más adelante: «Tu trabajo no va de descifrar cómo te sucederá, sino de abrir la puerta en tu cabeza. Y, cuando la puerta se abra en la vida real, solo debes atravesarla. No te preocupes si pierdes cierta oportunidad, porque siempre hay puertas abriéndose. Siempre siguen abriéndose».[3]

Diversificar las oportunidades

Hay varias estrategias que pueden ayudarnos a dejar de aferrarnos a un resultado en concreto para nuestra intención. La primera es no poner todos los huevos en la misma cesta, y la segunda es que nuestra intención esté alineada con algo más importante que nosotros.

En este momento, estoy trabajando con amigos y colegas en una serie de iniciativas que reflejan mi investigación y trabajo sobre la ciencia de la compasión en el Center for Compassion and Altruism Research and Education (CCARE) de Stanford. Entre ellas hay una película, una serie infantil animada y un programa sobre las personas que hacen actos de servicio en el mundo. Además, estoy trabajando en la creación del World Compassion Festival (Festival mundial de la compasión), que imaginé por primera vez en 2012, un índice de países compasivos, en el que he estado trabajando desde 2013, y, desde 2018, la idea de crear un Cuerpo Internacional de Compasión, similar al Cuerpo de Paz de Estados Unidos, pero que ofrezca a cualquier persona de cualquier país la oportunidad de ayudar en cualquier lugar del mundo. Muchas personas han colaborado con esta idea, incluida una red multinacional de pensadores, líderes, educadores, activistas, empresarios y organizaciones dedicadas a expandir la práctica de la compasión de manera global.

Si bien muchos de mis proyectos se han cumplido a lo largo de los años, la verdad es que no sé cuándo darán resultado otros proyectos ni si lo harán. Muchos de los proyectos que emprendo no llegan a cumplirse, algunos lo hacen parcialmente y algunos lo hacen, pero solo tras un largo periodo de tiempo. Cuando apostamos todo a un solo resultado, no podemos evitar poner una tremenda presión sobre nosotros para hacer que pase, y resulta difícil no aferrarse a ese resultado esperado. Es importante recordar que el apego a los resultados es solo otra forma de expresar el temor y, como hemos visto en los capítulos anteriores, el temor es la emoción que más interfiere con nuestra agencia. Cuando identifiquemos que nos estamos aferrando demasiado a un resultado, podemos utilizar las prácticas de relajación para volver a recuperar el equilibrio. Cuando identifiquemos nuestro temor y trabajemos con él, podremos acceder a la paciencia y ecuanimidad naturales que proceden de ir por el camino correcto. Esta paciencia es una parte integral de la aceptación que nos separa del apego, que es el origen del sufrimiento para muchas personas.

A lo largo del proceso, intento cultivar mi práctica de intención en relación con cada una de las partes de un proyecto, la visualizo sucediendo, busco oportunidades, me esfuerzo al máximo e intento recordar que, incluso cuando las cosas no funcionan de la manera en la que yo esperaba, sigo estando bien. Cuando una puerta se cierra, busco otra que esté abierta. El cómo no depende de mí. Yo solo puedo utilizar mi propio poder interior y esperar lo mejor. Cuando estoy perdido, vuelvo a conectar con mi brújula interna para que me guíe hacia el próximo paso. Ese proceso me resulta de por sí muy tranquilizador y observo cómo disminuye mi temor y ansiedad.

Como podemos apreciar, a muchas de nuestras ideas e intenciones les puede llevar años hacerse realidad, pero hay que ser paciente y aceptar que esa es la naturaleza del proceso. Creo que muchas de las oportunidades de mi vida han llegado a mí porque mis intenciones están alineadas con el deseo más amplio de hacer una contribución positiva a nuestro mundo. En este momento de mi vida, la mayoría de mis esfuerzos están al servicio de la compasión con C mayúscula, el sentimiento de cuidado que nuestro mundo necesita de manera urgente. No se limitan a ayudar a Jim Doty o a mi familia, ni siquiera a mi círculo de relaciones. Tengo suerte, porque he conocido a muchas personas que se han ofrecido como voluntarios para recorrer este camino conmigo.

Dicho eso, cuando se involucran otras personas, paradójicamente el número de partes móviles se incrementa mucho, y el resultado puede hacerse más incierto incluso mientras se expande y gana velocidad. Como cualquiera, soy susceptible a mi ego, que infla mi identidad y me desvía invariablemente del camino. A veces, la impaciencia y la ansiedad sobre cómo está saliendo todo me sobrepasa, y me castigo por no hacer tal o cual cosa. Otras, las cosas no salen como yo espero y me enfado. Cuando me siento decepcionado o derrotado, o juzgado por los demás por mis fracasos, practico abrir mi corazón y perdonarme. Al igual que tú, solo soy un ser humano. Sin embargo, cuando mi enfoque está equilibrado, tengo la energía para seguir adelante y la claridad para soltar.

Hace varios años, me estaba preparando para dar un discurso a los nuevos alumnos de la Facultad de Medicina en la «Ceremonia de la bata blanca» de la Universidad de Tulane. Quería ofrecer a los estudiantes algo que siempre pudieran llevar consigo, algo que siempre estuviera allí para abrir sus corazones. Como resultado, empecé a repasar las conversaciones que había tenido con Ruth. Eso me condujo a crear una regla mnemotécnica compuesta por diez letras del alfabeto. Aunque alguna vez había creado una lista de mis metas materiales, esa vez hice una nueva lista con las diez cosas que abren el corazón: compasión, dignidad, ecuanimidad, perdón, gratitud, humildad, integridad, justicia, bondad y amor (CDEFGHIJKL, por sus siglas en inglés). A mí, me ayudan a recordar los valores esenciales de mi vida. Como describí en *La tienda de magia*, lo denomino el alfabeto del corazón. Empiezo cada día sentado en la cama inspirando y espirando, una y otra vez, y luego pienso en la alegría y maravilla de estar vivo en este mundo increíble. Una vez que pienso en ello durante unos minutos, repaso el alfabeto de mi corazón letra por letra, y eso establece el tono de mi día. Cuando me frustro o me siento sobrepasado, hago una pausa, respiro, y luego me centro en una de las letras y en lo que representa, y eso me calma y restablece mi intención. Dos de esas palabras nos serán particularmente útiles en este punto del camino: gratitud y ecuanimidad.

El poder de la gratitud

Si vemos que nos aferramos con demasiada firmeza a un resultado en concreto, quizás notemos que hemos perdido de vista los aspectos positivos que están delante de nosotros. Quizás algunos aspectos significativos de nuestra intención ya estén materializándose en nuestra experiencia, pero no los reconozcamos porque no encajan con nuestras expectativas exactas, o porque nuestras mentes están completamente centradas en otros aspectos que aún no han dado resultados. Cultivar la gratitud es una estrategia simple y eficaz para desplazar nuestro foco dc lo que aún no tenemos hacia lo que ya está funcionando y dando energía a nuestras vidas. Y la gratitud no es solo un cálido sentimiento superficial promovido por los entusiastas de la mentalidad positiva: genera un conjunto de cambios reales en el cerebro que contribuye al bienestar físico y mental.

Numerosos estudios han descubierto que las personas que practican la gratitud de manera consciente tienden a ser más felices, saludables y resilientes, incluso quienes tienen dificultades emocionales. Una investigación estudió los efectos de una práctica de gratitud entre casi trescientos estudiantes universitarios que iban a recibir terapia en su universidad.[4] Los reclutaron antes de su primera sesión, y muchos de ellos se enfrentaban a cuadros de depresión y ansiedad, lo que había dañado su salud mental hasta situarla en niveles clínicos muy bajos. Se separó a los participantes en tres grupos de manera aleatoria. Todos los grupos recibieron servicios de terapia, pero el primer grupo recibió una instrucción adicional: escribir semanalmente, durante un periodo de tres semanas, una carta de gratitud a otra persona que los hubiera ayudado de alguna manera. Al segundo grupo lo animaron a escribir sus pensamientos y sentimientos más profundos sobre las molestias diarias o sus experiencias negativas significativas. El tercer grupo no escribió nada.

Cuatro semanas después del experimento, los investigadores analizaron a los estudiantes que habían escrito cartas de gratitud y descubrieron que decían sentir un bienestar mental más elevado que quienes habían escrito sobre experiencias negativas o habían recibido solo sesiones de terapia. Cuando volvieron a verlos doce semanas después, la diferencia era incluso más amplia. Ese beneficio creciente no es muy habitual: hay muchos otros estudios que indican que los beneficios mentales de actividades positivas, como aficiones placenteras, disminuyen con el tiempo, mientras que se había probado lo contrario en el estudio sobre la gratitud. Incluso cuando la práctica de gratitud consistía en pasar solo unos minutos escribiendo un par de oraciones, los beneficios perduraban en el tiempo. La sencilla práctica de expresar gratitud había amplificado la ayuda que los estudiantes habían obtenido de la psicoterapia y la había hecho perdurar en el tiempo.

Tres meses después de empezar con las sesiones de terapia, los investigadores llevaron a algunos de los estudiantes al laboratorio para ver si podían detectar cambios en la forma de procesar la información por parte de sus cerebros. Pidieron a los estudiantes que hicieran una tarea de «devolver el favor», en la cual una persona amable conocida como «benefactor» les entregaba una pequeña cantidad de dinero con regularidad. El benefactor les indicó a los estudiantes que entregaran ese dinero a otra persona, pero solo si esta sentía gratitud al recibirlo. Después, los estudiantes decidían cuánto dinero, si es que decidían donarlo, entregarían a una causa justa. También se les preguntó si sus donaciones estaban motivadas por la gratitud o por sentimientos de culpa u obligación, y cómo de agradecidos se sentían en general. Mientras los estudiantes se implicaban en esta actividad, los investigadores midieron su actividad cerebral usando un resonador magnético funcional.

El resultado fue que, según la resonancia, los estudiantes que escribieron cartas de gratitud tuvieron una mayor actividad en su corteza prefrontal medial al experimentar gratitud. Esa parte del cerebro está asociada con la cognición moral y social, las recompensas, la empatía y los juicios de valor. Los investigadores concluyeron entonces que la emoción de la gratitud causa en el sujeto una sensación de apoyo y un deseo de ayudar a otros, así como una sensación de alivio del estrés.

Este descubrimiento es revelador por varios motivos. En primer lugar, la resonancia monitorizaba sus cerebros tres meses después de empezar con la práctica de escribir cartas, lo que indicaba que esa simple actividad podría haber tenido un efecto duradero en sus cerebros. Y, lo que es más importante, la investigación sugiere que practicar la gratitud había predispuesto a sus cerebros a buscar gratitud en el futuro y experimentarla con más receptividad en la siguiente oportunidad de hacerlo. En la práctica, esto también significa que el cerebro está siendo entrenado para desviar la atención de emociones negativas como el resentimiento o la envidia, lo que nos dificulta rumiar sobre las cosas que no fueron como nosotros queríamos. Esta sensibilización duradera que ofrece la gratitud proporciona grandes beneficios, incluida una protección psicológica. Otro estudio descubrió que, entre adolescentes, los sentimientos de gratitud evidencian una correlación inversa con sentimientos de victimización debido al acoso y el consiguiente riesgo de suicidio.[5] El respaldo que recibimos al sentir gratitud puede fortalecernos cuando afrontamos adversidades, y mejorar nuestra experiencia de recibir ayuda en el camino.

A veces debemos practicar para adquirir sensibilidad sobre las cosas buenas que tenemos en nuestras vidas porque ni siquiera las notamos. Como hemos visto en detalle con anterioridad, el sesgo de negatividad puede cegarnos tanto a las cosas positivas que podríamos empezar a darlas por sentado y no reconocerlas cuando entran en nuestras vidas. Esto es especialmente cierto cuando hablamos de nuestras relaciones más cercanas. Si estamos tras lo que nos parece un gran propósito o si perseguimos un sueño con pasión, quizás perdamos de vista a las personas que nos apoyan en silencio a lo largo del camino. Abrirnos a la magia podría implicar ver desde otra perspectiva las cosas que nos resultan familiares. La gratitud es una práctica muy poderosa porque requiere que prestemos atención a cómo nos han ayudado o respaldado los demás. Un investigador considera que la dimensión social de la gratitud es especialmente importante y la denomina «emoción fortalecedora de relaciones».[6] Algunos estudios incluso relacionan el origen de la gratitud entre nuestros ancestros primates con el fortalecimiento de los lazos entre miembros de la misma especie que se han ayudado mutuamente y se han devuelto favores.

La gratitud, con su recordatorio prosocial de que las fuentes de la bondad de nuestra vida se encuentran fuera de nosotros, nos ayuda a permitir que nuestra intención forme parte de la vasta red de otros como nosotros que persiguen sus visiones. Sin importar lo lejos que hayamos llegado, reconocer y apreciar los regalos que hemos recibido nos inspira naturalmente a devolver el favor o a encontrar oportunidades para hacerlo, lo que a su vez ayuda a otros a abrirse a la magia de sus propias vidas.

Ecuanimidad

Uno de los grandes desafíos para cada uno de nosotros consiste en estar presente en los altibajos de nuestras circunstancias, o al menos lo más presentes posible. Da igual que alguien tenga mucha habilidad meditando o con otras técnicas, siempre existirá el instinto humano de minimizar el sufrimiento y maximizar el placer. Esto era algo que a mí me costaba entender y que aún me cuesta superar. Para muchos, no hay nada mejor que recibir elogios, reconocimiento o alcanzar una meta. De hecho, existe un término —sesgo de finalización— que describe la motivación poderosa de terminar una tarea, causada por la liberación de dopamina y su estimulación de los centros de recompensa.

La desventaja de ese incentivo es que, cuando no completamos la tarea, nuestro crítico interno enciende las alarmas y nos conduce hacia la rumiación, la preocupación y el sufrimiento. Esos pensamientos interrumpen nuestra capacidad de mantener nuestra atención centrada en nuestra intención y puede imposibilitar su manifestación eficaz.

La ecuanimidad es la capacidad de mantener la serenidad tanto en los momentos buenos como en los malos, cuando obtenemos lo que deseamos, cuando no y cuando recibimos algo que no habíamos pedido. La ecuanimidad es la característica de la mente que nos permite mantener la templanza en nuestras reacciones frente a todas las experiencias u objetos, sean placenteros, desagradables o neutrales. En términos de neurociencia, la ecuanimidad se asocia con un cambio crítico en nuestra forma de percibir e interpretar nuestra experiencia. En la práctica, la ecuanimidad es lo que nos permite perseguir nuestras intenciones sin convertirnos en víctimas de cada pequeña duda al respecto de cómo están saliendo las cosas. Dejamos que se desarrolle la experiencia y no nos quedamos demasiado atrapados por nuestras expectativas.

En esencia, la ecuanimidad es entender la temporalidad o fugacidad. Aunque es maravilloso deleitarse en la gloria de los logros y que la dopamina fluya por nuestros centros de recompensa, esa sensación no puede durar y, para muchos, eso conduce a la decepción. El apego a un resultado positivo también conduce a no estar presente, ya que te enfocas repetidamente en alcanzar una meta para conseguir otra recompensa y volver a sentirte bien. La otra cara de la moneda es que la vida naturalmente contiene decepciones, y, cuando nos obsesionamos con nuestros aparentes fracasos, la rumiación refuerza los sentimientos de desesperanza y puede conducir a la depresión y a un mayor sufrimiento.

Lo que debemos aprender es a apreciar y disfrutar de nuestros logros y de sus sentimientos asociados, y a la vez comprender que son transitorios. Al igual que, para la mayoría de nosotros, los sentimientos que surgen cuando nos sentimos decepcionados o creemos que hemos fracasado también son transitorios. Por lo tanto, tener serenidad es crucial. La ecuanimidad es la encarnación del equilibrio y la no reactividad, y nos otorga nuestra libertad. Cuando nos liberamos del apego se libera también la magia en nosotros.

En términos normales, la forma en la que se presentan las experiencias emocionales en el cerebro es que un suceso que consideramos negativo desencadena un efecto dominó de reacciones secundarias: queremos alejar lo negativo y aferrarnos con firmeza a algo más positivo. El problema es que esas reacciones secundarias causan más reacciones similares, que a su vez proporcionan la base para un mayor sufrimiento, que a su vez... ya puedes ver hacia dónde va todo esto. Sin embargo, resulta que, si bloqueamos de manera consciente esas reacciones secundarias, podemos evitar toda la activación en cascada.

Un grupo de investigadores analizó cómo un grupo de meditadores experimentados informaba sobre el dolor y la intensidad de sus experiencias desagradables en comparación con practicantes novatos.[7] Los estudios de neuroimágenes revelaron que la reducción de la incomodidad ante el dolor en un estado meditativo iba acompañada por un aumento de la actividad cerebral en las áreas sensoriales (la ínsula posterior/la corteza somatosensorial secundaria) y una actividad disminuida en un área asociada con el control ejecutivo (la corteza prefrontal lateral). Lo que esto indica es que los meditadores experimentados no se estaban resistiendo al dolor como lo hacían los novatos, y, por lo tanto, el dolor era significativamente menos desagradable para ellos.

Se descubrieron hallazgos similares en estudios en los que se pidió explícitamente a meditadores experimentados que no meditaran mientras sufrían dolor causado por una estimulación térmica. Los sujetos experimentados tuvieron menor sensibilidad al dolor a la vez que experimentaban una mayor activación en las regiones cerebrales que se encargan sobre todo de procesar el dolor. Lo que esto significa es que estaban sintiendo la experiencia de forma más profunda a nivel sensorial, pero la resistencia mental era mucho menor. Podemos considerar que la ecuanimidad es la práctica de equilibrar y reequilibrar respuestas fisiológicas y emocionales frente a sucesos que nos causan estrés: quienes tienen una actitud serena frente a experiencias incómodas son capaces de recuperarse con mayor rapidez y recuperar la homeostasis.

La ecuanimidad es una habilidad clave cuando estamos persiguiendo cualquier meta difícil. Nos permite enfocarnos de lleno en nuestra tarea y luego nos ayuda a soltar nuestro apego al resultado. Es una postura de vida que nos permite sentir nuestras experiencias con plenitud y con el corazón abierto y adoptar a la vez una actitud más ligera y receptiva cuando las cosas no salen como queremos. Y, lo que es más importante, incrementa nuestro acceso al autoperdón y nos brinda una perspectiva más amplia para recontextualizar nuestros aparentes errores como tropiezos inevitables que nos enseñan a hacer las cosas de otra manera la próxima vez.

Grietas doradas

Existe una historia del Japón del siglo XV sobre el shogun, o jefe militar, Ashikaga Yoshimasa, que tenía un juego chino de tazones de cerámica que utilizaba en la ceremonia formal del té. Cuando uno de los tazones se dañó, el shogun lo envió de vuelta a China para que lo arreglaran. El tazón regresó con unas desagradables grapas que suturaban la grieta como una herida mal curada tras una cirugía de mala calidad. Decepcionado, el shogun convocó a un artesano local para que ideara un método más agradable estéticamente para reparar su preciado tazón. Según la leyenda, el artesano recurrió a la antigua práctica de utilizar laca, una resina natural hecha con savia de árbol, para unir las piezas rotas, pero transformó la apariencia de la unión al espolvorear la laca con oro en polvo. Este es el origen de la técnica de *kintsugi*, o «reparación con oro». En lugar de intentar esconder el daño, esta técnica no solo acepta las grietas, sino que las resalta, lo que nos permite apreciar la historia del objeto como parte de su belleza. Lo que podría haber terminado en la basura se ha transformado en una pieza de arte más sólida y única.

Más allá de si la leyenda es verdad o no, el concepto *kintsugi* contiene una profunda lección sobre cómo repensar nuestros denominados errores, así como los inevitables golpes, roturas y grietas que conlleva vivir una vida de conexión. El *kintsugi* forma parte de una tradición filosófica japonesa que incluye la práctica *wabi-sabi*, es decir, valorar conscientemente las marcas de desgaste de un objeto para aceptar sus imperfecciones y defectos. En el corazón de la práctica *wabi-sabi* reside la comprensión humilde y el descubrimiento de que nosotros también somos incompletos, transitorios y limitados por estar ligados al tiempo. Esa es la naturaleza de nuestra existencia, y su negación incrementa nuestro sufrimiento. Aceptar esa realidad nos permite seguir adelante sin temor.

Kintsugi encarna la comprensión de que la naturaleza de la vida hace que por momentos estemos rotos, pero es la misma naturaleza de esa grieta y su reparación lo que define quiénes somos. Esas cicatrices definen nuestra humanidad: cada uno de nosotros es un ser humano frágil y delicado que está sufriendo de alguna manera y que siente que nadie más está experimentando ese sufrimiento. Y, sin embargo, podemos sentirnos orgullosos de nuestras cicatrices y sentir también que no valemos suficiente o avergonzarnos por algo e intentar esconderlo. Eso es la prueba viviente de nuestra resiliencia, escrita en nuestro cuerpo y corazón. Cuando nos relajamos frente a nuestras imperfecciones, invitamos a otros a reconocer sus propias cicatrices y a salir de sus escondites para conectar. Ese es el poder de aceptar y soltar, y es un superpoder que cada uno de nosotros tiene en su interior. En cierto modo, podemos practicar gratitud con nuestras cicatrices porque nos dieron la oportunidad de descubrir nuestro máximo potencial: la cicatriz es lo que permite ver el oro. El aprendizaje que adquirí al obtener todo lo que pensaba que quería y luego perderlo se ha convertido en una especie de hilo de oro que brilla a través de mi vida y me permite apreciar dónde me encuentro hoy.

Cuando creemos que nuestro recipiente está resquebrajado y que no queda otra opción que arrojarlo a la basura, podemos en cambio practicar la aceptación de que llevar a cabo una vida de perfección impoluta no es realista ni compasivo. La aceptación significa levantar el pie y ponerlo delante del otro, y avanzar poco a poco hacia lo desconocido. Al estar dispuesto a perdonarme por todas las cosas que no puedo controlar, así como por mis propios errores a lo largo del camino, robo al temor y al enfado el poder que tienen sobre mi mente y permito que la brújula interna de mi corazón vuelva a ser mi guía, confiando en que me conducirá exactamente a donde necesito ir.

PRÁCTICA:
Suelta el apego y ábrete a la magia

1. Prepárate

A. Busca un momento en el que nadie te interrumpa.
B. Encuentra una postura cómoda.

2. Escaneo corporal rápido

A. Cierra los ojos o dirige con suavidad tu mirada hacia abajo delante de ti.
B. Comienza inhalando lentamente por la nariz y exhalando lentamente por la boca. Repite esto seis veces. No debería resultarte forzado ni tienes que buscar concentrarte mucho.
C. Tómate unos minutos para relajar el cuerpo, comenzando por los dedos de los pies y en dirección ascendente hacia la cabeza.

3. Reflexiona sobre perseguir una meta

A. Piensa en una meta que querías cumplir con tesón y en cómo se convirtió esa meta, y no el proceso de alcanzarla, en el centro de tu atención. Identifica cómo te impactó esa realidad a la hora de estar presente con tus seres queridos o colegas. Cómo concentrarte en eso te separó del momento presente.
B. Advierte cómo notas el apego al resultado en tu cuerpo. ¿Dónde lo sientes? ¿Tensión en la garganta, contracción en el corazón, rigidez en los puños? Identifica la incomodidad que ese apego te genera.
C. Una vez alcanzada la meta, piensa en lo bien que te sentiste, en la euforia, la felicidad que sentiste al alcanzarla. Piensa en cómo esos sentimientos fueron transitorios, y en cómo regresaste a la realidad de vivir tu vida. Piensa en lo a menudo que deseas que esos sentimientos regresen y en la euforia que sentiste.

D. Comprende que no es posible tener esos sentimientos ni estar en estado de flujo constantemente. Lo que es más importante: entiende que no pasa nada. Que tú estás bien en cualquier caso.

4. Reflexiona sobre un desafío

A. Por el contrario, piensa ahora en un momento en el que hayas perseguido una meta y te hayas dado cuenta de que, por lo que sea, no la ibas a alcanzar. Una vez más, advierte cómo lo notas en el cuerpo. Para muchas personas, la sensación es devastadora, y toda la autocrítica negativa parece validarse. Hace que se sientan impostoras, indignas. Esas personas se quedan en ese lugar y piensan incesantemente en otros fracasos que hayan sucedido en sus vidas. También tienen la sensación de que esas emociones durarán para siempre, lo que solo acaba empeorando la sensación de desamparo.

B. No obstante, suceden dos cosas. En primer lugar, te das cuenta de que la meta no era tan importante como creías y que no haberla alcanzado no fue el fin del mundo. De hecho, los beneficios de estas situaciones, cuando reflexionamos sobre ellas, son que suelen brindarnos una mayor sabiduría y perspicacia, y nos convierten en quienes somos en el presente.

C. Lo que es más importante, sin embargo, es la realidad de que, en casi todos los casos, las experiencias fueron transitorias. Una vez más, al enfrentarte al hecho de que tu meta no se hizo realidad, te encuentras bien y eres, en esencia, la persona que eres, lo que significa que mereces amor y aceptación. Ese es el poder de la serenidad. El poder de la ecuanimidad.

5. Reflexiona sobre el panorama general

A. Concéntrate de nuevo en inhalar y exhalar lentamente mientras entiendes que está bien no apegarse a la meta. La vida no es un destino; la vida es vivir tu vida, estar presente y no apegarse a nada. Es el apego lo que ha causado la mayoría de tu sufrimiento. Es asumir y entender esa realidad lo que te liberará. No se trata de negar la experiencia, sino de ser capaz de verla desde lejos como lo que es. Practicar la ecuanimidad es lo que conduce al equilibrio y a la aceptación.

6. Autocompasión

A. Abre tu corazón para ti con amabilidad. Puedes pensar en alguien de tu vida que te haya brindado amor incondicional y te haya hecho sentir una aceptación total. O puedes conectar con las sensaciones físicas de calidez y de que te cuidan alrededor del corazón. Permanece con esa sensación de que te cuidan y de aceptación mientras inspiras y exhalas lentamente.
B. Dirige con suavidad esos sentimientos de que te quieren y te cuidan hacia la tensión que estás cargando al aferrarte a un resultado en concreto. Recuerda, es totalmente normal querer lo que quieres y sentir que necesitas controlar las cosas o completarlas para sentirte bien.
C. Mientras piensas en los sentimientos de sentir que te cuidan, te protegen y te quieren, advierte cómo se presentan y perduran esos sentimientos independientemente de si los planes te salen como tú esperabas o no. Son sentimientos que hablan de tu ser innato, de quién eres, con todas tus imperfecciones, complejidad y humanidad.
D. Permanece en quietud y sumérgete en la sensación de que, con tus éxitos y fracasos, eres una persona digna de recibir amor y te encuentras bien. Eres un ser humano delicado y frágil que está haciéndolo lo mejor que puede. También debes saber que las personas cercanas a ti te aman como eres. Un suceso no define quién eres.

7. Suelta el apego

A. Mientras te entregas al sentimiento de sentir que te cuidan, identifica la posibilidad de aflojar tu apego a un resultado en concreto, de aliviar tu carga. ¿Puedes desprenderte de la idea de que tu bienestar, valía y seguridad dependen de circunstancias externas unidireccionales? ¿Existe una sensación de bienestar más profunda que pueda impregnar tu vida más allá del resultado?

B. Reconocer la naturaleza transitoria del éxito y el fracaso te permite dejar de ser su prisionero.
C. Ahora respira lentamente unas cuantas veces más y siente el poder increíble de la ecuanimidad y de estar presente.

8. Instala sentimientos positivos

A. Tómate unos minutos para sumergirte en sentimientos positivos. Es posible que regresen la sensación de apego y la necesidad de controlar el resultado, y no pasa nada. Simplemente recupera la sensación de que te cuidan sin importar lo que pase, de que te protegen incondicionalmente, una y otra vez.
B. Cuando termines esta práctica y regreses poco a poco a tu vida, advierte si la sensación de apego ha cambiado o se ha transformado de alguna manera. Quizás ahora puedas acceder a una nueva y creativa posibilidad que antes no habías detectado. Quizás los riesgos ya no parecen tan grandes. Quizás parece un poco más seguro permitir que los sucesos sigan su curso y descubrir con ecuanimidad la magia que tienen que ofrecer.

Conclusión
El camino a casa

Acaba un viernes y yo conduzco por la carretera flanqueada de árboles hacia mi casa en Los Altos Hills, California. Mientras me acerco a donde vivo, comienza a invadirme un sentimiento de calidez, seguridad y paz. Cuando contemplo la escena familiar y me reciben mi esposa e hijos, mi corazón conecta con las imágenes que visualicé durante tanto tiempo en mi mente, y sé que ahí es donde pertenezco.

Mientras el jardín de mi antigua mansión quedó abandonado, lánguido y marchito, hoy me rodea un follaje exuberante: árboles de cerezo, melocotón, peras, tres variedades de manzanos, limoneros, un naranjo y plantaciones de aceitunas, todo generosamente repleto de flores y frutas. Frente a la casa hay tres árboles parrotia, o árbol de hierro, que he importado por su particular forma y color. También me recibe el roble del jardín delantero que viajó desde San Diego para formar parte de mi hogar. Cuando lo plantamos, medía tres metros; ahora ha crecido hasta alcanzar más de siete y, al igual que los árboles parrotia, abraza mi hogar con sus ramas. Mientras camino hacia la puerta delantera, me recibe el sonido tranquilizador del correr del agua sobre los cantos desgastados que conducen hacia el pequeño estanque de mi casa, lo que me indica que puedo relajarme: estoy a salvo. Como hago casi todos los días, paso junto al gallinero, las colmenas de abejas y la casa del árbol apoyada sobre pilotes que construí para mis hijos. Está conectada con otros árboles mediante una tirolina desplegada desde lo alto del tejado a lo largo del jardín trasero.

Contemplo la hermosa casa en la que vivimos, construida en un estilo asiático contemporáneo que refleja la inspiración de mis viajes y lecturas, y que fue diseñada para brindarnos una atmósfera relajante de tranquilidad. Esta casa también la diseñé yo mismo y la visualicé una y otra vez con gran detalle antes de su construcción. Cuando la imaginé por primera vez, sabía que tendría un llamativo elemento central que atraería la mirada a través del espacio, desde el umbral de la puerta de entrada hasta más allá de la piscina. Hoy veo la moderna estatua de bronce fundido de un buda sin cabeza sentado que sostiene un caqui. Lo compré en una subasta para la Fundación dalái lama y se encarga de custodiar con serenidad el patio trasero.

La verdad es que no salirse del camino es una lucha diaria. Sabía que necesitaría mucha ayuda para seguir escuchando mi propia brújula interna y no descarrilar, por lo que mi hogar está repleto de señales para mí. El buda sin cabeza de bronce me recuerda que no debo perderme en mi cabeza y que siempre puedo regresar a mi corazón. Y el caqui que sostiene también tiene un poderoso significado simbólico: los caquis brotan amargos y duros, pero, si eres paciente, maduran y se vuelven suaves e intensamente dulces. Esa imagen me inspira a no desistir con mis facetas duras, resistentes y rígidas y a cuidarlas hasta que sean suaves y revelen su ternura. Por supuesto, sigo desviándome del camino, me olvido de escuchar a mi corazón y actúo con egoísmo, pero ahora sé dónde regresar, a ese lugar en el que me aman y perdonan y donde yo también me *puedo* perdonar.

Observo las hermosas piedras que rodean la base de mi hogar, cinco clases diferentes de granito de distintas partes del mundo, que fueron instaladas por canteros expertos en cuadrados y rectángulos para formar un patrón de colores concreto. Desde que la vi en la pila de tesoros de mi hermano, nunca dejé de leer *Architectural Digest*, y de ahí saqué la imagen de esa pared de granito multicolor. Mucho antes de empezar su construcción, mantuve la imagen en mi mente y le enseñé a mi subconsciente a buscar la manera de convertirla en realidad.

Mientras que la mansión en la que había vivido era fría, sin luz ni alegría, mi hogar actual es simplemente eso: un hogar. Los padres de mi esposa, inmigrantes de Rusia, viven con nosotros en una casa para huéspedes en nuestra propiedad (aunque a menudo aparecen en nuestra casa sin avisar, incluso cuando voy en ropa interior). A pesar de que yo no tuve la posibilidad de conocer a ninguno de mis abuelos, mis hijos han vivido cerca de los suyos durante toda su vida. Hoy, mi suegro, un exingeniero que supervisó el sistema eléctrico de Georgia, ayuda a mi hijo mayor con sus deberes de física, y mi suegra lo ayuda con matemática avanzada. Esas son dos asignaturas que a mí me costaron mucho en mi infancia porque no había nadie que pudiera ayudarme. Sé que esta noche todos nos sentaremos en la pérgola exterior con la parrilla y el horno para pizzas, disfrutaremos de una cena y del tiempo que compartimos juntos. Puede incluso que mis hijos tomen las riendas y hagan ellos las pizzas. Después de cenar, quizás juguemos a nuestro juego favorito, Telestrations, una variante visual del juego del teléfono estropeado donde unos dibujos se transforman de formas hilarantes e inesperadas. A menudo nos visitan mi hija y su esposo para compartir una comida. Y en esos momentos nos reímos juntos y disfrutamos de nuestra compañía mutua y del entorno, y yo me deleito con alegría por formar parte de la cálida y amorosa familia que siempre soñé.

En mi biblioteca, veo una fotografía enmarcada donde estoy posando con mi hermano, mi hermana y mis padres, todos sentados en el sillón. Es una de las dos fotografías de mi infancia. Todos los de esa foto, excepto yo, han fallecido y, sin embargo, siento que finalmente he logrado brindarnos a todos el hogar que tanto queríamos, como Jim Carrey cuando enterró su cheque de diez millones con su padre. Cuando la miro, recuerdo de dónde vengo y el amor que todos sentíamos por los demás. Recuerdo lo mucho que intentábamos expresar ese amor, pero nuestras circunstancias hacían que fuera difícil. Fuera de nuestra habitación hay un cuadro de tonos color café, pintado por mi hermano, de un hombre apoyado contra un árbol mientras toca la flauta y mira hacia un lago. Sin importar cuántas veces la enderece, la pintura se inclina siempre hacia el mismo lado. Aunque probablemente sea la persona menos supersticiosa que conozco, siento que es mi hermano quien la tuerce, haciéndome saber que está conmigo. Y si bien sé que por un lado es ridículo pensar eso, por otro me alivia el corazón y me recuerda que nuestros seres queridos están vivos mediante los recuerdos que tenemos de ellos.

Contemplando el naufragio de mi vida en aquella mansión vacía, me di cuenta de que había logrado lo que yo había considerado que era el éxito, pero que la manifestación de ese éxito era un vacío, y había causado demasiado dolor a mis seres queridos. Seguía cargando con la vergüenza del trauma de mi infancia, que me incitaba a probarme a mí mismo y a demostrar a los demás que yo valía la pena; nada de lo que hacía bastaba, ni para mí ni para ellos. Hoy me siento inundado de gratitud por las cosas buenas de mi vida. Agradezco haber recibido una segunda oportunidad para ser feliz y las herramientas para aplicar lo que aprendí de mis errores y así construir una nueva vida. Sigo sorprendiéndome por la paradoja que mi vida me ha enseñado: solo cuando creemos que valemos lo suficiente encontramos la capacidad de contribuir a la vida, pero solo al contribuir a nuestro mundo descubrimos que nuestro valor es inherente. Creo que es eso lo que Ruth me estaba intentando enseñar hace muchos años en la tienda de magia, y he tardado toda una vida en comprenderlo.

En mi vida, he experimentado el poder de la manifestación de formas que no puedo explicar. Cuando comencé con la práctica, dediqué toda mi energía, atención y corazón a asegurarme de que pudiéramos pagar el alquiler para que no nos desahuciaran de nuestro apartamento. De la nada, un hombre que le debía un favor a mi padre por un trabajo apareció en nuestra puerta y me entregó un sobre repleto de dinero, suficiente para pagar nuestro alquiler y una gran cantidad extra para comida. Recuerdo el entusiasmo y alegría que sentí mientras conducía a toda velocidad en mi bicicleta, los ojos repletos de lágrimas, para compartir las noticias con Ruth. Esa fue mi primera experiencia del verdadero poder de la manifestación. Desde un punto de vista neurocientífico, no puedo explicar cómo ejercí influencia en la situación, pero el asombro que sentí sentó las bases de mi creencia en la manifestación. Desde entonces, he tenido innumerables experiencias similares que podrían desafiar la lógica científica, pero que de todas maneras hablan del poder interno de establecer una intención en el corazón y la mente.

Es momento de liberarnos de la fantasía que nos impide creer en el poder de nuestras posibilidades y en la extraordinaria fortaleza que albergamos en nuestro interior, de manera individual y especialmente colectiva. Esperar que una fuerza externa transforme nuestras vidas solo distraerá nuestra atención, consumirá nuestra energía y desalentará nuestro espíritu. Para muchos, el camino es complicado, y puede llevar años, si no décadas, reunir el conocimiento necesario para reconocer la diferencia entre lo que deseamos y lo que necesitamos. Las técnicas que incluyo en este libro conforman el camino que tomé yo para encontrar la respuesta. Mientras miro hacia el jardín trasero al buda sin cabeza y al caqui que sostiene, me recuerdo una vez más que debo guiarme con el corazón y comprender que, con el tiempo, las cosas que nos causaban dolor nos otorgarán sabiduría y conocimiento.

Relajado y contemplando la belleza, la abundancia y la conexión en mi vida, recuerdo las buenas noticias: el descubrimiento de que el universo no está separado de ti, sino que tú eres el universo, y solo puede importarte a ti. Eres solo tú quien puede aprovechar el poder que tienes en tu interior. Y esa es la verdadera magia.

Magia mental

Un programa de seis semanas para dominar la manifestación

Como mencioné en la introducción, he decidido incluir esta sección final sobre las prácticas descritas a lo largo del libro recopiladas en un programa paso a paso. Está diseñado para guiarte en el proceso de manifestación. Mientras lo hagas, te sugiero que tengas un cuaderno especialmente dedicado a anotar tus observaciones, frustraciones, progresos, dudas y descubrimientos. Si puedes, según tus circunstancias vitales, también te puede ir bien elegir una habitación o una zona concreta de tu hogar para explorar estas técnicas en paz y sin interrupciones. Quizás quieras colgar frases que te inspiren o imágenes que te recuerden tus metas, o crear un altar personal para centrar tu mente y sentir apoyo. O puedes dedicar un momento concreto de cada día, como por ejemplo a primera hora de la mañana, y hacer tu práctica entonces. Eso preparará a tu cerebro para estar receptivo a las prácticas.

Si ya practicas la meditación, las técnicas que te sugiero pueden encajar perfectamente en ella. Puedes intentar incorporar una de las visualizaciones cuando medites o meditar antes de hacer una práctica de escritura. Si no meditas, existen innumerables recursos disponibles para cultivar una práctica, incluidas muchas sesiones guiadas disponibles gratuitamente en internet. La meditación o práctica contemplativa no es esencial para manifestar, pero ambas prácticas se complementan de numerosas maneras, tanto a la hora de conseguir una mayor relajación y la claridad mental necesaria para impulsar la autoestima que otorga la disciplina como una mayor compasión en el corazón para afrontar desafíos y una sensación más profunda de que todo está bien sin importar lo que pase.

A algunas personas quizás les resulte útil leer este programa en su totalidad para hacerse una idea de qué es lo que vendrá. Otras quizás prefieran centrarse únicamente en el paso en el que estén y no apresurarse. Sea como sea, recomiendo seguirlo en orden, ya que los pasos se van construyendo unos sobre otros, y cada uno abre las posibilidades y establece los recursos del siguiente. Si te está costando un paso en concreto, intenta regresar a la práctica del paso anterior hasta que se asiente firmemente, ya que eso ayudará a que lo próximo surja con mayor naturalidad y menor esfuerzo.

Es habitual experimentar un cierto grado de distracción, incertidumbre e incluso temor al comenzar estas prácticas. Lo más importante es establecer tu intención de manifestar tu visión y comenzar con el hábito de practicar, incluso en dosis muy pequeñas. Recuerda lo que he dicho antes sobre comenzar con hábitos mínimos.

Durante el próximo mes, haz las prácticas tal como están diseñadas en cuanto a tiempo y duración, y así las incorporarás como hábitos. Sin embargo, comprende que, a medida que adquieras más habilidad, ajustarás naturalmente las prácticas para que te funcionen bien a ti. Y no pasa nada.

Semana uno

Antes de embarcarte en la manifestación de tu intención, te recomiendo que te tomes un momento para examinar tu vida actual, con toda su imperfección y, quizás, toda su gloria. Agradece que, en cierto modo, ya has estado manifestando tu intención, aunque no lo hayas hecho perfectamente. Comprende que ahora cuentas con las herramientas y los conocimientos que te permitirán aumentar la posibilidad de manifestar cosas que mejorarán tu vida y las de quienes te rodean. También agradece que ahora comprendes que tienes el poder de influir a propósito en las circunstancias de tu vida, hasta el último detalle. Puede ser aleccionador o desalentador hacer una recapitulación realista de la vida que has llevado, pero la información que reúnas tendrá un valor incalculable cuando empieces a reflexionar sobre lo que desearías manifestar. Confía en que puedes comenzar exactamente donde te encuentras en el presente.

PRÁCTICA:
¿Qué es lo que ya estoy manifestando?

En esta práctica, te invito a evaluar tu situación actual con claridad y compasión. La intención aquí es aplicar tanta objetividad como sea posible a la evaluación de tus circunstancias pero sin emitir juicios. A medida que descubras los aspectos de tu vida que ya estás manifestando, encontrarás los lugares donde podrías estar limitando tu poder interior. No te preocupes por hacer cambios ahora mismo. Lo único que necesitas es ofrecer una consciencia amable y clara.

1. Prepárate

A. Encuentra un momento y un lugar para hacer esta práctica sin que nadie te interrumpa.
B. No comiences esta práctica si sientes estrés, tienes otros asuntos que te están distrayendo, has bebido alcohol o consumido drogas recreativas en las últimas veinticuatro horas, o si sientes cansancio.
C. Ten un bloc de papel y un bolígrafo cerca.

2. Comienza a relajarte

A. Siéntate en una posición relajada con los ojos cerrados durante unos minutos y permite que tus pensamientos se calmen.
B. Ahora siéntate con la espalda erguida y los ojos aún cerrados y haz tres respiraciones lentas inhalando por la nariz y exhalando por la boca. Repite el proceso hasta que esta respiración te resulte cómoda y no te distraiga.
C. Empezando por los dedos de los pies, empieza a relajar todos los músculos del cuerpo en dirección ascendente hasta la cabeza, sintiendo más y más comodidad a medida que te concentras en relajar el cuerpo. Descubrirás que, mientras lo haces, te envuelve una sensación de calma y seguridad. Ya no te preocupa que los demás te juzguen o critiquen tus sueños y aspiraciones mientras sigues inhalando y exhalando lentamente.

D. Sentirás comodidad y relajación mientras sigues inhalando y exhalando lentamente.

3. Visualiza tu vida

A. Visualiza con amabilidad tu vida, a grandes rasgos. ¿Cuáles son tus relaciones principales? ¿De qué trabajas? ¿Dónde se desarrolla tu vida? Presta atención a las emociones que surjan mientras respondes estas preguntas. No te fijes en una imagen o pensamiento concretos, deja que tu mente deambule con libertad durante unos minutos entre los elementos principales que conforman tu vida actual.

B. Permite que cualquier emoción que aparezca siga su curso de manera natural. Quizás detectes una variedad de sentimientos: alegría, satisfacción, tristeza, frustración, aburrimiento, enfado. Permanece con ellos y con los detalles de tu vida un poco más.

4. Visualiza de una manera más completa

A. Sigue analizando las imágenes de tu vida. Puedes reflexionar sobre estas preguntas: ¿qué personas son importantes para ti? ¿Sientes una conexión real con ellas? ¿Cómo es tu trabajo? ¿Te proporciona lo necesario para vivir? Si tienes otras personas a tu cargo, ¿puedes mantenerlas con tu trabajo? ¿Sientes que tus días, y la forma en la que inviertes tu tiempo, son importantes y satisfactorios? ¿Y qué hay de los lugares donde se desarrolla tu vida? ¿Qué sensaciones te transmiten?

B. Visualízate dentro de tu vida e identifica lo que evocan esas imágenes. Observa tu vida con la mente. Intenta imaginar cada detalle mientras inhalas y exhalas lentamente. Inhala y exhala lentamente.

C. Ahora que puedes ver cada detalle, abre los ojos poco a poco y continúa inhalando y exhalando. La sensación es de relax y calma.

5. Registra tus observaciones

A. Toma papel y boli y expresa con tus propias palabras lo que has visto y sentido al visualizar tu vida. Escribe tantos detalles como puedas. Pueden ser unas pocas frases o un párrafo, solo importa que estés escribiendo tu vida, cómo es para ti y cómo la sientes.
B. Ahora, quédate con los ojos cerrados, y poco a poco haz entre tres y cinco inhalaciones por la nariz, exhalando por la boca. Luego, abre los ojos.

6. Repasa tus anotaciones

A. Primero, lee en silencio lo que has escrito.
B. A continuación, léelo en voz alta para poder oírlo.
C. Quédate con esas imágenes de tu vida durante unos instantes con los ojos cerrados.

7. Reflexiona sobre tu vida

A. Tómate unos momentos para reflexionar sobre cómo han creado tus decisiones la vida que estás viviendo. ¿Has tomado decisiones conscientes? ¿Cuándo? ¿Cuándo has permitido que otros escogieran por ti o, simplemente, has tomado el camino más fácil?
B. Si tu vida no se parece a lo que esperabas e imaginabas que fuera, ¿qué papel has tenido en que sea como es ahora? No hay por qué sentir miedo ni castigarte por nada de tu vida actual. Esto es solo una práctica de descubrimiento. Quizás no te lo parezca, pero estás dando el primer paso para reclamar tu poder interior y moldear tu vida.

8. Aprecia tu práctica

A. Siente el empoderamiento y la agencia que emergen al examinar tu vida con sinceridad. Tu existencia ya está empezando a transformarse.

¿Qué has notado? ¿Existen áreas de tu vida que generaron una emoción fuerte al reflexionar sobre ellas? Si un área es difícil de contemplar, quizás desees situarla en el centro de tu manifestación. Si notaste calidez y alegría al reflexionar sobre un área, te invito a evocar de forma consciente esas imágenes de vez en cuando y sentir gratitud, porque esos sentimientos pueden convertirse en un sostén poderoso para ti.

Ten a mano las anotaciones que has escrito en esta práctica mientras avanzas con este programa. Para bien o para mal, la vida que tienes hoy se convertirá en la base fundamental de la vida nueva que aspiras manifestar. Quizás quieras leérselas a un amigo o amiga de confianza, o a un mentor, y compartir cómo te hicieron sentir tus descubrimientos. Esto te otorgará un sentido de la responsabilidad y te brindará el apoyo externo que quizás necesites cuando te enfrentes a resistencias, temores o incertidumbre. Al final del programa, es posible que te sorprendas con las muchas cosas que ya han cambiado, y tu trabajo con esta práctica será un buen punto de referencia para tu progreso.

Ahora ya puedes dar el primer paso.

Paso uno: reclama el poder de centrar tu mente

El primer paso consiste en acceder al poder que tienes en tu interior, que se extiende mucho más allá de lo que crees. Muchas personas limitan su poder a la creencia en una entidad que está fuera de ellas y que controla sus vidas. Muchas personas se castigan a menudo, diciéndose que no son capaces de nada, ni siquiera de hacer una tarea sencilla. El primer paso es soltar esas creencias y entender que incluso las acciones más pequeñas pueden comenzar a reconfigurar tu cerebro y a crear hábitos que den como resultado cambios a largo plazo.

Si sientes estrés o distracción, es crucial que pases de la respuesta de lucha, huida o parálisis a la de descanso y digestión. La manera más eficaz de hacerlo es relajando el cuerpo de forma consciente.

PRÁCTICA:
Relajar el cuerpo

1. Prepárate

A. Encuentra el momento y el lugar para hacer esta práctica sin que nadie te interrumpa.

2. Escoge una postura

A. Esta práctica puede hacerse de pie, en posición sentada o acostada. Antes de comenzar, adopta una postura lo suficientemente cómoda como para poder relajarse en ella, pero también sólida y estable para poder prestar atención a tu experiencia.

B. Alarga la columna y baja los hombros. Buscas una postura de confianza relajada y fortaleza suave.

3. Comienza a relajarte

A. Cierra los ojos o fija tu mirada, sin forzarla, en un punto a unos pocos metros frente a ti. Deja que la atención se dirija al interior.

B. Ahora presta atención a los puntos de contacto entre tu cuerpo y la superficie que te está sosteniendo. Deja que la gravedad te ancle a la tierra, y siente cómo presiona el suelo contra tus pies. Identifica cualquier área de tensión evidente en tu cuerpo y genera consciencia de ella con amabilidad.

C. Empieza haciendo tres respiraciones profundas inhalando lentamente por la nariz y exhalando por la boca. Si lo deseas, puedes emitir sonido al exhalar. Repite esas respiraciones profundas hasta que te acostumbres, para que la respiración no te distraiga.

D. Una vez sientas comodidad respirando así, fíjate en tu postura e imagina que te estás viendo en ella.

4. Comienza el escaneo corporal

A. Comienza centrándote en los dedos de los pies e invítalos a relajarse, a soltar cualquier tensión que estén sintiendo. Ahora concéntrate en los pies y relaja todos sus pequeños músculos. Imagina que los músculos de los pies casi se derriten mientras tú sigues inhalando y exhalando. Concéntrate solo en los dedos y pies.

B. Al principio, tus pensamientos tenderán a deambular y te distraerás. No te preocupes, eso es completamente natural. Cuando identifiques que tu mente se ha desviado, vuelve a empezar, haz que tu atención regrese a los músculos de tus dedos y pies y relájalos.

5. Continúa el escaneo de tu cuerpo

A. Una vez que hayas logrado relajar los dedos y los pies, y los notes suaves, ligeros y cómodos, expande la práctica hacia arriba y concéntrate en las pantorrillas y en los muslos. Siente los músculos grandes de las piernas e invítalos a relajarse hasta que sientas que casi se han derretido mientras inhalas y exhalas.

B. Repite el mismo proceso con los músculos del abdomen y del pecho.

C. A continuación, céntrate en la columna y relaja los músculos de toda la espalda, los hombros y el cuello. Recuerda: el objetivo es un estado de relajación pero también de alerta. Si detectas cualquier lugar de tensión evidente o aumentada, puedes probar a mandar tu respiración directamente a esos puntos e invitar a los músculos a soltarse y aflojarse.

D. Por último, concéntrate en los músculos del rostro y cabeza e invítalos a relajarse y aflojarse, y libera cualquier tensión que hayan estado sintiendo.

6. Lleva consciencia a la relajación

A. A medida que extiendes la relajación a todos los músculos del cuerpo, identifica que hay una calma que lo envuelve por completo. Fíjate en cómo esa calma de tu cuerpo tranquiliza tu mente. Siente el placer y los sentimientos positivos de sentir calma en cuerpo y mente.

B. Llegados a este punto, puede que empieces a sentir modorra o incluso que te duermas. No pasa nada. También puede ser que sigas notando tensión y te cueste conectar con sentimientos de tranquilidad. Tampoco pasa nada. Puedes hacer múltiples intentos de relajar el cuerpo por completo mientras mantengas la vigilia y la alerta. Ten paciencia. Sé amable contigo y recuerda que con cada intento estás reconfigurando tu sistema nervioso, enseñándole a experimentar un estado de paz y regulación.

C. Cuando hayas relajado tu cuerpo entero al máximo de tus capacidades, concéntrate en el corazón. Piensa en él como un músculo que estás relajando a medida que inhalas y exhalas lentamente. Quizás detectes que tu pulso se ralentiza mientras tu cuerpo se relaja y tu respiración es cada vez más lenta.

7. Profundiza en la relajación

A. Imagina tu cuerpo en un estado de completa relajación. Intenta llevar tu consciencia a un estado de simplemente ser mientras inhalas y exhalas lentamente: nada que hacer, ningún lugar a donde ir, nadie que ser. ¿Sientes calidez? ¿Calma? ¿Satisfacción? Puedes sentir que estás flotando y te puede invadir una sensación de tranquilidad.

B. Utiliza tu intención para internalizar los sentimientos de placer y paz, e instálalos en tu sistema nervioso para poder recordarlos en el futuro. Permite que tu sistema nervioso sepa que este estado de relajación es posible, deseable y accesible cuando lo necesites.

C. En la próxima exhalación, abre poco a poco los ojos. Quédate en posición sentada unos minutos en este estado de relajación con los ojos abiertos, simplemente descansando en tu experiencia de estar completamente en paz.

Para empezar, comienza esta práctica por tu cuenta. Inténtala al menos durante una semana, aunque solo sea cinco minutos cada vez.

A medida que sientas más anclaje en la práctica, incrementa el tiempo a diez, y luego a veinte o treinta minutos. Quizás descubras que en realidad deseas una práctica más duradera; escucha ese deseo interno. Si esta práctica te ha resultado particularmente difícil o te ha costado sentir seguridad y relajación, quizás te sea útil buscar un grupo con el que practicar. Puedes unirte a una comunidad de meditación en un estudio de yoga local o reunir a un grupo de amigos para explorar estas prácticas juntos. Como verás a medida que se desarrolle este proceso, contar con el apoyo que necesitas de los demás es una habilidad clave que debes cultivar para ayudarte a alcanzar tus objetivos.

PRÁCTICA:
Construir poder interior

Cuando sientas que tu cuerpo está un poco más relajado, piensa en una actividad simple que hayas estado queriendo hacer, pero que por alguna razón no hayas hecho. Un ejemplo sería levantarte temprano y caminar quince minutos o comprometerte a no beber refrescos azucarados o alcohol.

1. Comienza a relajarte

A. Antes de ir a dormir, siéntate en una posición cómoda en una silla, cierra los ojos y concéntrate en relajar cada músculo de tu cuerpo. Comienza por los dedos de los pies y recorre todo el cuerpo hasta llegar a la cabeza mientras inspiras por la nariz y espiras por la boca con lentitud.

B. Cuando sientas relajación, concéntrate en tu respiración, inspira lentamente por las fosas nasales, contén la respiración durante cinco segundos y luego exhala por la boca con lentitud.

2. Visualiza tu intención

A. Tras haber hecho esto durante cinco minutos, piensa en ti haciendo esa simple actividad, pero no te limites a eso, sino que debes visualizarte en esa situación.

3. Registra tu intención

A. Una vez lo hayas hecho, abre los ojos y escribe en un papel tu meta o la actividad y guarda el papel en tu mesilla de noche.

4. Instala tu intención

A. Acuéstate, cierra los ojos y lentamente inhala y exhala durante cinco minutos mientras visualizas cómo llevas a cabo tu intención. Deja que la respiración te ayude a conciliar el sueño.

5. Repasa tu intención

A. Cuando te despiertes, siéntate y lee el papel. Incorpora el pensamiento de tu meta y procede a seguir adelante con tu día.

Si te has comprometido a caminar por la mañana, procede a hacerlo. Si has decidido no beber más refrescos, cada vez que te enfrentes a esa decisión, haz una pausa y escoge no hacerlo. Cada vez que hayas hecho o no hayas hecho la actividad que has escogido, felicítate y luego escribe en un papel: «Me felicito por haber completado esta tarea».

Al hacer esto a diario, te demuestras que tienes la agencia para completar una tarea en la que has elegido centrarte. Y, aunque puede ser simple, hacerla involucra a los procesos cerebrales que están asociados con la incorporación de la intención en el cerebro.

Sigue haciendo esa tarea hasta que ya no pienses en el proceso y se convierta en automática. Ese es el poder de los hábitos mínimos.

Intenta hacer esta práctica todos los días durante una semana. Al final de los siete días, analiza cómo te sientes.

¿Qué has notado? ¿Qué parte de este paso te resultó fácil? ¿Qué fue lo más difícil? ¿Cómo sería llevar lo que aprendiste en esta práctica a tu vida cotidiana?

Pregúntate: ¿se está automatizando un poco la práctica? Si sientes que todavía necesitas reclamar tu agencia, repite este paso durante otra semana y vuelve a evaluar el proceso. Cuando sientas que es el momento y hayas conectado con una sensación de poder interior que te resulte natural, sigue con el paso siguiente.

Semana dos

Paso dos: identifica qué es lo que de verdad deseas

Ahora que tu cuerpo está relajado y tienes una pista sobre el poder que posees en tu interior para cambiar tus circunstancias según tu intención, puedes centrarte en acceder a tu brújula interna y calibrarla. Cuando empieces a reflexionar sobre qué es lo que más te gustaría manifestar, quizás descubras que tu cabeza está invadida por un coro ensordecedor de deseos. El más fuerte de todos quizás sea lo que tu familia, amigos o medios de comunicación consideran valioso. No obstante, debajo de todo ese ruido hay otras voces que murmuran, y ahí es donde puedes escuchar el sonido de los anhelos más profundos de tu corazón. Puede que te lleve un tiempo discernir entre los innumerables deseos, impulsos y anhelos, e identificar lo que más necesitas y lo que te resultará más satisfactorio manifestar.

Para empezar a otorgarle sentido a ese conjunto enmarañado de deseos y anhelos, sueños y aspiraciones, es útil reflexionar sobre tu visión del éxito: ¿Qué significa el éxito para ti? ¿Qué aspecto tiene y cómo se siente? La siguiente práctica te brinda la oportunidad de analizar y explorar el significado más profundo del éxito que estás buscando.

PRÁCTICA:
¿Qué forma tiene el éxito para ti?

1. Prepárate

A. Encuentra un momento y un lugar para hacer esta práctica sin que nadie te interrumpa.

B. No comiences esta práctica si sientes estrés, tienes otros asuntos que te están distrayendo, has bebido alcohol o consumido drogas recreativas en las últimas veinticuatro horas, o sientes cansancio.

C. Ten un bloc de papel y un bolígrafo cerca.

2. Comienza a relajarte

A. Siéntate en una posición relajada con los ojos cerrados y respira hondo tres veces.

3. Visualiza el éxito

A. Permite que tu mente imagine qué forma tiene el éxito para ti. No te centres en una imagen o pensamiento concretos, sino que, durante algunos minutos, deja que tu mente divague y crea que ya eres una persona exitosa, y piense en lo que eso significa o implica para ti.

4. Escaneo corporal

A. Siéntate con la espalda recta y los ojos aún cerrados, y toma aire tres veces lentamente por la nariz antes de exhalar por la boca. Repite el proceso hasta que esta respiración te resulte cómoda y no te distraiga.
B. Empezando por los dedos de los pies, comienza a relajar los músculos del cuerpo en dirección ascendente hasta la cabeza, sintiendo cada vez más y más comodidad a medida que te concentras en relajar el cuerpo. Descubrirás que, mientras lo haces, te envuelve una sensación de calma y seguridad. Ya no te preocupa que los demás te juzguen o critiquen tus sueños y aspiraciones mientras sigues inhalando y exhalando lentamente.
C. Sientes comodidad y relajación mientras sigues inhalando y exhalando lentamente.

5. Visualiza el éxito de forma más completa

A. Vuelve a pensar en qué forma tiene el éxito para ti. Pero, esta vez, concéntrate más en tu éxito en concreto. Visualízate en esa posición. Obsérvate con la mente representando ese éxito. Intenta imaginar cada detalle mientras inhalas y exhalas lentamente. Explora el éxito con los cinco sentidos: ¿qué aspecto tiene, qué tacto, cómo huele, como suena, cómo sabe? Inhala y exhala con lentitud.

B. Ahora que puedes ver todos los detalles, abre los ojos poco a poco y sigue inhalando y exhalando con lentitud, una y otra vez.
C. Sientes relajación y calma.

6. Anota tu imagen del éxito

A. Toma el bolígrafo y el papel y escribe con tus propias palabras durante al menos cinco minutos sobre lo que has visto con la mente sobre tu éxito. Anota todos los detalles que puedas. Pueden ser unas pocas frases o un párrafo, lo importante es que defina el éxito para ti.
B. Ahora simplemente mantén la postura sentada con los ojos cerrados, y toma aire lentamente por la nariz entre tres y cinco veces, exhalando por la boca. Abre los ojos.

7. Repasa lo que has escrito

A. Primero, lee en silencio lo que has escrito.
B. A continuación, léelo en voz alta para poder oírlo.
C. Quédate con esas imágenes de tu éxito durante unos instantes con los ojos cerrados.

8. Aprecia el éxito

A. Siente la relajación y la calma que experimentas en este momento, con la satisfacción de estar manifestando tu éxito.

Te animo a que guardes lo que has escrito sobre el éxito en algún sitio donde lo veas a menudo. Algunas personas lo pegan en la nevera o en sus escritorios; otras, lo doblan y lo llevan consigo en la cartera o en el bolso, y lo leen cuando están haciendo cola. Puedes grabarte leyéndolo y escucharlo cuando te despiertes o antes de irte a dormir. Quizás incluso sientas la inspiración de crear una representación visual del éxito, ya sea en forma de *collage* con imágenes de una revista, un dibujo o pintura. Compártelo con amigos y pídeles que te recuerden periódicamente tu idea del éxito. Puedes repetir esta práctica tantas veces como desees y detectar qué cambia y qué no. Y recuerda: lo que hayas escrito hoy quizás sea solo un punto de partida para una visión que perfeccionarás durante el transcurso de tu vida.

PRÁCTICA:
Evocar una emoción positiva

Para afinar tu brújula interna, piensa en un momento de tu vida en el que hayas sentido bienestar, realización, que te cuidaban o que tenías éxito de verdad. Quizás te resulte útil pensar en un momento de tu vida en el que sabías con el corazón y el instinto que ibas por el camino correcto. Pregúntate: ¿cuáles son las cosas, actividades o pensamientos que me brindan una sensación duradera de calidez en mi interior? ¿Cuándo sentí una realización, plenitud o alineación profundas? Esto te ayudará a calibrar tu brújula interna. Para muchas personas, esos sentimientos surgen de forma natural cuando ayudan a alguien o hacen algo por los demás.

Recuerda que experimentar emociones positivas potentes forma parte de cómo decide el cerebro qué es importante, digno de perseguir y merecedor de nuestra atención. Cuantas más veces vinculemos una emoción intensa sensorialmente experimentada en el cuerpo con una imagen mental, más relevancia le otorgará el cerebro y más recursos destinará a identificarla cuando aparezca en el mundo.

Haz esta práctica todos los días durante al menos una semana.

1. Prepárate

A. Encuentra el momento y el lugar para hacer esta práctica sin que nadie te interrumpa.
B. No comiences esta práctica si sientes estrés, tienes otros asuntos que te están distrayendo, has bebido alcohol o consumido

drogas recreativas en las últimas veinticuatro horas, o sientes cansancio.

C. Ten un bloc de papel y un bolígrafo cerca.

2. Piensa en emociones positivas

A. Antes de empezar, siéntate en una postura relajada con los ojos cerrados y piensa en un momento o momentos en los que hayas sentido felicidad, alegría y realización.

B. No te centres en una imagen o pensamiento concretos, deja vagar tu mente, piensa en experiencias de tu vida en las que hayas sentido seguridad y protección y que hayan hecho que sientas relajación, calma, felicidad y realización.

C. Permanece con esos sentimientos durante unos minutos. Si crees que no has tenido ninguna experiencia similar, simplemente imagina la sensación.

3. Escaneo corporal

A. Siéntate con la espalda recta y los ojos aún cerrados e inhala lentamente tres veces por la nariz y exhala por la boca. Repite el proceso hasta que esta respiración te resulte cómoda y no te distraiga.

B. Empezando por los dedos de los pies, comienza a relajar los músculos del cuerpo en dirección ascendente hasta la cabeza, sintiendo cada vez más comodidad mientras te concentras en relajar el cuerpo. Descubrirás que, al hacerlo, te envuelve una sensación de calma, y te sientes a salvo. Notas una sensación de calidez y aceptación, y ya no te preocupa que los demás te juzguen o critiquen tus sueños y aspiraciones mientras sigues inhalando y exhalando lentamente.

C. Sientes comodidad y relajación mientras sigues inhalando y exhalando lentamente. Es posible que surjan pensamientos que parezcan negativos; simplemente reconócelos con amabilidad sin apegarte a ellos y recupera el objeto de tu atención.

4. Reflexiona sobre sentir seguridad

A. Recuerda una vez más la sensación de seguridad. A muchas personas, esto les evoca pensamientos de su madre o de un ser querido conteniéndolas o abrazándolas. Una sensación de estar protegidas. Una sensación de calidez y libre de preocupaciones.

B. Si no puedes acceder a esta clase de sentimientos con la memoria, no te preocupes. Utiliza tu imaginación para evocar imágenes que te brinden sensaciones de calidez, seguridad y cuidado incondicional. Puedes visualizarte recibiendo consuelo de figuras espirituales o animales, o simplemente del latido del corazón de la vida en sí misma.

5. Evoca sentimientos positivos

A. Ahora céntrate más, mientras sigues en este estado, en los pensamientos positivos sobre ti, en los atributos que te gustan o en los momentos en los que tú mismo hayas ofrecido amor, cuidado y protección a otra persona.

B. Sientes una alegría profunda y te invaden emociones positivas mientras inhalas y exhalas con lentitud. Sientes que te envuelven, y te das cuenta de que tu alegría y satisfacción emergen porque te están conteniendo y protegiendo, y porque tú también ofreces lo mismo a otra persona.

C. Obsérvate con la mente mientras experimentas felicidad, satisfacción, calidez y amor. Amor por ti. Amor que entregas a otros sin esperar nada a cambio. Intenta imaginar cada detalle mientras inhalas y exhalas lentamente.

6. Profundiza en los sentimientos positivos

A. Inhala y exhala lentamente. Obsérvate recibiendo y dando amor. Siente cómo afectan a tu cuerpo la sensación de felicidad, alegría y satisfacción. Siente cómo se ralentiza el ritmo de tu corazón, cómo esa respiración lenta ahora parece natural. Siente que las emociones negativas te abandonan y son sustituidas por pensamientos positivos y sentimientos sobre ti, tu lugar en el mundo y lo que tú ofreces a los demás.

B. Permanece con esos detalles. Sumérgete con esos sentimientos, y sigue inhalando y exhalando con lentitud.
C. Sientes relajación y calma.

7. Anota tu experiencia

A. Toma el bolígrafo y el papel y con tus propias palabras escribe durante al menos cinco minutos acerca de lo que has visto en la mente sobre las emociones positivas al respecto de quién eres, qué habilidades tienes y cómo estas afectan a los demás de manera positiva.
B. Mientras piensas en estas emociones, sientes seguridad, calma y eres capaz de sentir en lo profundo de ti que eres capaz de todo.
C. Escribe todos los detalles que puedas. Pueden ser unas pocas frases o un párrafo, lo único que importa es que estás definiendo para ti qué significa el poder de cuidar, de proteger, y cómo, al hacerlo, eso afecta tu cuerpo.
D. Ahora solo quédate en posición sentada con los ojos cerrados, y lentamente toma aire entre tres y cinco veces por la nariz y exhala por la boca.

8. Repasa tu experiencia

A. Abre los ojos. Primero, lee en silencio lo que has escrito.
B. A continuación, léelo en voz alta para poder oírlo. Permanece con esos pensamientos sobre el poder del cuidado y de la protección durante algunos instantes con los ojos cerrados.
C. Ahora piensa en cómo ese cuidado y protección te hacen sentir a salvo.

9. Instala tu experiencia

A. Percibe la gran relajación y calma que sientes con la satisfacción de que eres una persona amada y capaz de brindar ese amor no solo a ti, sino a los demás y, al hacerlo, crear una imagen profunda y positiva de ti. Conecta conscientemente esas emociones con tu brújula interna.

B. Es esa brújula interna en un estado de paz la que le enseña a tu subconsciente qué es importante y crea el entorno interno que te permite manifestar tus deseos y anhelos más importantes.

Cuando haya pasado una semana, reflexiona sobre estas preguntas: ¿qué has notado? ¿Te sorprendió lo que apareció en tu mente y corazón?

Fíjate en qué momentos, relaciones y situaciones de la vida cotidiana te evocan estados emocionales positivos similares, y cuáles te drenan de energía y hacen que sientas abatimiento. Anota en tu cuaderno y revisa en busca de patrones tras una semana. Cuando empieces a sentir distracción, estrés o desmotivación, puedes volver a estas experiencias de emoción positiva para reconectar con tu brújula interna. Si te cuesta, repite la práctica durante otra semana o hasta que te resulte cómoda. También puedes volver al primer paso y seguir relajando tu cuerpo y reclamando tu sensación de poder interior. Cuando confíes un poco en la dirección de la brújula interna de tu corazón, ha llegado el momento de pasar al siguiente paso.

Semana tres

Paso tres: elimina los obstáculos de tu mente

Ahora que has reclamado tu agencia e identificado tus deseos, es probable que te estés enfrentando a algunos visitantes no deseados en tu mente: el miedo, la sensación de ser un impostor o una impostora, la incertidumbre y el resentimiento.

«Las personas como yo no logran eso».

«¿Quién me he pensado que soy?».

«Los demás tienen razón».

«Es demasiado tarde».

«Esto nunca funcionará».

Y así sucesivamente. Esa es la respuesta natural de la mente frente a cualquier encuentro con lo desconocido. Recuerda que el cerebro está diseñado para mantenerte con vida, no feliz. Cualquier dirección nueva, sin importar lo inspiradora, estimulante, intensa o sincera que sea, inevitablemente provocará la resistencia del sistema nervioso. Tu trabajo no es luchar contra ella, sino aliviarla, coexistir e incluso colaborar con ella. La manera más eficaz de responder a esto es cultivar la autocompasión. Aunque pueda parecerte oculta e inaccesible, la capacidad de conectar con el sufrimiento con amabilidad es una capacidad natural instalada biológicamente en nosotros. Con la práctica, aprenderás a abrir tu corazón a tu propia experiencia, sin importar el contenido. Con el tiempo, la resistencia disminuirá y aumentará el entusiasmo.

PRÁCTICA:
Creencias y sus opuestos

Las creencias negativas sobre nosotros mismos son como los champiñones: crecen en la oscuridad. Por lo tanto, resulta muy útil sacarlas de nuestras mentes y ponerlas bajo la luz, donde podemos verlas con claridad tal y como son. La siguiente práctica te permite identificar las creencias e historias que te están limitando, y trabajar de manera consciente para transformarlas y que te beneficien.

1. Prepárate

A. Busca tiempo para estar a solas.
B. Ten un bloc de papel y un bolígrafo cerca.
C. Divide el papel en dos columnas: «Creencias» y «Opuestos».

2. Comienza a relajarte

A. Encuentra una postura cómoda, ya sea sentada, de pie o acostada.
B. Con los ojos cerrados, toma aire tres veces lentamente por la nariz y exhala por la boca. Repite el proceso hasta que esta respiración te resulte cómoda y no te distraiga.

C. Empezando por los dedos de los pies, empieza a relajar los músculos del cuerpo en dirección ascendente hasta la cabeza sintiendo cada vez más comodidad, mientras te concentras en liberar la tensión. Descubrirás que, mientras lo haces, te envuelve una sensación de calma y seguridad.

3. Reflexiona sobre un sentimiento positivo

A. Comienza a evocar un recuerdo o imagen de haber sentido que te cuidaban o valoraban incondicionalmente. Deja que los sentimientos positivos envuelvan tu experiencia, fluyendo desde tu corazón hacia tus órganos y extremidades.

4. Reflexiona sobre las creencias negativas

A. Invita con amabilidad a algunas de las creencias sobre ti y tu vida que han causado dificultades en tu mente.
B. Puedes imaginar que estás a salvo, porque te has sentado en lo alto de un árbol o en un acantilado o balcón, y esas creencias se están agrupando abajo.
C. Intenta reconocer a los sospechosos habituales: «No valgo lo suficiente», «Me trataron injustamente», «Me hicieron mucho daño», y otros.
D. Sin juzgar, intenta observar esas creencias con claridad; detéctalas en tu mente. Es posible que sientas el dolor que te han causado. Permite que pase.

5. Anota tus observaciones

A. Cuando sientas que es el momento, abre los ojos poco a poco y comienza a escribir esas creencias en la columna de «Creencias». Escribe con libertad y no te censures. No te preocupes por la ortografía, puntuación o por si son las «correctas» o no.

6. Repasa lo que has escrito

A. Lee en voz alta la lista de creencias. Identifica tus emociones y tus sensaciones físicas mientras lees.
B. ¿Sientes una tensión en el corazón, un nudo en la garganta, una sensación de decepción, una oleada de furia?

7. Regresa a los sentimientos positivos

A. Si necesitas repasar el sentimiento positivo sobre el que reflexionaste para obtener consuelo, hazlo con libertad.

8. Registra los opuestos

A. Cuando sientas que es el momento, ve a la columna de «Opuestos». Para cada creencia que hayas anotado, escribe lo opuesto: «Valgo lo suficiente», «Tengo el poder interior para cambiar mis circunstancias», «Tengo todo el tiempo, amor y apoyo para perseguir mis metas».
B. Explora qué lenguaje te resulta vital y adecuado, y recuerda que no tienes que hacerlo perfectamente a la primera.

9. Reflexiona sobre tu práctica

A. Tómate unos momentos para mirar la página. Observa cómo se relacionan entre sí las dos columnas.
B. Reconoce que has empezado a transformar las creencias en sus opuestos solo con ser consciente de ellas.

PRÁCTICA:
Autocompasión

Muchos de nosotros somos nuestros peores críticos. Y, aunque eso puede motivar a las personas a superarse y alcanzar sus logros, el coste es demasiado alto para la autoestima. Esa autoestima negativa vive con nosotros y puede impactar muy negativamente en nuestra salud y bienestar mental. El diálogo negativo a menudo causa más daño porque, cuando nos decimos que no somos capaces, valiosos ni amados, que nunca lo seremos y que somos impostores, ponemos un límite a lo que es posible para nosotros. La realidad es que en nuestro interior existe un poder extraordinario, pero lo reemplazamos con nuestro diálogo interno negativo.

La autocompasión tiene el poder de sanar las partes de nosotros que se sienten crónicamente inseguras y poco amadas —la raíz de nuestra sombra y de nuestra resistencia a la realización personal— y de transformarlas en fuentes vitales de sabiduría y compasión para compartir con los demás.

Esta práctica está diseñada para abordar de raíz los sentimientos de falta de estima.

1. Prepárate

A. Encuentra el momento y el lugar para hacer esta práctica sin que nadie te interrumpa.

B. No comiences esta práctica si sientes estrés, tienes otros asuntos que te están distrayendo, has bebido alcohol o consumido drogas recreativas en las últimas veinticuatro horas, o sientes cansancio.

C. Ten un bloc de papel y un bolígrafo cerca.

2. Comienza a relajarte

A. Antes de comenzar, siéntate en una posición relajada con los ojos cerrados. Deja que tu mente deambule y escucha un momento todos los pensamientos negativos que aparecen en tu cabeza. No te centres en una imagen o pensamiento concretos, solo relaja la mente y siente el diálogo negativo que habita en tu cuerpo.

B. ¿Hay una parte de tu cuerpo donde lo sientas? ¿Cuáles son las sensaciones?

3. Reflexiona sobre tu experiencia

A. Siente cómo ese diálogo negativo te menosprecia y limita. Piensa en cómo confundes el diálogo negativo con la realidad.
B. Permanece con esos sentimientos durante unos minutos. ¿Cómo te hacen sentir esos pensamientos? ¿Sientes tristeza, enfado, adormecimiento, cansancio?

4. Escaneo corporal

A. Siéntate con la espalda recta y los ojos aún cerrados y toma aire tres veces lentamente por la nariz y exhala por la boca. Repite el proceso hasta que esta respiración te resulte cómoda y no te distraiga.
B. Empezando por los dedos de los pies, comienza a relajar los músculos del cuerpo en dirección ascendente hasta la cabeza, sintiendo cada vez más comodidad mientras te concentras en liberar la tensión. Descubrirás que, mientras lo haces, te envuelve una sensación de calma y seguridad. Sientes una sensación de calidez y de aceptación y ya no te preocupa que los demás te juzguen o critiquen tus sueños y aspiraciones mientras sigues inhalando y exhalando lentamente.
C. Sientes comodidad y relajación mientras sigues inhalando y exhalando lentamente. Puede que aparezca el diálogo negativo, pero debes identificarlo con amabilidad y no apegarte a él; vuelve a centrarte en la respiración.

5. Reflexiona sobre la sensación de seguridad

A. Recuerda la sensación de seguridad. Para muchas personas, esto evoca recuerdos de su madre o de un ser querido conteniéndolas o abrazándolas. También podrías imaginarte en un lugar seguro en concreto, como un escondite que solías visitar o estar a la mesa durante una calurosa cena familiar. Lo que sea que te provoque sensación de protección.

B. Da igual que la seguridad signifique para ti estar en una relación o en soledad, el efecto será el mismo. Sin embargo, recuerda que la soledad no es lo mismo que sentirse solo. Permanece en esa sensación de seguridad y no te preocupes por nada más aparte de esos sentimientos.

6. Ahonda en los sentimientos positivos

A. Mientras te encuentres en este estado, céntrate en los pensamientos positivos sobre ti, en los atributos que te gusten de ti, en los momentos en los que hayas ofrecido amor, cuidado y protección a otra persona. Siente esa profunda satisfacción, esas emociones positivas, mientras inhalas y exhalas lentamente.
B. Sientes que esos sentimientos te rodean, y te das cuenta de que tu alegría y satisfacción emergen porque te están conteniendo y protegiendo, y también porque tú ofreces lo mismo a otra persona. Conecta con el sentimiento de tu bondad innata.

7. Sumérgete en los sentimientos positivos

A. Obsérvate con la mente mientras experimentas felicidad, satisfacción, calidez y amor. Amor por ti. Amor por los demás que se entrega de manera desinteresada. Intenta imaginar cada detalle mientras inhalas y exhalas lentamente.
B. Obsérvate siendo amado y brindando amor. Siente cómo las sensaciones de felicidad, satisfacción y realización afectan a tu cuerpo. Siente que tu frecuencia cardiaca se ralentiza, que tu respiración ahora parece natural. Siente que las emociones negativas te abandonan y son reemplazadas por pensamientos y sentimientos positivos sobre ti, tu lugar en el mundo y lo que tienes para ofrecer a los demás.
C. Permanece con esos detalles. Sumérgete en esas emociones y sigue inhalando y exhalando lentamente.
D. Comprende que el diálogo negativo no eres tú. Comprende que, debido a nuestra evolución a lo largo de miles de años, los

pensamientos y sucesos negativos se aferran a nosotros para protegernos, pero en el mundo moderno solo nos limitan y nos causan dolor.

8. Aprecia tu humanidad

A. Fíjate en los pensamientos positivos sobre ti. Todo lo que has superado, lo que has logrado, y comprende que en la vida hay altibajos, pero que no nos definen. Comprende que esa es la naturaleza de nuestra realidad como seres humanos. Repite que eres una persona digna de recibir amor, que puedes lograr cualquier cosa, que mereces tener éxito, que no eres un impostor o impostora.

B. Quizás te cueste creer lo que te estás diciendo, y es normal. Por ahora, basta con actuar como si lo creyeras. Con el tiempo, y con paciencia, sentirás una confianza más profunda. Permanece con esa realidad y siente la calma y la satisfacción que experimentas mientras sigues inhalando y exhalando con lentitud.

C. Esa sensación de calma y satisfacción va acompañada de la sensación de que el amor te rodea. Comprendes el efecto transformador del amor y cómo te permite detectar tu poder y potencial. Siente esas emociones y sigue inhalando y exhalando lentamente. Inhala y exhala.

D. Sientes relajación y calma.

9. Anota tu experiencia

A. Toma el bolígrafo y el papel y escribe con tus propias palabras durante al menos cinco minutos lo que has visto en tu mente sobre las emociones positivas al respecto de quién eres, tus habilidades, y cómo estas afectan a los demás de manera positiva. Piensa en cómo, al pensar en estos sentimientos, sientes seguridad, calidez y eres capaz de sentir en lo más profundo de tu ser que puedes lograr cualquier cosa.

B. Escribe todos los detalles que puedas. Ya sean unas cuantas frases o un párrafo, lo único que importa es que estás definiendo para ti tu poder interior y el poder de cuidar, de proteger, y cómo afecta eso a tu cuerpo. Al rediseñar y cambiar tu mentalidad, te liberas de las limitaciones autoimpuestas.

C. Ahora simplemente quédate con los ojos cerrados, y, poco a poco, toma aire de tres a cinco veces por la nariz y exhala por la boca. Ahora abre los ojos.

10. Repasa tu experiencia

A. Primero, lee en silencio lo que has escrito. Luego léelo en voz alta para ti.

B. Permanece con esos pensamientos sobre el poder que tienes en tu interior y cómo ofrecerte cuidado y protección afecta a tu mente y tu fisiología. Quédate con esas emociones durante unos instantes con los ojos cerrados.

C. Ahora piensa en cómo ese cuidado y esa protección te hacen sentir a salvo, cómo esa seguridad te ha dado permiso para adueñarte de tu propio poder, y cómo ese poder te permite manifestar.

11. Aprecia tu experiencia

A. Siente toda esa relajación y calma con la satisfacción de que te aman y eres capaz de brindar amor no solo a ti, sino a los demás y cómo, al hacerlo, creas una profunda sensación positiva de ti.

B. Es estando presente en este estado y con esta mentalidad como se crea el entorno para manifestar tus deseos y anhelos más profundos.

Intenta hacer esta práctica a diario durante al menos una semana, tomando notas en tu cuaderno después de cada sesión. Cuando pasen siete días, hazte estas preguntas: ¿qué sentimientos aparecieron mientras explorabas esta práctica? ¿Te resultó difícil sentir autocompasión o te salió de manera natural? ¿Qué te parecería experimentar esta sensación de cuidado incondicional en tu vida cotidiana?

Esta práctica puede resultar profunda, y quizás decidas permanecer aquí un tiempo más antes de dar otro paso. La autocompasión es una práctica en sí misma, que dura toda la vida, y que consiste en cultivar una relación de amor y aceptación con nosotros. Puedes regresar a esta práctica siempre que te enfrentes a pensamientos, creencias y sentimientos negativos. Con el tiempo, quizás incluso empieces a notar la diferencia entre la incomodidad que señala una necesidad genuina de pasar a la acción y la incomodidad que solo es la resistencia natural del sistema nervioso como respuesta a tu crecimiento. Esta es una habilidad poderosa y que te ayudará a perseguir una mayor expansión y visiones más amplias.

Para algunas personas, esto podría requerir otra semana o incluso más. Sé paciente y acepta que todos somos diferentes. No pasa nada. Cuando sientas que la actitud compasiva contigo y con los demás ha arraigado en ti, ha llegado el momento de dar el siguiente paso para trabajar de manera directa con el subconsciente.

Semana cuatro

Paso cuatro: instala tu intención en el subconsciente

Llegados a este punto, has reclamado tu poder interior, reflexionado sobre lo que de verdad deseas y empezado a eliminar los obstáculos internos y falsas creencias que se interponen en tu camino. Todo este trabajo ha despejado el trayecto hacia el siguiente paso: instalar de forma consciente tu intención en el subconsciente. Debido al gran caudal de información que nos llega en todo momento, el cerebro necesita determinar qué es importante. La forma de señalarle al cerebro que tu intención es importante es visualizándola y acompañándola de una emoción positiva experimentada con intensidad. El cerebro no diferencia entre sucesos experimentados en la realidad y en la imaginación. De forma que, cuanto más vívida sea tu imagen mental, más responderá el cerebro como si ya hubieras vivido ese momento. Mientras experimentas las emociones positivas de vivir tu intención, esta se convierte en relevante y el subconsciente comienza a dedicar recursos para perseguirla en la realidad.

PRÁCTICA:
Visualizar tu intención

1. Prepárate

A. Encuentra el momento y el lugar para hacer esta práctica sin que nadie te interrumpa.
B. No comiences esta práctica si sientes estrés, tienes otros asuntos que te están distrayendo, has bebido alcohol o consumido drogas recreativas en las últimas veinticuatro horas, o sientes cansancio.
C. Ten un bloc de papel y un bolígrafo cerca.

2. Comienza a visualizar tu intención

A. Siéntate en una posición relajada con los ojos cerrados y piensa en la meta que deseas manifestar mientras también permites que tus pensamientos divaguen. A menudo puede surgir una imagen o pensamiento negativo, pero puedes dirigir tu atención de inmediato hacia lo que desees manifestar.
B. Hazlo durante varios minutos, y si tu mente divaga (como seguramente hará), llévala de inmediato hacia el pensamiento de lo que deseas manifestar.
C. Al pensar, intenta que la imagen de ti alcanzando la meta sea clara. Visualízate en esa imagen, tu aspecto, tus sensaciones corporales y los sentimientos que despierta en tu corazón.

3. Ahora relájate un poco más

A. Siéntate con la espalda recta y los ojos aún cerrados y toma aire lentamente por la nariz tres veces y exhala por la boca.
B. Repite el proceso hasta que esta respiración te resulte cómoda y no te distraiga.
C. Empezando por los dedos de los pies, empieza a relajar los músculos del cuerpo en dirección ascendente hasta la cabeza, sintiendo cada vez más y más comodidad mientras te concentras en relajar el cuerpo. Descubrirás que, al hacerlo, te envuelve

una sensación de calma y seguridad. Sientes calidez y aceptación, y ya no te preocupa que los demás te juzguen o critiquen tus sueños y aspiraciones, mientras sigues inhalando y exhalando lentamente. Ahora comienzas a ver con más claridad qué es lo que deseas manifestar.

D. Sientes comodidad y relajación mientras sigues inhalando y exhalando lentamente. Ahora sientes menos distracción y más concentración.

4. Vuelve a visualizar tu intención

A. Vuelve a pensar en manifestar tu intención. Concéntrate en esa imagen de ti logrando la meta que deseas manifestar.

B. Permanece con esa sensación de satisfacción y realización mientras inhalas y exhalas con lentitud. Nota que, mientras lo haces, las oportunidades parecen más posibles. La imagen de ti habiendo manifestado tu intención se hace más nítida.

C. Sientes relajación, calma, y que puedes lograr cualquier cosa que desees. Sientes conexión con las infinitas posibilidades que tienes dentro para manifestar.

D. Permanece en conexión con esos sentimientos, y sigue inhalando y exhalando lentamente. Inspira y espira. Ahora abre poco a poco los ojos. Sientes calma. No tienes miedo.

5. Anota tu intención

A. Toma el bolígrafo y el papel y escribe con tus propias palabras durante al menos cinco minutos sobre cómo has visualizado lo que deseas manifestar. Procura que el relato sea lo más preciso posible.

B. Si tu intención está relacionada con una meta profesional, explica todos los detalles, incluidos el momento y lugar, la ropa que llevas puesta, el momento del día y cómo te sientes. Si se trata de un objeto, incluye tantos detalles como puedas en una descripción profunda y escribe la sensación de tener ese objeto. Visualízate con él. Todos los detalles.

6. Repasa tu intención

A. Lee para tus adentros lo que has escrito, cierra los ojos y vuelve a imaginar durante unos minutos que has manifestado tu intención y la sensación de haberla logrado.
B. Vuelve a abrir los ojos y ahora lee en voz alta lo que has escrito para oírlo.
C. Cierra los ojos y vuelve a imaginar durante unos minutos que has manifestado tu intención y la sensación de haberla logrado.

7. Repite este ejercicio

A. A algunas personas les basta hacer esta meditación una vez al día durante veinte minutos; otras pueden querer hacerla más de una vez al día. La realidad es que, cuanto más a menudo uses esta práctica de visualización, más probable es que tus sueños se manifiesten.
B. Recuerda: aunque es posible visualizar y manifestar cosas que pueden beneficiarte solo a ti, es mucho más potente y probable que tu deseo se manifieste si está al servicio de un objetivo que está por encima de ti. Eso no significa que la manifestación deba ser absolutamente altruista, sino que es más poderosa cuando el objetivo también beneficia a otras personas.

PRÁCTICA EXTRA: Más detalles

Una vez que hayas practicado unas cuantas visualizaciones, te recomiendo que dediques un tiempo a desarrollar con detalle tu intención deseada para que cobre el máximo posible de vida en tu mente.

1. Prepárate

A. Busca un lugar tranquilo donde puedas pensar sin que nadie te interrumpa.

2. Comienza a relajarte

A. Siéntate con la espalda recta y los ojos cerrados y toma aire tres veces lentamente por la nariz y exhala por la boca.
B. Repite el proceso hasta que esta respiración te resulte cómoda y no te distraiga.
C. Imagina que estás despejando tu mente, y que la pantalla de tu pensamiento está ahora mismo en blanco.

3. Recuerda tu intención

A. Deja que tu intención entre en tu mente. Primero, deja que se materialice como sea que aparezca, sin interferir. Permite que se revele ante ti. Quizás sea muy detallada o quizás sea borrosa y difusa. Deja que surja de manera natural, aunque sea tan solo un destello o una sensación lejana. Es probable que sientas una mezcla de emociones. Permite que suceda.
B. Una vez que hayas dejado que tu intención se revele en tu mente de forma natural, tómate un momento para valorarla en su conjunto: ¿qué es lo que destaca? ¿Hay huecos o partes borrosas?

4. Añade detalles

A. Ahora completarás y amplificarás los detalles de la visión. Comienza con los cinco sentidos. A veces, nos centramos tanto en el aspecto que se supone que debe tener nuestra intención que olvidamos otros elementos sensoriales. ¿Cómo suena tu intención? ¿Qué tacto tiene sobre tu piel y cuerpo? ¿Cómo huele? ¿Cómo sabe?
B. Cuando visualicé convertirme en médico, por ejemplo, no solo me visualizaba vistiendo mi bata blanca, sino que sentía la rigidez de la tela de algodón y poliéster sobre los brazos y hombros. Olía el aroma fresco a lavandería, así como el friegasuelos desinfectante del hospital. Y sentía el sabor del café de la mañana en mi boca. ¿Puedes hacer que tu intención cobre vida al habitarla por completo con sus detalles sensoriales?

5. Anota tus detalles

A. Escribe en tu cuaderno los detalles de tu intención para cada uno de los cinco sentidos. Puede ser en forma de viñetas o puedes experimentar escribiendo la experiencia con el método del flujo de consciencia. Si tu intención se relaciona con una meta profesional, menciona todos los detalles posibles, incluidos el tiempo y el espacio, la ropa que llevas puesta y cómo te sientes. Si tu intención es un objeto, incluye todos los detalles posibles en una descripción profunda de la sensación que te provoca tener ese objeto. Visualízate con él. Imagina todos los detalles posibles.

6. Reflexiona sobre los sentimientos

A. Regresa a tu intención y céntrate en las emociones. Cuando me imaginaba como médico, me concentraba en cómo me sentiría en mi primer día de trabajo, en especial en sentimientos de orgullo, entusiasmo y servicio compasivo. Ensayaba la sensación de tener un corazón abierto repleto de gratitud por haber llegado tan lejos y hacia todas las personas que me habían ayudado, y sentía el ambiente bullicioso de actividad y decisiones a mi alrededor. Imaginaba a mis primeros pacientes y cómo mi corazón se llenaba de compasión por ellos y sus luchas personales, cómo deseaba pasar a la acción para ayudarlos a recuperarse.

B. Pregúntate: ¿cuáles son las dos o tres emociones positivas principales que quiero que mi intención cause en mí? Aplica toda la concreción posible. Nombrar las emociones te ayudará a evocarlas cuando lo necesites. Suma estas emociones a tu descripción de los detalles sensoriales en tu cuaderno. Mientras practicas, te conectarás con los detalles y con las emociones para que se conviertan en un único recuerdo poderoso y vívido que combine el cerebro, el corazón y el cuerpo.

7. Repasa tu práctica

A. Regresa periódicamente a los detalles sensoriales y emocionales que registraste en tu cuaderno para mantener tu intención completamente viva. Quizás desees grabar tu intención con tu propia voz y escucharla a menudo. O quizás puedas compartir tu intención con un amigo de confianza y animarlo para que te pregunte al respecto. A medida que surjan nuevos detalles, súmalos.

Intenta hacer esta práctica durante al menos una semana. ¿Qué sensación te provoca comenzar a visualizar y refinar tu intención? ¿Aparecen con facilidad los detalles o debes esforzarte para obtenerlos? ¿Detectas cómo, con el tiempo, la intención cobra vida en tu mente?

Es normal que en este momento regresen los obstáculos. Quizás te digan que nunca cumplirás tu intención o que no la mereces. Aun cuando esas voces sean dolorosas, son una señal de que estás avanzando con tu intención. Durante esos momentos es útil regresar a los pasos anteriores: consulta tu lista de opuestos y practica la autocompasión. Practicar la autocompasión antes y después de tu visualización puede darte un respaldo poderoso para tu intención y brindarte los sentimientos de seguridad y confianza que necesitas para sumergirte en ella. Puedes volver a practicar la autocompasión tanto como lo necesites.

Cuando sientas que ha llegado el momento de avanzar, da igual si ha pasado una semana o más tiempo, practicaremos el aferrarse a lo que has comenzado y perseguirlo con pasión.

Semana cinco

Paso cinco: persigue tu meta con pasión

La manifestación no es un proceso que se haga una sola vez. Aunque a veces produce éxitos de la noche a la mañana, en general implica muchas rondas de práctica. Ha llegado el momento de activar tu pasión y resiliencia. Este paso consiste en trabajar con otros y conectar con tu entorno con armonía. Si conoces a otras personas que estén manifestando sus propias intenciones, comienza una práctica grupal o busca un compañero a quien rendir cuentas de tu práctica. Únete a un chat en las redes sociales y comparte tus descubrimientos. Otras personas podrían ofrecerte consejos en los que no habías pensado, y tu conocimiento puede ayudar a los demás en sus propios caminos.

PRÁCTICA:
¿Cómo beneficia a la vida mi intención?

Una de las cosas más poderosas que podemos hacer para incrementar nuestro poder interior es alinear nuestra intención con la vida que nos rodea. En esta práctica te animo a reflexionar sobre cómo tu visión forma parte de algo más grande que tú individualmente.

1. Prepárate

A. Encuentra un lugar tranquilo y un momento para poder reflexionar.
B. Haz algunas respiraciones profundas para calmar tu mente y regresa a este momento en tu cuerpo.

2. Reflexiona sobre tu intención

A. Piensa en la intención que has estado visualizando. Experiméntala por completo con todos los detalles sensoriales y emociones positivas.
B. Ahora aléjate un poco. ¿En qué contexto sucede esa visión? ¿Quién más está conectado con el suceso o meta? ¿Qué significa tu intención para ellos?

3. Conecta tu intención con algo superior

A. Valora el efecto que tendrá lograr tu intención. Quizás alcanzar tu meta te permitirá inspirar a otros a perseguir sus propios sueños. Quizás tu intención llevará alegría, atención o recursos a tu familia o comunidad. Quizás aborde una problemática social o climática que afecte a numerosas personas.

4. Escribe una declaración

A. Escribe una declaración de intenciones o de misión sobre cómo tu intención ayudará a la vida que te rodea. Puede ser una carta para ti, para un ser querido o para el mundo, o una declaración personal como las que se adjuntan a las solicitudes de trabajo, o una serie de principios que tengas la intención de seguir.

B. Cuando te enfrentes a grandes inseguridades, resistencia o apatía, regresa a esa declaración en busca de apoyo e inspiración. Recuerda que lo que estás manifestando forma parte de una red vital más extensa. Quizás quieras leer o compartir tu declaración con los demás para obtener su apoyo para tu intención.

PRÁCTICA:
En busca de la sincronicidad

Sacarle el máximo provecho a la sincronicidad es un hábito que podemos practicar. Cuando nuestro subconsciente comienza a conectarse con nuestro entorno en busca de oportunidades para hacer realidad nuestra intención, es como si nos pusiéramos gafas de visión nocturna. Mientras que antes trabajábamos a ciegas en mitad de la noche, incapaces de ver a nuestro alrededor, ahora, con las gafas puestas, se hacen visibles todo tipo de movimientos nuevos que antes no habíamos notado, y de pronto las oportunidades están por todos lados. Ya no estamos a oscuras. Este extraño cruce de intereses, deseos y sucesos es un fenómeno que suele aparecer cuando permitimos que nuestra intención permee nuestro subconsciente y comience a interactuar con el mundo en general. Intenta llevar a cabo esta práctica para incrementar tu propia receptividad a las pistas que el mundo te está ofreciendo.

1. Prepárate

A. Encuentra un lugar tranquilo y un momento para poder reflexionar.

B. Haz algunas respiraciones profundas para calmar tu mente y regresa a este momento en tu cuerpo.
C. Ten un bloc de papel y un bolígrafo cerca.

2. Comienza a relajarte

A. Siéntate en una posición relajada con los ojos cerrados durante unos minutos y permite que tus pensamientos se calmen.
B. Ahora, siéntate con la espalda recta y los ojos aún cerrados, y toma aire tres veces lentamente por la nariz y exhala por la boca. Repite el proceso hasta que esta respiración te resulte cómoda y no te distraiga.

3. Escaneo corporal

A. Escanea tu cuerpo poco a poco y roza ligeramente todas las partes de tu consciencia, relajando cada músculo.
B. Permite que la relajación de tu cuerpo, músculo por músculo, afloje y abra tu mente.

4. Busca la sincronicidad

A. Piensa amablemente en los sucesos y circunstancias de tu vida. Permite que los detalles de tu vida se materialicen en tu mente sin juzgarlos. Ningún sentimiento es demasiado pequeño, ninguna pista es demasiado insignificante. Escucha a tu vida como si fuera un sabio oráculo que habla en un idioma misterioso.
B. Pregúntate: «¿He notado algún patrón o coincidencias sorprendentes?». Piensa en conversaciones recientes que hayas mantenido, artículos o publicaciones que hayas leído, sueños memorables o intuiciones pasajeras. Quizás hayas oído el título del mismo libro en boca de tres personas diferentes o no puedas dejar de pensar en un lugar determinado, o hay un recuerdo de hace mucho tiempo sobre una experiencia especialmente inspiradora que no deja de volver a tu mente.

5. Anota tus observaciones

A. Toma el bolígrafo y el papel y escribe con tus propias palabras lo que has visto y sentido al visualizar tu vida.
B. Escribe todos los detalles que puedas. Pueden ser unas pocas frases o un párrafo, solo importa que escribas sobre lo que está intentando decirte tu vida.

6. Repasa lo que has escrito

A. Quédate con los ojos cerrados, y toma aire por la nariz lentamente entre tres y cinco veces y exhala por la boca. Ahora abre los ojos.
B. Lee en silencio lo que has escrito.
C. Luego, lee lo que has escrito en voz alta para poder oírlo. Permanece con esas imágenes de tu vida durante unos instantes con los ojos cerrados.

7. Piensa en los próximos pasos

A. Tómate unos momentos para pensar en cómo puedes hacer un seguimiento de los patrones o descubrimientos que hayas captado. ¿Dónde puedes utilizar tu poder interior para fomentar la red de conexiones sorprendentes?
B. Quédate unos instantes más pensando en lo que has notado. Reconoce que la conexión más diminuta puede ser una oportunidad de profundizar en tu alineación con tu propósito y visión.

Guarda lo que has escrito en algún sitio donde lo veas con frecuencia para que te recuerde que debes seguir buscando conexiones inesperadas en tu vida. Las sincronicidades tienen el poder de multiplicarse cuando les prestamos atención y les ofrecemos respeto. Repite esta práctica periódicamente para refinar tu visión y maximizar todas las oportunidades que te ofrece la vida para alcanzar tus metas.

Esta semana va de repetir, así que la disciplina consiste en volver a la práctica del paso anterior y pasar siete días más visualizando tu intención con todo detalle. Aprovecha la ventaja del impulso que has generado al comenzar este proceso. Cuanto más visualices tu intención y la instales en el depósito de archivos de tu subconsciente, más fuerte será tu sabueso interno. Si tu intención comienza a materializarse, date permiso para entusiasmarte, pero no dejes de practicar. Es importante cumplir con todos los pasos y demostrar tu compromiso hasta el final del proceso.

Una vez más, si te cuesta, te sugiero que regreses a la práctica de autocompasión. Quizás incluso desees regresar al principio y centrarte en relajar el cuerpo y concretar tu deseo. La mejor oportunidad que te puedes dar de alcanzar tu intención es complementándola con una base sólida en los pasos iniciales.

Haz este paso durante al menos una semana. Cuando percibas tu pasión por tu intención en tus actividades diarias y sientas que ha comenzado a arraigarse con firmeza en tu subconsciente, será el momento de continuar con el siguiente y último paso.

Semana seis

Paso seis: deja de aferrarte a las expectativas y ábrete a la magia

Ya casi has terminado. Tómate un momento para honrar tu determinación para llegar hasta aquí. Piensa en todo el progreso que has hecho y en lo que has aprendido. ¿Hay algo que te resulte más fácil? ¿Qué cosas te siguen costando?

Regresa a las primeras páginas de tu cuaderno: ¿qué ha cambiado? ¿Acaso el éxito tiene el mismo aspecto que al principio? ¿Y qué sucede con los obstáculos? Escribe en tu cuaderno durante diez minutos sobre cómo el trabajo para llegar hasta aquí ha afectado a tu actitud, tus esperanzas y a los detalles de tu vida.

En este paso final tendrás que afrontar una paradoja: tras visualizar con pasión tu intención y todos sus detalles y particularidades, es momento de soltar cualquier apego y predisponerte a sorprenderte. Esta es la magia que sucede cuando nos liberamos de las expectativas.

PRÁCTICA EXTRA:
Carta de gratitud

Da igual si sientes que tu objetivo está cerca o aún queda lejos, si está justo al alcance de tu mano o es imposible de alcanzar, te puede ir muy bien anotar qué es lo que ya has logrado y qué está funcionando. La gratitud ilumina la mente, te conecta con lo positivo y libera las frustraciones y decepciones. Incrementa nuestra generosidad, nos hace apreciar la ayuda que hemos recibido a lo largo del camino y, por ende, refuerza las relaciones que tenemos en nuestras vidas. Cuando evocamos y saboreamos la calidez, belleza, generosidad y abundancia que ya tenemos, resulta más fácil soltar nuestro apego por un resultado en concreto que sucede en un momento determinado. Quedamos libres para relajarnos y simplemente vivir la experiencia sin crearnos sufrimiento.

1. Encuentra un momento para reflexionar en un lugar tranquilo y ten un bolígrafo y un papel cerca.
2. Relaja el cuerpo tomando aire tres veces y dejando que la exhalación te conduzca a una relajación más profunda en este momento y lugar.
3. Ahora piensa en alguien que te haya ayudado en tu camino. Puede ser uno de tus progenitores o algún miembro de tu familia, un maestro o mentor, un amigo cercano, un desconocido por la calle, o una figura espiritual que nunca hayas conocido. Podría ser un animal o un lugar en la naturaleza.
4. Del mismo modo que has practicado visualizar tu intención, ahora visualiza esto en tu mente. ¿Qué cualidades destacan? ¿Su sonrisa, la generosidad en sus ojos, la calidez de sus manos, su risa, su ímpetu?
5. Piensa en un momento en el que te haya ayudado y vuelve a experimentarlo en tu mente. ¿Qué sensación tuviste al recibir su ayuda, cuidado y apoyo? ¿Cómo sientes la gratitud en tu cuerpo? Permanece con esas imágenes y sentimientos durante unos minutos.
6. Ahora tómate diez minutos para escribir una carta a esa persona y expresar gratitud por su ayuda. Pon todos los detalles posibles.

Siente tu propia generosidad hacia ese ser y hacia ti por llevar a cabo ese acto de expresión. Deja que te llene el corazón.

7. Vuelve a leer la carta y ahonda en tu gratitud.

Tú decides si quieres compartir la carta o no. Quizás desees demostrar tu aprecio a esa persona o reservártelo. Sea como sea, el beneficio de la práctica reside en la escritura de la carta en sí. Cuando sientas desorientación, soledad o desánimo en tu proceso de manifestación, toma la carta y vuelve a leerla. Valora escribir una carta de gratitud nueva cada par de semanas para mantener los sentimientos positivos vivos y cerca de ti.

PRÁCTICA:
Suelta el apego y ábrete a la magia

Uno de los grandes desafíos a los que todos nos enfrentamos es estar presentes en los altibajos de nuestras circunstancias, o al menos tan presentes como nos sea posible. Sin importar la habilidad que tenga una persona con la meditación u otras técnicas, siempre existirá el instinto humano de minimizar el sufrimiento y maximizar el placer.

La ecuanimidad es la capacidad de mantener la serenidad de temperamento tanto en los momentos buenos como en los malos que suceden en nuestras vidas, cuando obtenemos lo que deseamos, cuando no o cuando recibimos algo que no queremos. La ecuanimidad es la encarnación del equilibrio y la no reactividad, y nos otorga nuestra libertad. Es la libertad del apego lo que libera la magia en nosotros.

1. Prepárate

A. Busca un momento en el que nadie te interrumpa.
B. Encuentra una postura cómoda.

2. Escaneo corporal rápido

A. Cierra los ojos o dirige con suavidad tu mirada hacia abajo delante de ti.

B. Comienza inhalando lentamente por la nariz y exhalando lentamente por la boca. Repite esto seis veces. No debería resultarte forzado ni tienes que buscar concentrarte mucho.
C. Tómate unos minutos para relajar el cuerpo, comenzando por los dedos de los pies y en dirección ascendente hacia la cabeza.

3. Reflexiona sobre perseguir una meta

A. Piensa en una meta que querías cumplir con tesón y en cómo se convirtió esa meta, y no el proceso de alcanzarla, en el centro de tu atención. Identifica cómo te impactó esa realidad a la hora de estar presente con tus seres queridos o colegas. Cómo concentrarte en eso te separó del momento presente.
B. Advierte cómo notas el apego al resultado en tu cuerpo: ¿Dónde lo sientes? ¿Tensión en la garganta, contracción en el corazón, rigidez en los puños? Identifica la incomodidad que ese apego te genera.
C. Una vez alcanzada la meta, piensa en lo bien que te sentiste, en la euforia, la felicidad que sentiste al alcanzarla. Piensa en cómo esos sentimientos fueron transitorios, y en cómo regresaste a la realidad de vivir tu vida. Piensa en lo a menudo que deseas que esos sentimientos regresen y en la euforia que sentiste.
D. Comprende que no es posible tener esos sentimientos ni estar en estado de flujo constantemente. Lo que es más importante: entiende que no pasa nada. Que tú estás bien en cualquier caso.

4. Reflexiona sobre un desafío

A. Por el contrario, piensa ahora en un momento en el que hayas perseguido una meta y te hayas dado cuenta de que, por lo que sea, no la ibas a alcanzar. Una vez más, advierte cómo lo notas en el cuerpo. Para muchas personas, la sensación es devastadora, y toda la autocrítica negativa parece validarse. Hace que se sientan impostoras, indignas. Esas personas se quedan en ese lugar y piensan incesantemente en otros fracasos que hayan sucedido en sus vidas. También tienen la sensación de que esas emociones durarán para siempre, lo que solo acaba empeorando la sensación de desamparo.

B. No obstante, suceden dos cosas. En primer lugar, te das cuenta de que la meta no era tan importante como creías y que no haberla alcanzado no fue el fin del mundo. De hecho, los beneficios de estas situaciones, cuando reflexionamos sobre ellas, son que suelen brindarnos una mayor sabiduría y perspicacia, y nos convierten en quienes somos en el presente.

C. Lo que es más importante, sin embargo, es la realidad de que, en casi todos los casos, las experiencias fueron transitorias. Una vez más, al enfrentarte al hecho de que tu meta no se hizo realidad, te encuentras bien y eres, en esencia, la persona que eres, lo que significa que mereces amor y aceptación. Ese es el poder de la serenidad. El poder de la ecuanimidad.

5. Reflexiona sobre el panorama general

A. Concéntrate de nuevo en inhalar y exhalar lentamente mientras entiendes que está bien no apegarse a la meta. La vida no es un destino; la vida es vivir tu vida, estar presente y no apegarse a nada. Es el apego lo que ha causado la mayoría de tu sufrimiento. Es asumir y entender esa realidad lo que te liberará. No se trata de negar la experiencia, sino de ser capaz de verla desde lejos como lo que es. Practicar la ecuanimidad es lo que conduce al equilibrio y a la aceptación.

6. Autocompasión

A. Abre tu corazón para ti con amabilidad. Puedes pensar en alguien de tu vida que te haya brindado amor incondicional y te haya hecho sentir una aceptación total. O puedes conectar con las sensaciones físicas de calidez y de que te cuidan alrededor del corazón. Permanece con esa sensación de que te cuidan y de aceptación mientras inspiras y espiras lentamente.

B. Dirige con suavidad esos sentimientos de que te quieren y te cuidan hacia la tensión que estás cargando al aferrarte a un resultado en concreto. Recuerda, es totalmente normal querer lo que quieres y sentir que necesitas controlar las cosas o completarlas para sentirte bien.
C. Mientras piensas en los sentimientos de sentir que te cuidan, te protegen y te quieren, advierte cómo se presentan y perduran esos sentimientos independientemente de si los planes te salen como tu esperabas o no. Son sentimientos que hablan de tu ser innato, de quién eres, con todas tus imperfecciones, complejidad y humanidad.
D. Permanece en quietud y sumérgete en la sensación de que, con tus éxitos y fracasos, eres una persona digna de recibir amor y te encuentras bien. Eres un ser humano delicado y frágil que está haciéndolo lo mejor que puede. También debes saber que las personas cercanas a ti te aman como eres. Un suceso no define quién eres.

7. Suelta el apego

A. Mientras te entregas al sentimiento de sentir que te cuidan, identifica la posibilidad de aflojar tu apego a un resultado en concreto, de aliviar tu carga. ¿Puedes desprenderte de la idea de que tu bienestar, valía y seguridad dependen de circunstancias externas unidireccionales? ¿Existe una sensación de bienestar más profunda que puede impregnar tu vida más allá del resultado?
B. Reconocer la naturaleza transitoria del éxito y el fracaso te permite dejar de ser su prisionero.
C. Ahora, respira lentamente unas cuantas veces más y siente el poder increíble de la ecuanimidad y de estar presente.

8. Instala sentimientos positivos

A. Tómate unos minutos para sumergirte en sentimientos positivos. Es posible que regresen la sensación de apego y la necesidad de controlar el resultado, y no pasa nada. Simplemente, recupera la sensación de que te cuidan sin importar lo que pase, de que te protegen incondicionalmente, una y otra vez.

B. Cuando termines esta práctica y regreses poco a poco a tu vida, advierte si la sensación de apego ha cambiado o se ha transformado de alguna manera. Quizás ahora puedas acceder a una nueva y creativa posibilidad que antes no habías detectado. Quizás los riesgos ya no parecen tan grandes. Quizás parece un poco más seguro permitir que los sucesos sigan su curso y descubrir con ecuanimidad la magia que tienen que ofrecer.

Más magia

Has llegado al final de este programa. ¿Detectas cambios en ti y en tu vida? ¿Sientes más confianza a la hora de usar tu poder interior para centrar la mente? ¿Tienes más claro lo que deseas? ¿Te dan menos miedo los obstáculos? ¿Has automatizado tu habilidad de aprovechar las oportunidades? ¿Tienes más acceso a tu pasión? ¿Eres más capaz de soltar las expectativas de que las cosas sucedan de una forma en concreto? Utiliza tu cuaderno durante al menos diez minutos para explorar los cambios que observas.

Como ya he mencionado, manifestar es un proceso continuo. Los seis pasos se conectan y fluyen entre sí. Son más como una rueda que como una línea recta. Abrir la mente a la magia de tu habilidad de manifestar te conduce naturalmente a ejercer el poder interno que empiezas a reclamar.

En esencia, manifestar es una práctica de bienestar para orientarse de forma armoniosa con la vida. No tiene final. Mientras respiremos, deseemos, luchemos y persistamos, estaremos manifestando en nuestras vidas. Quizás quieras regresar al inicio de este programa y comenzar de nuevo o centrarte en un paso en concreto que te resultó gratificante o complicado. Quizás quieras tomarte un descanso y simplemente dejar que la vida transcurra durante un tiempo.

Sea lo que sea lo que escojas, espero que estas técnicas que me han ayudado tanto te resulten beneficiosas y te brinden la seguridad, la paz, la conexión y los recursos necesarios para cuidarte, para abrir tu corazón y para permitir que tu mente manifieste su magia.

Agradecimientos

Mientras escribía mi primer libro, *La tienda de magia: el viaje de un neurocirujano por los misterios del cerebro y los secretos del corazón*, vi con claridad que un tema clave era la realidad de que se pueden manifestar las intenciones propias. Entendí que esa idea era sumamente importante, ya que muchos lectores lo comentaron y deseaban aprender más al respecto. Sin embargo, parecía existir algo de confusión sobre qué era exactamente la manifestación, y muchas personas conectaban el término con la idea de que, de alguna manera, el universo o alguna fuerza externa haría realidad sus deseos —que, en general, se relacionaban con obtener riqueza, poder o estatus— y que así serían felices. Muchos han difundido esta idea promocionando el concepto de la ley de la atracción y la idea de que, si obtengo más cosas, seré feliz. Nada podría estar más lejos de la realidad y, por desgracia, esa idea refuerza una narrativa que conduce a una sensación de vacío e infelicidad, que es lo contrario a crear una vida plena, con propósito y, en última instancia, feliz.

Como científico, el otro aspecto que deseaba explorar eran los principios neuronales sobre cómo podemos instalar nuestras intenciones en el cerebro para permitir que suceda la manifestación. Eso me hizo avanzar por un largo camino de historia, filosofía, psicología y neurociencia. Pero, aparte de esto, me hizo explorar en profundidad la idea de agencia y el poder que todos albergamos en nuestro interior para cambiar nuestros cerebros, lo que me hizo volver a tratar numerosas cuestiones que había mencionado en mi primer libro. Así que parece que he cerrado un ciclo.

Cuando se me ocurrió la idea de este libro, se lo conté a mi agente literario, Doug Abrams, de Idea Architects, que me brindó su apoyo entusiasta. Creamos una propuesta que presentamos a la increíble Caroline Sutton, editora jefe de Avery (un sello de Penguin Random House), la editorial de mi primer libro. Ella se sumó al proyecto de inmediato. Aprecio enormemente su apoyo, aliento y guía.

Por supuesto, convertir una idea en una narrativa no es sencillo ni directo. Una de las primeras cosas que hice fue sumergirme a fondo en la ciencia que sustentaba el tema, leer numerosos libros y cientos de artículos. Mi querida amiga Monica Bucci, doctora en Medicina, se ofreció con generosidad a leer los libros y artículos, me ayudó a organizar y resumir las lecturas y me ofreció sus comentarios y consejos a medida que avanzaba el proyecto. Luego, Idea Architects tuvo la gentileza de recomendarme a Alexander Nemser para que colaborara conmigo, no solo para organizar mis pensamientos, sino también para ayudarme a convertir lo que podría haber sido un tema un poco árido en una narrativa cautivadora, por lo que mezclamos la ciencia con historias que compartí con él. En el proceso, Alexander se ha convertido en un gran amigo.

También me gustaría dar las gracias a mi extraordinaria esposa y compañera de vida, Masha, cuyo apoyo intento no dar por sentado. Mi mujer siempre ha apoyado mis esfuerzos por promover el poder de la compasión para cambiar vidas. Y se lo agradezco profundamente.

Notas

Introducción: El verdadero secreto

1. Muchas personas utilizan los términos subconsciente e inconsciente de manera intercambiable. En términos generales, el subconsciente se refiere a la parte de nuestra mente que contiene nuestras creencias sobre el mundo y sobre nosotros, los traumas recordados, la memoria a largo plazo, los temores y deseos, así como los procesos fisiológicos semiautomáticos. Nuestra mente consciente puede acceder a aspectos del subconsciente hasta cierto punto. La mente inconsciente se refiere a la parte de la psique que es inaccesible para la consciencia y que contiene nuestros traumas olvidados, las respuestas instintivas, la memoria celular, los primeros recuerdos y sensaciones y las respuestas fisiológicas automáticas. En pos de la simplicidad, utilizaré solo el término subconsciente. Ver el capítulo 4 para una explicación más completa sobre el subconsciente.

2. Stanley Krippner y Deirdre Barret, «Transgenerational Trauma: The Role of Epigenetics», *Journal of Mind and Behavior* 40, n.º 1 (invierno de 2019): 53-62, <https://www.jstor.org/stable/26740747>.

3. Michael F. Scheier y Charles S. Carver, «Dispositional Optimism and Physical Health A Long Look Back, a Quick Look Forward», *American Psychologist* 73, n.º 9 (diciembre de 2018): 1082-1094, <https://doi.org/10.1037/amp0000384>.

4. *Mundaka Upanishad*: Mundaka 3, capítulo 2, verso 10; Mundaka 3, capítulo 1, verso 10.

5. *Dvedhavitakka Sutta*, MN 19; citado en Bodhipaksa, «We Are What We think», *Tricycle*, otoño de 2014, <https://tricycle.org/magazine/we-are-what-we-think>.

6. Steven L. Bressler y Vinod Menon, «Large-Scale Brain Networks in Cognition: Emerging Methods and Principles», *Trends in Cognitive Sciences*

14, n.º 6 (junio de 2010): 277-290, <https://doi.org/10.1016/j.tics.2010.04.004>.

7. Tara Swart, *The Source: The Secrets of the Universe, the Science of the Brain* (Nueva York: HarperOne, 2019).

8. James R. Doty, doctor en Medicina, *La tienda de magia: El viaje de un neurocirujano por los misterios del cerebro y los secretos del corazón* (Madrid: Urano, 2022).

Capítulo 1. Huir del naufragio: ¿Qué es lo que ya estoy manifestando?

1. Simone de Beauvoir, *The Ethics of Ambiguity* (Nueva York: Philosophical Library, 1948).

Capítulo 2. Redes y vibraciones: La fisiología de la manifestación

1. Santiago Ramón y Cajal, *Advice for a Young Investigator* (1897; Cambridge, MA: MIT Press, 2004), xv.

2. R. Nathan Spreng, «The Fallacy of a "Task-Negative'Network"», *Frontiers in Psychology* 3, n.º 145 (mayo de 2012), <https://doi.org/10.3389/fpsyg.2012.00145>.

3. Bob Nease, *The Power of Fifty Bits: The New Science of Turning Good Intentions into Positive Results* (Nueva York: Harper Business, 2016).

4. James N. Kirby, James R. Doty, Nicola Petrocchi y Paul Gilbert, «The Current and Future Role of Heart Rate Variability for Assessing and Training Compassion», *Frontiers in Public Health* 5, n.º 3 (febrero de 2017), <https://doi.org/10.3389/fpubh.2017.00040>.

5. Steven H. Strogatz y Ian Stewart, «Coupled Oscillators and Biological Synchronization», *Scientific American* 296, n.º 6 (diciembre de 1993): 102-109, <https://www.scientificamerican.com/article/coupled-oscillators-and-biological/>.

6. Steven Strogatz, *Sync: How Order Emerges from Chaos in the Universe, Nature, and Daily Life* (Nueva York: Hachette Books, 2003).

7. Pascal Fries, «A Mechanism for Cognitive Dynamics: Neuronal Communication through Neuronal Coherence», *Trends in Cognitive Sciences* 9, n.º 10 (2005): 474-480, <https://doi.org/10.1016/j.tics.2005.08.011>.

8. Antonio Damasio, *Descartes' Error: Emotion, Reason and the Human Brain* (Nueva York: Harper Perennial, 1995).

9. Paul Lehrer *et al.*, «Heart Rate Variability Biofeedback Improves Emotional and Physical Health and Performance: A Systematic Review and Meta Analysis», *Applied Psychophysiology and Biofeedback* 45, n.º 3 (2020): 109-129, <https://doi.org/10.1007/s10484-020-09466-z>.

10. Rollin McCraty y Maria A. Zayas, «Cardiac Coherence, Self-Regulation, Autonomic Stability, and Psychosocial Well-Being», *Frontiers in Psychology* 29, n.º 5 (septiembre de 2014): 1090, <https://doi.org/10.3389/fpsyg.2014.01090>.

Capítulo 3. Paso uno: Reclama tu poder de centrar tu mente

1. Luke Clark *et al.*, «Pathological Choice: The Neurociencie of Gambling and Gambling Addiction», *Journal of Neuroscience* 33, n.º 45 (noviembre de 2013): 17617-17623, <https://doi.org/10.1523/JNEUROSCI.3231-13.2013>.

2. Elisabeth Pacherie, «Self-Agency», en *The Oxford Handbook of the Self*, Shaun Gallagher (ed.) (Oxford, Reino Unido: Oxford University Press, 2011), 442-465.

3. James W. Moore, «What Is the Sense of Agency and Why Does It Matter?», *Frontiers in Psychology* 7, n.º 1272 (agosto de 2016), <https://doi.org/10.3389/fpsyg.2016.01272>.

4. Anna Berti, Lucia Spinazzola, Lorenzo Pia y Marco Rabuffetti, «Motor Awareness and Motor Intention in Anosognosia for Hemiplegia», en *Sensorimotor Foundations of Higher Cognition*, Patrick Haggard, Yves Rossetti

y Mituso Kawato (eds.) (Oxford, Reino Unido: Oxford University Press, 2008), 163-181.

5. Otto Muzik, Kaice T. Reilly y Vaibhav A. Diwadkar, «Brain over Body: A Study on the Willful Regulation of Autonomic Function during Cold Exposure», *NeuroImage* 15, n.º 172 (mayo de 2018): 632-641, <https://doi.org/10.1016/j.neuroimage.2018.01.067>.

6. «La principal tarea de la vida es simplemente esta: identificar y separar los asuntos para poder diferenciar claramente qué son las externalidades que quedan fuera de nuestro control y qué está relacionado con las decisiones que sí controlamos. Entonces, ¿dónde busco el bien y el mal? No en las externalidades incontrolables, sino dentro de mí, en las decisiones que me son propias», Epicteto, *Discursos* 2.5.4-5, Epicteto, *Discursos* II 5.8; Epicteto, *Enquidrión* 5.

Capítulo 4. Paso dos: Identifica qué es lo que de verdad deseas

1. Séneca el Joven, Carta LXXXI, «On the supreme good», línea 3.

2. «Hawaiian Voyaging Traditions», consultado el 10 de febrero de 2023, <https://archive.hokulea.com/index/founder_and_teachers/nainoa_thompson.html>.

3. Vinoth K. Ranganathan *et al.*, «From Mental Power to Muscle Power—Gaining Strength by Using the Mind», *Neuropsychologia* 42, n.º 7 (2004): 944-956, <https://doi.org/10.1016/j.neuropsychologia.2003.11.018>.

4. Alvaro Pascual-Leone *et al.*, «Modulation of Muscle Responses Evoked by Transcranial Magnetic Stimulation During the Acquisition of New Fine Motor Skills», *Journal of Neurophysiology* 74, n.º 3 (septiembre de 1995): 1037–1045, <https://doi.org/10.1152/jn.1995.74.3.1037>.

5. Roy F. Baumeister, Kathleen D. Vohs, Jennifer Aaker y Emily N. Garbinsky, «Some Key Differences Between a Happy Life and a Meaningful Life», *Journal of Positive Psychology* 8, n.º 6 (octubre de 2012): 505-516, <https://doi.org/10.1080/17439760.2013.830764>.

6. Barbara L. Fredrickson *et al.*, «A Functional Genomic Perspective on Human Well-Being», *Proceedings of the National Academy of Sciences* 110, n.º 33 (julio de 2013): 13684-13689, <https://doi.org/10.1073/pnas.1305419110>.

Capítulo 5. Paso tres: Elimina los obstáculos de tu mente

1. Bruce Lee, *Tao of Jeet Kune Do* (Burbank, California: Ohara, 1975).

2. Wayne M. McDonnell, «Analysis and Assessment of Gateway Process», <https://www.cia.gov/readingroom/docs/CIA-RDP96-00788R001700210016-5.pdf>.

3. Rhailana Fontes *et al.*, «Time Perception Mechanisms at Central Nervous System», *Neurology International* 8, n.º 1 (2016): 5939, <https://doi.org/10.4081/ni.2016.5939>.

4. James N. Kirby, James R. Doty, Nicola Petrocchi y Paul Gilbert, «The Current and Future Role of Heart Rate Variability for Assessing and Training Compassion», *Frontiers in Public Health* 5, n.º 3 (2017): 40, <https://doi.org/10.3389/fpubh.2017.00040>.

5. Stephen W. Porges, «Love: An Emergent Property of the Mammalian Autonomic Nervous System», *Psychoneuroendocrinology* 23, n.º 8 (noviembre de 1998): 837-861, <https://doi.org/10.1016/s0306-4530(98)00057-2>.

Capítulo 6. Paso cuatro: Instala tu intención en el subconsciente

1. Alexander Bell, entrevista en Orison Swett Marden, *How They Succeeded: Life Stories of Successful Men Told by themselves* (Boston: Lothrop, 1901), capítulo 2.

2. Marc Maron, «Jim Carrey», 16 de julio de 2020, en *WTF with Marc Maron*, podcast, 1:28:05, <http://www.wtfpod.com/podcast/episode-1140-jim-carrey>.

3. Stephen Rebello, «Carrey'd Away», *Movieline*, julio de 1994.

4. *Jim & Andy: The Great Beyond*, dirigida por Chris Smith (Netflix, 2017).

5. Marcus E. Raichle y Debra A. Gusnard, «Appraising the Brain's Energy Budget», *Proceedings of the National Academy of Sciences* 99, n.º 16 (julio de 2002): 10237-10239, <https://doi.org/10.1073/pnas.172399499>.

6. Fei Du *et al.*, «Tightly Coupled Brain Activity and Cerebral ATP Metabolic Rate», *Proceedings of the National Academy of Sciences* 105, n.º 17 (abril de 2008): 6409-6414, <https://doi.org/10.1073/pnas.0710766105>.

7. Suzana Herculano-Houzel, «The Remarkable, Yet Not Extraordinary, Human Brain as a Scaled-Up Primate Brain and Its Associated Cost», *Proceedings of the National Academy of Sciences* 109, suplemento 1 (junio de 2012): 10661-10668, <https://doi.org/10.1073/pnas.1201895109>.

8. Richard Thaler, *Nudge: Improving Decisions About Health, Wealth, and Happiness* (Nueva York: Penguin Books, 2009).

9. El origen de la idea moderna de consciencia suele atribuirse a John Locke, que definió la consciencia como «la percepción de lo que sucede en la mente de un hombre» en su obra *Ensayo sobre el entendimiento humano* en 1689. Dicho eso, hay escritos que versan sobre una temática similar que se remontan hasta Aristóteles en el siglo IV a. C. e incluso antes. El filósofo alemán del siglo XVIII Friedrich Schelling acuñó el término la mente inconsciente, y lo definió como los procesos que existen por debajo de la superficie del conocimiento consciente. A Paracelso se le adjudica el mérito de ser el primero en describir un aspecto inconsciente de la cognición en su obra *Von den Krankheiten* en 1567, pero existen referencias de los aspectos inconscientes de la cognición en los textos Vedas hindúes y otros textos datados al menos en el 2500 a. C. En psicología, el descubrimiento de la idea de inconsciente se atribuye popularmente a Sigmund Freud, pero William James, en su tratado de 1890, *Principios de psicología*, ya había investigado de manera minuciosa cómo una larga tradición de filósofos europeos había empleado el término «inconsciencia». De hecho, el historiador de la psiquiatría, Mark Altschule, observa que «es difícil —o quizás imposible— encontrar un psicólogo o psiquiatra del siglo XIX que no reconociera la cerebración inconsciente no solo como real, sino como un concepto de suma importancia». Altschule, *Origins of Concepts in Human Behavior* (Nueva York: Wiley, 1977), 199.

En la actualidad, la definición de la mente «consciente» suele incluir cualquier tipo de sentimiento, experiencia, cognición o percepción. Esto no niega la influencia que la mente subconsciente o inconsciente ejerce en el comportamiento consciente. Esa idea a menudo desemboca en un debate sobre el libre albedrío, tanto a nivel de influencias que no son aparentes para la mente consciente y que afectan a la toma de decisiones como a un nivel más profundo con la creencia de que todas las acciones se basan en la interacción de moléculas, átomos y partículas y, por lo tanto, cada suceso está predeterminado. Existen numerosas publicaciones sobre este tema, que quedan fuera del alcance de nuestro debate.

10. Bob Nease, *The Power of Fifty Bits: The New Science of Turning Good Intentions into Positive Results* (Nueva York: Harper Business, 2016).

11. Mihaly Csikszentmihalyi, *Flow: The Psychology of Optimal Experience* (Nueva York: Harper Collins, 1990).

12. Dimitri van der Linden, Mattie Tops y Arnold B. Bakker, «The Neuroscience of the Flow State: Involvement of the Locus Coeruleus Norepinephrine System», *Frontiers in Psychology* 12 (2021): 645498, <https://doi.org/10.3389/fpsyg.2021.645498>. Ver también Martin Ulrich *et al.*, «The Neural Correlates of Flow Experience Explored with Transcranial Direct Current Stimulation», *Experimental Brain Research* 236, n.º 12 (septiembre de 2018): 3223-3237, <https://doi.org/10.1007/s00221-018-5378-0>.

13. Heidi Jiang *et al.*, «Brain Activity and Functional Connectivity Associated with Hypnosis», *Cerebral Cortex* 27, n.º 8 (julio de 2016): 4083-4093, <https://doi.org/10.1093/cercor/bhw220>.

14. Joe Dispenza, *El placebo eres tú* (Madrid: Urano, 2015).

Capítulo 7. Paso cinco: Persigue tu meta con pasión

1. Deepak Chopra, citado en Roger Gabriel, «How Passion Activates Purpose», chopra.com, 9 de julio de 2021.

2. «Hawaiian Voyaging Traditions», consultado el 10 de febrero de 2023, <https://archive.hokulea.com/index/founder_and_teachers/nainoa_thompson.html>.

3. Stephen W. Porges, «Polyvagal Theory: A Science of Safety», *Frontiers in Integrative Neuroscience* 16 (mayo de 2022): 871227, <https://doi.org/10.3389/fnint.2022.871227>.

4. Porges, «Polyvagal Theory».

5. Eckhart Tolle, «Jim Carrey's Full Introduction for Eckhart Tolle», 20 de enero de 2010, vídeo de Vimeo, 2:43, <https://vimeo.com/8860684>.

Capítulo 8. Paso seis: Deja de aferrarte a las expectativas y ábrete a la magia

1. *The Golden Sayings of Epictetus*, traducción al inglés de Hastings Crossley (Nueva York: Macmillan, 1925), verso XXXIX.

2. Alan Siegel, «Comedy in the '90s, Part 2: The Year Jim Carrey Arrived», *Ringer*, 28 de agosto de 2019, <https://www.theringer.com/movies/2019/8/28/20835101/jim-carrey-comedies-1994-ace-ventura-mask-dumb-and-dumber>.

3. Universidad Maharishi International, «Jim Carrey at MIU: Commencement Address at the 2014 Graduation», 30 de mayo de 2014, vídeo de YouTube, 23:32, <https://www.youtube.com/watch?v=V80-gPkpH6M>.

4. Y. Joel Wong *et al.*, «Does Gratitude Writing Improve the Mental Health of Psychotherapy Clients? Evidence from a Randomized Controlled Trial», *Psychotherapy Research* 28, n.º 2 (marzo de 2016): 192–202, <https://doi.org/10.1080/10503307.2016.1169332>.

5. Lourdes Rey *et al.*, «Being Bullied at School: Gratitude as Potential Protective Factor for Suicide Risk in Adolescents», *Frontiers in Psychology* 10 (marzo de 2019): 662, <https://doi.org/10.3389/fpsyg.2019.00662>.

6. Sara B. Algoe, Jonathan Haidt y Shelly L. Gable, «Beyond Reciprocity: Gratitude and Relationships in Everyday Life», *Emotion* 8, n.º 3 (junio de 2008): 425-429, <https://doi.org/10.1037/1528-3542.8.3.425>.

7. Gaëlle Desbordes *et al.*, «Moving beyond Mindfulness: Defining Equanimity as an Outcome Measure in Meditation and Contemplative Research», *Mindfulness* 6, n.º 2 (enero de 2014): 356-372, <https://doi.org/10.1007/s12671-013-0269-8>.